本书得到兰州大学人文社会科学类高水平著作出版经费资助

Research on the Construction
of the Shanghai Cooperation
Organization Community with Shared Future

上海合作组织
命运共同体构建研究

陈亚州 著

中国社会科学出版社

图书在版编目（CIP）数据

上海合作组织命运共同体构建研究／陈亚州著.
北京：中国社会科学出版社，2024.10. -- ISBN 978-7-5227-4152-9

Ⅰ．D814.1

中国国家版本馆 CIP 数据核字第 2024YJ6284 号

出 版 人	赵剑英
责任编辑	赵　丽　夏大勇
责任校对	王　晗
责任印制	郝美娜

出　　版	中国社会科学出版社
社　　址	北京鼓楼西大街甲 158 号
邮　　编	100720
网　　址	http：//www.csspw.cn
发 行 部	010 - 84083685
门 市 部	010 - 84029450
经　　销	新华书店及其他书店
印　　刷	北京明恒达印务有限公司
装　　订	廊坊市广阳区广增装订厂
版　　次	2024 年 10 月第 1 版
印　　次	2024 年 10 月第 1 次印刷
开　　本	710×1000　1/16
印　　张	15.75
字　　数	250 千字
定　　价	98.00 元

凡购买中国社会科学出版社图书，如有质量问题请与本社营销中心联系调换
电话：010 - 84083683
版权所有　侵权必究

目 录

绪 论 …………………………………………………………（1）

第一章 基本概念的界定和辨析 ………………………………（22）
 第一节 不同学科视阈中的共同体概念 …………………………（23）
 第二节 共同体及其相关概念的界定 ……………………………（36）
 第三节 上海合作组织命运共同体的界定 ………………………（48）
 第四节 上合组织命运共同体和其他命运共同体的异同 ………（55）

第二章 构建上海合作组织命运共同体的思想资源 ……………（65）
 第一节 中国国际组织外交的经验和上合组织命运共同体 ……（66）
 第二节 马克思"真正的共同体"思想和上合组织命运
    共同体 …………………………………………………（78）
 第三节 中国传统文化和政治思想与上合组织命运共同体 ……（91）

第三章 构建上海合作组织命运共同体的现有基础 ……………（107）
 第一节 构建上合组织价值共同体的基础 ………………………（108）
 第二节 构建上合组织安全共同体的基础 ………………………（118）
 第三节 构建上合组织利益共同体的基础 ………………………（128）
 第四节 构建上合组织情感共同体的基础 ………………………（147）

第四章 构建上海合作组织命运共同体的主要挑战 ……………（157）
 第一节 构建上合组织价值共同体面临的挑战 …………………（158）
 第二节 构建上合组织安全共同体面临的挑战 …………………（171）

第三节　构建上合组织利益共同体面临的挑战 …………… (185)
　　第四节　构建上合组织情感共同体面临的挑战 …………… (199)

第五章　构建上海合作组织命运共同体的基本路径 ………… (207)
　　第一节　构建上合组织价值共同体的基本路径 …………… (208)
　　第二节　构建上合组织安全共同体的基本路径 …………… (215)
　　第三节　构建上合组织利益共同体的基本路径 …………… (224)
　　第四节　构建上合组织情感共同体的基本路径 …………… (234)

结　语 ……………………………………………………………… (242)

参考文献 …………………………………………………………… (244)

绪　　论

上海合作组织命运共同体是中国在上海合作组织（简称"上合组织"）实现首次扩员后提出的关于组织发展的重大理念，对于上合组织的行稳致远具有重大的理论与实践指引意义。自中国共产党第十八次全国代表大会倡导树立人类命运共同体意识以来，推动建设人类命运共同体成为新时代中国特色大国外交的生动实践。在 2013 年中国周边外交工作座谈会上，习近平主席强调，在周边外交工作中要"谋大势、讲战略、重运筹""让命运共同体意识在周边国家落地生根"。[①] 继人类命运共同体、亚洲命运共同体和周边命运共同体等理念相继提出后，2018 年 6 月，在山东青岛举行的上合组织成员国元首理事会第十八次会议上，习近平主席发表了题为《弘扬"上海精神" 构建命运共同体》的重要讲话。讲话强调："我们要继续在'上海精神'指引下，同舟共济，精诚合作，齐心协力构建上海合作组织命运共同体，推动建设新型国际关系，携手迈向持久和平、普遍安全、共同繁荣、开放包容、清洁美丽的世界。"[②] 青岛峰会是上合组织吸收印度和巴基斯坦后，组织八个正式成员国共同召开的首次峰会，在上合组织发展进程中具有里程碑式的意义。青岛峰会通过的《青岛宣言》绘制了组织未来发展蓝图，标志着上合组织进入了历史发展的新阶段。在此背景下，构建上合组织命运共同体的提出，为

---

① 《习近平在周边外交工作座谈会上发表重要讲话》，2013 年 10 月 25 日，http：//www. xinhuanet. com/politics/2013 - 10/25/c_117878897. htm。

② 《习近平在上海合作组织成员国元首理事会第十八次会议上的讲话（全文）》，2018 年 6 月 10 日，https：//www. fmprc. gov. cn/web/gjhdq _ 676201/gjhdqzz _ 681964/lhg _ 683094/zyjh _ 683104/t1567432. shtml。

上合组织未来发展指明了前进的方向。时隔一年后的2019年6月，在吉尔吉斯斯坦比什凯克举行的上合组织成员国元首理事会第十九次会议上，习近平主席再次指出，各成员国要"从'上海精神'中发掘智慧，从团结合作中获取力量，携手构建更加紧密的上海合作组织命运共同体"，并将上合组织打造成团结互信的典范、安危共担的典范、互利共赢的典范和包容互鉴的典范，进一步指明了构建上合组织命运共同体的目标和任务。①

一 研究问题

上合组织命运共同体的提出顺应了时代发展潮流、地区形势演变和上合组织发展趋势。首先，国际形势的深刻演变需要各成员国进一步从世界眼光和战略高度重新审视上合组织的时代使命和发展方向。当前，国际关系体系与全球权力格局正处于新一轮深度调整与转型时期，世界多极化和经济全球化向纵深发展，和平、发展、合作、共赢的时代潮流以不可逆之势向前迅速推进。与此同时，国际社会面临的全球性挑战日益增多，主要表现为霸权主义和强权政治依然存在，传统安全和非传统安全威胁不断涌现，贸易保护主义与单边主义逆流涌动，文明冲突论和文明优越论沉渣泛起。因此，构建上合组织命运共同体是新形势下组织成员国顺应时代发展潮流与齐心协力应对跨国挑战的共同选择。其次，上合组织扩员以来成员国及地区的发展进程发生了明显的变化。上合组织中亚成员国不仅均将增进本国福祉作为各自对外政策的首要目标追求，而且彼此间一系列互释善意之举使中亚国家间关系的整体氛围得到明显改观，由此赋予中亚一体化进程以新的生机与活力。② 与此同时，以新时代中俄全面战略协作伙伴关系为坚实的政治基础，中国、印度、俄罗斯三方政治对话与战略协调进程明显加快，不仅为上合组织框架内的大国协调奠定了政治基础，而且增强了上合组织框架内三个大国间命运与共

---

① 《习近平主席在上海合作组织成员国元首理事会第十九次会议上的讲话（全文）》，2019年6月14日，https://www.fmprc.gov.cn/web/gjhdq_676201/gjhdqzz_681964/lhg_683094/zyjh_683104/t1672328.shtml。

② 周明：《乌兹别克斯坦新政府与中亚地区一体化》，《俄罗斯研究》2018年第3期。

的共同体意识。最后,实现扩员后的上合组织在成员国之间的差异性、成员国利益诉求的多元性以及成员国间关系的复杂性等方面较扩员前相比均有所扩大,面对此种情境,上合组织亟须创新组织发展理念,予以合理的引导与调适。上合组织命运共同体的提出,正是旨在从理念创新和实践创新两个层面促使成员国之间形成紧密的共同体意识,并培育成员国对上合组织的深层次制度认同,进而促使各成员国对上合组织定位、发展方向和目标追求形成共有理解的重大举措。

从更宽广的视野来看,上合组织命运共同体理念在继承人类命运共同体、亚洲命运共同体及周边命运共同体等理念的基础上,不仅丰富了"命运共同体"概念的内涵并拓展了其外延,更为重要的是,构建上合组织命运共同体的提出为推动"命运共同体"提供了一个绝佳的实践场域。从共同体概念的历史流变来看,在人类社会发展中形成的如家庭、部落和国家等共同体形式,以及学者在学术研究中已概念化的各种各样的共同体,已使"共同体"这一概念成为一个涵盖理念到实体的连续谱,进而使共同体概念呈现自然性与构建性并存、理念性与实体性并存、规范性与批判性共存的复杂特征。因此,整体来看,共同体不仅是建立在地方性联系之上的一种社会关系模式,而且已超越了特定的地理范围、文明界限和政治制度等隔离,因个体或群体共享的认同、身份、价值、忠诚、利益、情感等而形成一种特定的社会关系。从这一角度来看,上合组织命运共同体与人类命运共同体、亚洲命运共同体、周边命运共同体等概念既一脉相承,又存在较明显的区别。上合组织命运共同体为实现较高程度的实体化地区命运共同体提供了一种可能。由于上合组织成员国均是中国的周边近邻,因此,构建上合组织命运共同体不仅是构建人类命运共同体与构建亚洲命运共同体、周边命运共同体进程中不可或缺的构成部分,而且是对构建人类命运共同体与构建周边命运共同体等在地区国际组织层面的具体化。在此意义上,上合组织成员国承载着构建人类命运共同体、亚洲命运共同体、周边命运共同体和上合组织命运共同体等多重使命。也正因为如此,构建成员国之间更加紧密的上合组织命运共同体,在推动上合组织发展、推进中国外交和构建全球治理体系等方面均具有十分重大的意义。

鉴于构建上合组织命运共同体所具有的重要理论与实践意义,本书拟就上合组织命运共同体的构建开展系统深入的研究。本书研究的主要目标在于尝试通过总结上合组织的发展历程与动力，就关乎上合组织命运共同体构建的重大问题予以深入研究，在此基础上，提出构建上合组织命运共同体的可行路径，以及成员国推动构建上合组织命运共同体的具体政策建议。具体而言，本书涉及五个方面的重要问题。第一，对上合组织命运共同体及其相关概念进行界定。在这部分，本书将清晰界定"共同体""命运共同体"和"上合组织命运共同体"等相关概念，明确上合组织命运共同体的结构，辨析上合组织命运共同体与周边命运共同体、人类命运共同体等概念之间的关系。第二，深入挖掘构建上合组织命运共同体的思想基础。为解决这一问题，本书将主要从马克思主义关于共同体建设的思想、中国参与和创建国际组织的经验、中国传统政治思想中有关共同体建设的价值蕴含中汲取合理的理论观点，以为上合组织命运共同体的构建提供坚实且丰富的思想基础。第三，全面考察构建上合组织命运共同体的既有基础。文章将从共同价值、共同安全、共同利益和共同情感方面，分析成员国当前构建上合组织命运共同体所具备的基础。第四，系统分析上合组织命运共同体构建面临的挑战。同样是从上述几个方面出发，对上合组织命运共同体构建面临的挑战做出全面的评估。第五，创造性地提出构建上合组织命运共同体的可行性路径与具体措施，并为中国推动上合组织命运共同体的构建提供具有现实针对性的对策建议。

二 研究意义

对上合组织命运共同体的构建开展系统深入的研究，兼具重要的理论意义与现实意义。就理论意义而言，本书的研究可系统挖掘上合组织命运共同体理念所具备的思想基础，并对上合组织的发展提出具有创新性与指导性的理论解释，以及可为中国国际关系理论的发展提供非西方的实践经验。就本书的研究所具有的现实意义而言，其有助于明确构建上合组织命运共同体的既有基础，较为准确地把握构建上合组织命运共同体的主要挑战，并在此基础上提出构建上合组织命运共同体的一种整合性路径，以及为成员国推动上合组织命运共同体的构建提供具有针对性和现实可行性的政策建议。

(一) 理论意义

第一，系统挖掘上合组织命运共同体理念所具备的思想基础。上合组织命运共同体理念蕴含着中国传统政治思想和政治哲学的价值追求，同时源自马克思关于共同体建设的思想，也汲取了中华人民共和国成立以来中国在参与和创建国际组织实践历程中积累的经验。本书主要从上述方面出发，深入挖掘上合组织命运共同体理念所具有的思想基础。首先，上合组织命运共同体理念具有深刻的马克思主义理论基础。上合组织命运共同体理念与马克思"真正的共同体"思想、世界历史理论与国际主义思想等具有十分密切的联系。对马克思主义理论进行深入挖掘，可从中汲取构建上合组织命运共同体的丰富的历史唯物主义思想。其次，上合组织命运共同体理念具有深厚的中国传统政治哲学底蕴。中国传统思想如"大同小康""和合"与"天下主义"等，均蕴含着构建上合组织命运共同体的价值追求。最后，上合组织命运共同体理念汲取了中华人民共和国成立以来中国在参与和创建国际组织过程中积累的实践经验。与冷战期间中国对国际组织持有限参与的态度相比，冷战结束以来，中国对待国际组织的态度发生了明显转变，实现了从有限参与到积极参与、从国际组织参与国到国际组织创建国的态度与身份的转变。在此过程中，中国在国际组织建设方面积累了不少经验。构建上合组织命运共同体，是中国在总结以往国际组织实践经验的基础上，对上合组织发展做出的一种有益探索。

第二，可对上合组织的发展做出理论解释。自成立以来，上合组织在各方面取得了有目共睹的成就，逐渐走出了一条与西方国际组织迥然有别的发展路径。关于上合组织的发展，国内外学术界进行了不少有益的探索，并涌现出了一批兼具理论价值与现实关怀的研究成果。尽管如此，关于上合组织持续发展的动力、上合组织特殊的发展轨迹和上合组织较为独特的发展模式等，尽管学术界已在这些方面积累了较为丰富的经验素材，不过，从学理层面对这些涉及上合组织的重要问题做出的解释尚不充分，且学理化水平有待提升。在上合组织成立近20周年之际，有必要将上合组织的发展路径、推动上合组织发展的动力和上合组织形成的新型合作模式等，从经验层面进一步提升至理论层面，形成上合组织的发展理论，为上合组织命运共同体的构建提供理论支撑。这不仅是对过去近20年间上合组织实践历程的一次较为深入的理论解释，而且将对上合组织的未来发展提供有益的理论支持和理论启发。在对上述问题进行学理分析的过程中，本书将立足中国国家发展的需要，坚持以马克思主义为指导，从中国创建和推动上合组织发展的实践出发，汲取中国传统政治哲学和当代中国外交哲学的丰富养分，同时借鉴与吸收国外合理的理论、概念、话语和方法，对上合组织的发展轨迹、发展动力和发展模式等，做出具有创新性的理论解释，可进一步提高上合组织研究的学理化水平，进而可为中国推动上合组织的发展提出具有一定理论基础的政策建议。

第三，可为中国国际关系理论的发展提供源自非西方的实践经验。日益走近世界舞台中心的中国，比以往任何时候更为迫切地需要具有鲜明中国特色的国际关系思想与理论的指引。当前，西方国际关系理论总体上进入常规科学阶段，并呈现创新乏力的状态。而经过长期发展，中国学术界在当前基本上完成了引进与吸收西方国际关系理论的阶段。[①] 在此背景下，中国政治学与国际关系领域的学者开始尝试探索中国特色国际关系理论生成的可能路径。目前，中国国际关系学界形成了以"国际政治关系理论""道义现实主义"与"国际政治进化理论"等为代表性的原创性理论成果。不过，整体来看，国内国际关系理论的研究，尚未完全摆脱主流国际关系理论内嵌的西方问题意识和世界观预设。由此导致的结果是，国内学术研究往往缺乏立足中国现实需要的核心问题意识，且在对相关问题进行描述、解释和预测时，未能充分体现根植于中国传统文化的世界观。这是因为，中国国际关系学术界在引进西方国际关系理论的过程中，深受西方国家问题意识与基于西方文化的世界观的思维牵制，由此导致学术研究在一定程度上忽视了中国面临的重大现实问题与中国文化蕴含的独特世界观。上合组织是冷战结束后由非西方国家成立的新型地区合作组织，不论在价值取向、合作模式、发展路径和扩员进程等方面均实现了国际关系理论和实践的重大创新。[②] 构建上合组织命

---

① 王存刚：《国际关系理论研究再出发：马克思主义的路径》，《外交评论》2017年第1期。

② 曾向红：《上合实践：国际关系理论的重大创新》，2018年6月11日，http://www.chinatoday.com.cn/zw2018/rdzt/2018shzz/pinglun/201806/t20180611_800132515.html。

运共同体的提出不仅是中国关于上合组织发展的话语创新，很大程度上也是一次理论创新。因此，对上合组织命运共同体构建进行深入研究，可为中国国际关系理论的创建与发展提供来自非西方国家的实践经验和理论启迪。

（二）现实意义

第一，有助于明确构建上合组织命运共同体的现有基础。上合组织命运共同体可视为成员国基于共同价值、共同安全、共同利益和共同情感等形成的一种紧密耦合的复合共同体。因此，上合组织命运共同体的构建并非凭空而生，而是需要成员国在共同价值、共同安全、共同利益和共同情感等层面具备一定的基础。事实上，经过成员国近20年的共同实践，在上述几个主要方面已为上合组织命运共同体的构建奠定了一定的基础。首先，在上合组织命运共同体构建的共同价值基础方面，基于"互信、互利、平等、协商、尊重多样文明、谋求共同发展"的"上海精神"已在成员国之间得到了较为深入的内化，成为成员国参与组织事务过程所遵循的核心价值和行为准则。不仅如此，"上海精神"为上合组织其他规范的社会化提供了有力保障。其次，在共同安全基础方面，自上合组织成立至今，包括共同打击"三股势力"、跨国武器走私和毒品贩运等在内的安全合作始终是成员国之间优先合作领域。上合组织框架内的安全合作使成员国之间基本上摒弃了冷战思维进而摆脱了"安全困境"，并逐渐向普遍安全的方向深化安全合作。再次，在共同利益基础方面，上合组织框架内多边经济合作的规模和质量均在稳步提升，成员国之间初步形成了利益交融和互利合作的局面，为上合组织命运共同体的构建奠定了共同利益基础。最后，在共同情感基础层面，成员国之间持续开展的人文合作为上合组织命运共同体的构建奠定了一定的社会心理与情感基础。总之，对上述四个方面的问题开展深入研究，有助于明确构建上合组织命运共同体的既有基础。

第二，有助于把握构建上合组织命运共同体面临的主要挑战。上合组织命运共同体的构建不仅需要对上合组织的现有基础具有较为清晰的认识，而且需要清醒认识构建上合组织命运共同体面临的挑战。如在构建上合组织命运共同体的共同安全基础方面，成员国之间的安全合作的主要内容、合作模式和合作方式等，随着成员国国内和地区安全形势的变化而需要做相应的调整。在构建上合组织命运共同体的共同利益基础方面，组织框架内多边经济合作在上合组织合作领域中处于相对滞后的状态。主要表现为，成员国之间的双边合作项目明显多于多边合作项目，组织框架内的多边合作与双边合作的关系错综复杂。在构建上合组织命运共同体的共同心理基础方面，由于成员国之间在各方面的差异性较大，上合组织命运共同体的构建需要加强成员国之间在社会心理文化层面的沟通，形成成员国之间关于上合组织发展的共同心理基础。此外，构建上合组织命运共同体的倡议是由中国提出且已成为中国外交话语体系的主要构成部分，因此，还需对其他成员国对构建上合组织命运共同体的反应、态度和观点等进行深入考察。在此过程中，还需评估话语传播方式与途径等对构建上合组织命运共同体的作用。总之，上合组织命运共同体的构建是中国提出的关于组织发展的远景目标，在目标制定上具有总体性且在目标实现上具有长远性。因此，在上合组织发展的每个阶段均需充分关注推进构建上合组织命运共同体面临的挑战。

第三，有助于提出构建上合组织命运共同体的一种整合性路径，并为成员国推动上合组织命运共同体的构建，提供具有针对性和现实可行性的政策建议。就构建上合组织命运共同体的路径选择而言，由于上合组织命运共同体的构建是一项涵盖多层面、多领域和多方位的任务，视角选择的差异性将使上合组织命运共同体的构建路径具有多元化特点。大体而言，国内外学术界在关于共同体建设的路径选择方面提出的构建路径主要包括以国际法为中心的构建路径、以文化为中心的构建路径、以哲学为中心的构建路径、以话语为中心的构建路径和以全球治理为中心的构建路径。这些路径各自聚焦于共同体构建的某一方面，基于某一单一视角分别提出了构建共同体的具体路径，可为上合组织命运共同体的构建路径选择提供许多有益的启发。上合组织命运共同体的构建同样是一项涉及方方面面的综合任务，因此，需要在对各种可能的构建路径进行分析与对比的基础上，吸收各种路径的合理之处，并提出一种构建上合组织命运共同体的整合性路径。上合组织命运共同体的构建不仅是一种关于组织发展的创新性理念，更是一项以实践为导向的具有长期性、艰巨性和复杂性的系统工程。因此，提出一种现实可行的构建上合组织命运共同体的整合性路径不仅十分必要，而且具有十分重要的现实意义。

三 文献综述

对上合组织命运共同体构建开展研究不仅需要掌握与这一研究主题直接相关的国内外研究成果，而且由于上合组织命运共同体与人类命运共同体、周边命运共同体等理念之间具有不可分割的密切联系，因而学术界对包括人类命运共同体等在内的"命运共同体"系列理念的相关研究成果可为上合组织命运共同体的构建研究提供一定的积极启发，故有必要对这方面的研究成果予以简要梳理与评估。基于上述考虑，本书的文献综述将聚焦上合组织和人类命运共同体的研究现状。在对这两方面研究成果进行简要梳理的同时，就它们的不足之处予以讨论。

（一）上海合作组织研究现状

鉴于上合组织在中国总体外交布局中具有十分重要的象征与现实意义，国内学术界对其给予了较多关注，出版的相关专著远多于国外学术界。从目前国内已出版的专著来看，它们对上合组织的发展历程、发展动力、机制建设、合作领域（包括经济、安全、法律、能源、环保、人文交流等）、发展方向、指导理念、与中国外交之间的关系及面临的困境与挑战等议题做了较为深入且全面的分析，这对于我们及时有效地把握上合组织所取得的重要成就及其演变方向做出了重要理论贡献。然而，从学术角度考察国内学术界关于上合组织的研究成果可以发现，一个非常明显的特征在于尽管研究主题丰富多样，但大多数专著很大程度上属于介绍组织发展成就与不足的描述性研究，较少对上合组织取得的成效与存在的问题进行理论分析。[①] 换言之，国内学术界虽然将上合组织定位为一个地区性国际组织，强调其践行了新的安全理念或开创了地区合作的新范式，并认为中国与俄罗斯在上合组织中的主导作用使其成为两个大国外交实践中的重要内容等。此类观点对于我们把握上合组织的演变历程和发展动向无疑具有重要启示，但它们的共同不足在于较少从理论

[①] 对国内有关上合组织研究成果进展与不足的整体评价请参见曾向红《上海合作组织研究的理论创新：现状评估与努力方向》，《俄罗斯东欧中亚研究》2019年第1期。

角度揭示上述现象出现的原因。

与国内学术界著作频出类似，俄罗斯学术界也出版了不少关于上合组织的专著。俄罗斯学术界围绕上合组织在世界上的地位与意义、① 上合组织框架内的经济合作与安全合作、② 上合组织与"一带一路"之间的关联性、③ 上合组织与域外国家之间的关系、④ 上合组织与其他欧亚大陆的地区合作组织（如集体安全条约组织）之间的关系等出版了不少学术专著。⑤ 这些成果与国内研究上合组织的专著具有众多的相似之处，包括主要着眼于上合组织的发展历程和实践成效、较为关心上合组织所具有的地区意义和世界价值、突出上合组织在俄罗斯和中国对外战略中的地位、不回避上合组织在发展过程中遭遇的问题与挑战等。两者之间的主要区别在于，国内学术界对于上合组织进行学理化的研究视角虽然仍有待丰富，但俄罗斯学术界关于上合组织的研究受到传统地缘政治视角的绝对主导，研究视角更显单一。需要肯定的是，俄罗斯学术界对上合组织的研究的确较为全面地反映了俄罗斯精英对上合组织的认知，这些研究对于了解俄罗斯在上合组织发展及上合组织命运共同体构建方面所持的立场大有裨益，并且在如何促进上合组织的发展方面提供了不少真知灼见。

---

① О. А. Борисенко, М. Н. Фомина, *ШОС в контексте глобального мировоззрения*, Издательский дом Академии Естествознания, 2016.

② А. И. Быков, *Экономическое сотрудничество в рамках ШОС. Основные направления и перспективы развития*, Флинта, 2011; М. Р. Арунова, Хакимов Б. М, *ШОС и страны Ближнего и Среднего Востока（к 10 - летию образования ШОС）*, Институт Ближнего Востока, 2011; В. А. Матвеев, *Проблемы и перспективы реализации инициативы《Экономический пояс Шелкового пути》в контексте ШОС*, Институт Дальнего Востока РАН, 2017; Л. Е. Васильев, *Борьба с терроризмом на пространстве ШОС*, Институт Дальнего Востока РАН, 2017.

③ В. И. Василенко, ВасиленкоВ. В., ПотеенкоА. Г, *Шанхайскаяорганизациясотрудничеств-аврегиональнойсистемебезопасности（политико-правовойаспект）*, Литагент Проспект, 2014.

④ М. Р. Арунова, Б. М. Хакимов, *ШОС и страны Ближнего и Среднего Востока（к 10 - летию образования ШОС）*, Институт Ближнего Востока, 2011.

⑤ Ю. А. Никитина, *ОДКБ и ШОС：Модели регионализма в сфере безопасности*, Навона, 2009; Ю. В. Морозов, *Перспективы многостороннего сотрудничества ШОС с международными структурами в интересах развития стратегии Организации*, Институт Дальнего Востока РАН, 2019.

英语学术界出版的上合组织专著屈指可数，① 不过在学术论文方面却相当可观。虽然这些论文的质量参差不齐，但英语学术界关于上合组织的学术论文不乏具有创新性的观点，其中部分论文还根据上合组织的发展经验尝试提出新的学术概念。如史蒂夫·艾利斯与阿格拉亚·斯内特科夫从批判地缘政治学和话语分析的角度，剖析了上合组织对自我/他者身份的构建方式，并在此基础上探讨了上合组织的"地缘政治身份"。② 又如马克·兰特根通过考察上合组织成立五年来在欧亚地区安全合作领域所扮演的角色，认为上合组织已经发展成了"安全共同体"。他还认为如果上合组织"自信持续增长，并且将其影响力拓展至原初使命范围之外，那么它将成为一个演变中的地区共同体"。③ 大体而言，英语世界关于上合组织的研究成果虽然数量相对而言不如国内学术界那么丰富，但其中部分成果创新意识较强、理论深度相对较高。④ 对于那些真正有助于揭示上合组织发展动力、有助于我们理解上合组织发展独特性与普遍性的英文学术成果，我们可以参考或借鉴。总之，增强国际关系理论方面的知识储备，增强研究过程中的问题意识、创新意识与国际学术界的学术对话能力，是我们实现关于上合组织命运共同体研究理论创新的必经之路。

（二）人类命运共同体研究现状

人类命运共同体是中国特色社会主义进入新时代后，以习近平同志

---

① Thrassy N. Marketos, *China's Energy Geopolitics: The Shanghai Cooperation Organization and Central Asia*, New York: Routledge, 2009; L. C. Kumar, *Shanghai Cooperation Organisation: Eurasian Security though Cooperation*, Delhi: Shipra Publicaitons, 2010; Benjamin Gonzalez, *Charting a New Silk Road?: The Shanghai Cooperation Organization and Russian Foreign Policy*, VDM Verlag Dr. Müller, 2010; Stephen Aris, *Eurasian Regionalism: The Shanghai Cooperation Organisation*, Basingstoke: Palgrave Macmillan, 2011; Michael Fredholm, ed., *The Shanghai Cooperation Organization and Eurasian Geopolitics: New Directions, Perspectives, and Challenges*, Copenhagen: Nordic Institute of Asian Studies, 2013; Weiqing, Song, *China's Approach to Central Asia: The Shanghai Co-operation Organisation*, New York: Routledge, 2018.

② Stephen Aris and Aglaya Snetkov, "'Global Alternatives, Regional Stability and Common Causes': The International Politics of the Shanghai Cooperation Organization and Its Relationship to the West", *Eurasian Geography and Economics*, Vol. 54, No. 2, 2013, pp. 202–226.

③ Marc Lanteigne, "'In Medias Res': The Development of the Shanghai Co-operation Organization as a Security Community", *Pacific Affairs*, Vol. 79, No. 4, 2006, pp. 605–622.

④ 当然，也需要指出的是，不是所有西方学术界提出的创新性学术概念的成果均具有重大学术价值，因为其中部分成果不乏意识形态偏见。对于这些成果，我们必须进行认真甄别。

为核心的党中央在深刻洞察人类前途命运、时代发展趋势和思考中国与世界关系的基础上提出的重大理念和方案。该理念一经提出便在国内外政界、工商界和学术界等领域引起了较高程度的关注并引发了强烈的反响。提出以来,构建人类命运共同体已从中国一方的倡议逐步上升为国际社会的共识,从一种理念或构想逐渐转化为世界各国的共同行动,使这一理念产生了重大且深远的国际感召力和影响力。在此过程中,国际社会对人类命运共同体的理解已逐渐超越国别和议题范畴,上升至"全球治理新方案"和"国际关系新准则"的层面。[①] 其中,在学术研究领域,构建人类命运共同体激发了国内外学者持续不减的研究热情,学术界围绕这一理念开展了大量的研究并涌现出了一批相关研究成果,以致对人类命运共同体的研究已蔚然成风,汇聚成为一股学术热潮。而且可以预见的是,这股学术热潮将随着人类命运共同体的理论创新与实践的不断推进而产生更具学理性、创新性和前瞻性的研究成果。从既有研究成果来看,国内外学术界主要围绕人类命运共同体的提出背景、科学内涵、基本特征、思想渊源、价值担当、构建路径等,从多学科、多视角、多层面出发对这一理念开展了全方位且卓有成效的理论和经验探讨。根据研究视角的差异,目前学术界关于人类命运共同体的研究主要遵循五种不同的研究路径,分别可以被归纳为"以国际法为中心的研究路径""以文化为中心的研究路径""以哲学为中心的研究路径""以话语为中心的研究路径"和"以全球治理为中心的研究路径",它们分别对应人类命运共同体构建的国际法路径、文化路径、哲学路径、话语路径和全球治理路径。

第一,以国际法为中心的研究路径。从该路径出发开展研究的学者普遍认为构建人类命运共同体是国际法理念或理论的一种当代创新,人类命运共同体的提出为推动中国国际法理论与实践及推动国际秩序向更加公正合理的方向发展注入了新的发展动力。在国际法视阈内,构建人类命运共同体具有深刻的国际法内涵、国际法基础和国际法价值等,且遵循国际法的内在发展逻辑构建人类命运共同体是一条在理论和经验层

---

① 周宗敏:《人类命运共同体理念的形成、实践与时代价值》,2019年3月29日,http://theory.people.com.cn/n1/2019/0329/c40531-31002108.html。

面均行之有效的道路。① 整体来看，遵循"以国际法为中心的研究路径"的相关成果普遍具有以下四个方面的基本观点。首先，普遍承认作为人类命运共同体思想五大支柱的"持久和平、普遍安全、共同繁荣、开放包容、清洁美丽"均具有丰富的国际法内涵。② 其次，构建人类命运共同体具有较为坚实的国际法基础。如有学者认为，国际社会的共同利益、基于主权又超越主权的国际社会本位理念和实现国际社会正义为构建人类命运共同体奠定了物质基础、思想基础和道德基础。③ 再次，构建人类命运共同体的价值追求与国际法的价值蕴含相一致。人类命运共同体理念和国际法均将实现全人类的共同利益作为最高宗旨，且两者在人本意识、合作意识和共进意识等方面具有共享的价值追求。④ 最后，学者们的一个基本共识是从国际法的路径出发可以实现人类命运共同体的构建目标。不过，对于如何从国际法层面顺利完成人类命运共同体的构建目标，不同的学者提出的具体方案不尽相同。如谢海霞认为，在遵循价值共构与价值共进的基础上需致力于推动以共同体权利和义务为主要内容的构建路径，具体措施包括逐步形成共同体权利、国际法新规则等。⑤ 而李赞认为，实现构建人类命运共同体在国际法层面需要通过各国不断改革国内法律制度进而实现各国法律上的趋同，以此减少甚至消除构建人类命运共同体在各国国内法律层面面临的阻碍因素。⑥ 总之，从国际法层面实现人类命运共同体的构建目标不仅有较为坚实的国际法基础，而且是一

---

① 相关研究成果主要包括：张辉《人类命运共同体：国际法社会基础理论的当代发展》，《中国社会科学》2018 年第 5 期；罗欢欣《人类命运共同体思想对国际法的理念创新——与"对一切的义务"的比较分析》，《国际法研究》2018 年第 2 期；龚柏华《"三共"原则是构建人类命运共同体的国际法基石》，《东方法学》2018 年第 1 期；李赞《建设人类命运共同体的国际法原理与路径》，《国际法研究》2016 年第 6 期；车丕照《"人类命运共同体"理念的国际法学思考》，《吉林大学社会科学学报》2018 年第 6 期；徐宏《人类命运共同体与国际法》，《国际法研究》2018 年第 5 期；张乃根《人类命运共同体入宪的若干国际法问题》，《甘肃社会科学》2018 年第 6 期；彭芩萱《人类命运共同体的国际法制度化及其实现路径》，《武大国际法评论》2019 年第 4 期。

② 徐宏：《人类命运共同体与国际法》，《国际法研究》2018 年第 5 期。

③ 李赞：《建设人类命运共同体的国际法原理与路径》，《国际法研究》2016 年第 6 期。

④ 黄德明、卢卫彬：《国际法语境下的"人类命运共同体意识"》，《上海行政学院学报》2015 年第 6 期。

⑤ 谢海霞：《人类命运共同体的构建与国际法的发展》，《法学论坛》2018 年第 1 期。

⑥ 李赞：《建设人类命运共同体的国际法原理与路径》，《国际法研究》2016 年第 6 期。

条行之有效的路径。

第二，以文化为中心的研究路径。与以国际法为中心的研究路径相似，遵循以文化为中心的研究路径的学者大体认可从文化层面构建人类命运共同体具有较深厚的文化底蕴，并从文化层面提出了人类命运共同体的构建路径。① 整体来看，秉持以文化为中心的研究路径开展对人类命运共同体研究的相关成果又可以划分为两种基本的类型。第一类研究成果主要立足于中国传统文化并从中深入挖掘人类命运共同体理念中所蕴含的中国传统文化的因素、理念和价值等，旨在为人类命运共同体赋予丰富的中国传统文化内涵，并为人类命运共同体的构建提供较为坚实的文化基础。与第一类研究成果相比，第二类研究成果明显突破了中国传统文化的视野，从更广泛的世界文化或不同国家和地区间文化差异的视角出发，探讨构建人类命运共同体的世界文化底蕴及其面临的当代挑战。就前者而言，学术界普遍认为人类命运共同体的提出深受中国传统文化和思想的启发，人类命运共同体理念生动体现了中华传统文化的创新发展性、关联协作性、整体大局性、包容互补性与和谐共生性等内涵，② 其蕴含着中国传统"和合"思想，③ 彰显了儒家"仁道精神""中庸之道"

---

① 相关研究成果主要有：杨守明《人类命运共同体的文化内涵及其构建》，《学术界》2019 年第 8 期；张立文《中国传统和合文化与人类命运共同体》，《中国人民大学学报》2019 年第 3 期；种海峰、施烨《推动构建人类命运共同体的文化意蕴》，《长白学刊》2019 年第 3 期；谭汪洋《以中华优秀传统文化推动构建人类命运共同体》，《黑龙江社会科学》2019 年第 2 期；孙通、刘昌明《国际秩序观塑构中的文化特质——兼论"构建人类命运共同体"的文化渊源》，《太平洋学报》2019 年第 2 期；秦龙、赵永帅《人类命运共同体理念对儒家文化基因的当代承继》，《学术界》2019 年第 1 期；杨章文《文化互通：新时代"人类命运共同体"的实践逻辑》，《理论月刊》2018 年第 11 期；邢丽菊《习近平外交思想的中华传统文化内涵》，《东北亚论坛》2018 年第 6 期；王聚芹、饶一鸣《新时代"人类命运共同体"的"天下"治理》，《甘肃社会科学》2018 年第 2 期；肖群忠、杨帆《文明自信与中国智慧——构建人类命运共同体思想的实质、意义与途径》，《中国特色社会主义研究》2018 年第 2 期；谢霄男、李净《中华传统"和"文化对构建人类命运共同体的智慧力量》，《理论月刊》2018 年第 7 期；陈沫、刘鸿鹤《从古代家国天下观到新时期世界新秩序——兼议构建人类命运共同体》，《马克思主义与现实》2018 年第 5 期；李青璇、李艳《中华优秀传统文化视域下习近平人类命运共同体思想的价值底蕴》，《思想政治教育研究》2018 年第 4 期；高地《人类命运共同体构建的社会文化心理机制》，《思想政治教育研究》2018 年第 4 期。

② 邢丽菊：《习近平外交思想的中华传统文化内涵》，《东北亚论坛》2018 年第 6 期。

③ 张立文：《中国传统和合文化与人类命运共同体》，《中国人民大学学报》2019 年第 3 期。

和"天下观念"等文化因素在人类友善发展、良序发展和整体发展方面对构建人类命运共同体的重要启示意义。① 而就后者而言,尽管这类学者承认构建人类命运共同体具有深厚的中国传统文化内涵,不过,与前者不同的是这些学者较为敏锐地注意到了人类命运共同体的构建面临源自文化异质性方面的诸多挑战,文化隔阂、文化冲突和文化优越等都可能成为人类命运共同体理念在国际社会扩散的制约因素。鉴于此,在构建人类命运共同体的实践层面,需坚持不同文化之间平等、交流、融合和共存的原则,逐渐破除不同文化之间的错误认知和认知偏差,为人类命运共同体的构建积聚起更强劲的文化力量。②

第三,以哲学为中心的研究路径。这类研究成果主要考察人类命运共同体这一理念本身所蕴含的哲学内涵,并在此基础上尝试提出构建人类命运共同体的哲学路径。不过,由于哲学更倾向于对既有世界做出合理的解释,因而大部分学者将主要精力投入对人类命运共同体所蕴含的哲学底蕴的阐释上。尽管对人类命运共同体构建路径的研究也产生了一些成果,但相对而言仍显得薄弱。③ 在人类命运共同体所蕴含的哲学基础方面,学术界主要围绕中国传统文化中的哲学思想和历史唯物主义的相

---

① 秦龙、赵永帅:《人类命运共同体理念对儒家文化基因的当代承继》,《学术界》2019年第1期。

② 种海峰、施烨:《推动构建人类命运共同体的文化意蕴》,《长白学刊》2019年第3期。

③ 相关研究成果主要有:杨昊《历史唯物主义视角下的人类命运共同体理念与全球公域治理》,《教学与研究》2019年第3期;宋晓丹《马克思基于现实的"类本质"哲学与人类命运共同体的建构》,《西北大学学报》(哲学社会科学版)2019年第1期;胡刘《构建"人类命运共同体"的方法论自觉——基于马克思对全球化的历史哲学审视》,《江海学刊》2018年第6期;李猛《共同体、正义与自然——"人与自然是生命共同体"与"人类命运共同体"生态向度的哲学阐释》,《厦门大学学报》(哲学社会科学版)2018年第5期;赵欢春《"人类命运共同体"思想的哲学意蕴》,《江苏社会科学》2018年第5期;刘同舫《构建人类命运共同体对历史唯物主义的原创性贡献》,《中国社会科学》2018年第7期;陈少雷《习近平"人类命运共同体"思想的哲学阐释》,《理论探讨》2018年第4期;陈明、曾祥云《"人类命运共同体":一种新的"世界的一般哲学"——一个马克思主义哲学的分析框架》,《新疆社会科学》2018年第3期;陈鑫《"人类命运共同体"理念对马克思"真正共同体"思想的继承与超越》,《学术探索》2018年第5期;李伟、马玉洁《人类命运共同体话语体系构建的哲学思考》,《哲学分析》2018年第1期;田鹏颖《历史唯物主义与"人类命运共同体"》,《马克思主义研究》2018年第1期;曹绿《以马克思世界历史理论审视人类命运共同体》,《思想理论教育》2017年第3期;贺来《马克思哲学的"类"概念与"人类命运共同体"》,《哲学研究》2016年第8期;张曙光《"类哲学"与"人类命运共同体"》,《吉林大学社会科学学报》2015年第1期。

关哲学原理两个方面展开，前者旨在探讨中国传统的"天下主义""大同思想""和"理念等与人类命运共同体的相关性，后者主要从马克思"真正的共同体"思想、"类"哲学和"人的本质"等哲学理念中为人类命运共同体理念汲取合理的理论支撑。基于此，学术界大体提出了与之相对应的关于人类命运共同体的两种构建途径，一种是基于中国传统哲学思想的构建途径，另一种是以历史唯物主义为基本方法的构建路径。在中国传统哲学思想方面，有学者认为，中华传统文化悠久高远的"天下主义"人文理念和西方近代以来的政治哲学所强调的"命运"旨趣，是理解和构建人类命运共同体的一般哲学方法论资源，前者构成构建人类命运共同体的范导性原则，后者构成构建人类命运共同体的建构性原则。① 而在中国从世界边缘日益走近世界舞台中心的当下，中国特色社会主义核心价值观可以包含、代表和引领人类共同价值，提升和拓展人类共同价值，进而可丰富人类命运共同体的当代哲学内涵。在历史唯物主义哲学方面，有学者认为，由于人类命运共同体是科学世界观的时代诠释、唯物辩证法的意蕴升华、经典方法论的集成创新、共享文化场的能量聚变和主体实践论的转化发展，因而构建人类命运共同体拥有丰厚而坚实的历史唯物主义基础。② 从反向来看，构建人类命运共同体也对历史唯物主义做出了原创性贡献。刘同舫认为，人类命运共同体理念超越了旧唯物主义狭隘地聚焦"市民社会"的视域局限性并将视域拓展至"人类社会"，这为历史唯物主义所提倡的"普遍交往"理论赋予了时代内涵和当代价值，进而使人类的共同利益呈现更高程度的"共同性"等。③

第四，以话语为中心的研究路径。在西方国家在国际话语体系中占据主导地位并掌握国际话语权的背景下，人类命运共同体理念的提出无疑为构建具有鲜明中国特色的外交话语体系提供了重要的契机和动力。学术界的一个普遍共识是对人类命运共同体中蕴含的话语价值进行充分

---

① 刘进田：《论人类命运共同体的价值主体结构、哲学建构方法及其意义》，《观察与思考》2017年第11期。

② 江应中：《人类命运共同体构想的哲学基础》，《南通大学学报》（社会科学版）2018年第1期。

③ 刘同舫：《构建人类命运共同体对历史唯物主义的原创性贡献》，《中国社会科学》2018年第7期。

挖掘与合理利用，可以借此提高中国在国际社会中的话语地位。基于这一共识，遵循以话语为中心的研究路径的学者通过考察人类命运共同体理念所蕴含的话语意义和话语价值，期冀在推进人类命运共同体构建过程中逐步提升中国的国际话语权和话语影响力。大体而言，关于构建人类命运共同体的既有话语研究成果主要涉及中国外交话语、国际秩序话语和中国共产党的话语叙事等。[①] 这类研究成果的基本观点如下。首先，人类命运共同体是中国特色大国外交话语体系的指导理念。[②] 为了有效推进人类命运共同体的构建，中国在外交实践中有必要进一步规范外交用语，使用能够使国际社会普遍理解与认可且能够反映当代国际社会共同意愿及人类共同价值和理念的话语。更重要的是，中国需将这些外交理念以一种更加清晰、具体的方式完整、准确地呈现出来，以一种更加开放、包容的心态融入日益共进的国际社会中。[③] 与此同时，以构建人类命运共同体为契机创新中国外交话语也面临一些挑战，具体包括话语表达强度与国际话语传播效果不匹配、话语表达导向与话语认知结果存在偏差及中国学者在国际平台话语不足等困境。[④] 其次，人类命运共同体是中国对世界秩序理念和世界秩序话语的创造性提炼。人类命运共同体理念是超越了地区中心主义和狭隘的民族中心主义的新世界秩序观，是中国对现行世界秩序的概括性规定和表达，也是对马克思共同体理论合乎逻辑的中国化时代回应，同时是中国奉献给人类的世界秩序理念范式和关

---

① 相关代表性研究成果有：刘昌明、杨慧《构建人类命运共同体：从外交话语到外交话语权》，《理论学刊》2019 年第 4 期；卢静《中国特色大国外交话语体系构建刍议》，《教学与研究》2018 年第 9 期；孙吉胜《传统文化与十八大以来中国外交话语体系构建》，《外交评论》2017 年第 4 期；何良《人类命运共同体视域下提升新时代中国国际话语权研究》，《世界社会主义研究》2019 年第 2 期；张志丹《人类命运共同体视阈中的中国意识形态国际话语权》，《海河大学学报》（哲学社会科学版）2018 年第 2 期；周银珍《"人类命运共同体"理论指导下的中国国际话语权重塑研究》，《云南民族大学学报》（哲学社会科学版）2018 年第 2 期；黄婷、王永贵《人类命运共同体：一种世界秩序的话语表述》，《马克思主义与现实》2017 年第 5 期；季思《人类命运共同体理念彰显中国共产党国际话语的历史穿透力》，《当代世界》2018 年第 3 期。

② 卢静：《中国特色大国外交话语体系构建刍议》，《教学与研究》2018 年第 9 期。

③ 席军良、汪翱：《人类命运共同体视域下新时代外交话语体系构建》，《社会科学家》2017 年第 11 期。

④ 刘昌明、杨慧：《构建人类命运共同体：从外交话语到外交话语权》，《理论学刊》2019 年第 4 期。

于世界秩序的话语。因此，有必要以人类命运共同体理念为基础构建真正的共同体的主体性活动。① 最后，人类命运共同体理念是中国共产党对自身话语叙事进行创新的生动体现。人类命运共同体的提出体现了中国共产党全新的国际观和人类社会整体观，彰显了中国共产党深刻的时代洞察力和强劲的历史穿透力，以及在国际话语塑造方面的全球引领力和影响力。②

第五，以全球治理为中心的研究路径。人类命运共同体不仅是中国为有效缓解全球治理权威缺失、全球治理观念滞后及全球治理机制乏力等困境提出的全球治理新方案，而且是全球治理所追求的基本目标。整体来看，学术界从全球治理的视角出发对人类命运共同体开展的研究覆盖领域十分广泛，涉及人权治理、生态环境治理、网络空间治理、传媒治理、全球气候治理、跨国安全治理等诸多领域。在上述各领域，学者们的主要精力集中在阐释人类命运共同体与全球治理之间的关系、人类命运共同体理念中内嵌的全球治理观以及如何从全球治理层面构建人类命运共同体等。③ 这类研究成果的基本观点主要有以下三种。第一，人类命运共同体不仅为全球治理改革注入了新的动能，而且是中国全球治理体系的重要组成部分。中国日趋成熟的全球治理方案倡导平等参与和"共商共建共享"的原则，

---

① 黄婷、王永贵：《人类命运共同体：一种世界秩序的话语表述》，《马克思主义与现实》2017年第5期。

② 季思：《人类命运共同体理念彰显中国共产党国际话语的历史穿透力》，《当代世界》2018年第3期。

③ 相关研究成果主要有：吴志成、王慧婷《全球治理能力建设的中国实践》，《世界经济与政治》2019年第7期；巴殿君、王胜男《论中国全球化认识观与全球治理的"中国方案"——基于人类命运共同体视域下》，《东北亚论坛》2019年第3期；南丽军、王可亦《全球治理的中国智慧——构建人类命运共同体》，《理论探讨》2019年第1期；廖凡《全球治理背景下人类命运共同体的阐释与构建》，《中国法学》2018年第5期；吴增礼《"全球风险社会"治理的中国智慧与构想：走向人类命运共同体》，《南京社会科学》2018年第8期；王雨辰《人类命运共同体与全球环境治理的中国方案》，《中国人民大学学报》2018年第4期；李丹《论全球治理改革的中国方案》，《马克思主义研究》2018年第4期；乔玉强《人类命运共同体：应对全球治理困境的中国逻辑》，《理论月刊》2018年第4期；刘方平《全球治理视域下人类命运共同体建构》，《西南民族大学学报》（人文社会科学版）2018年第4期；王易《全球治理的中国方案：构建人类命运共同体》，《思想理论教育》2018年第1期；郝立新、周康林《构建人类命运共同体——全球治理的中国方案》，《马克思主义与现实》2017年第6期；高奇琦《全球治理、人的流动与人类命运共同体》，《世界经济与政治》2017年第1期。

注重全球治理机制的革故鼎新，并致力于提高发展中国家参与全球治理的合法性和有效性，最终旨在实现构建人类命运共同体的全球治理目标。① 第二，人类命运共同体对全球治理的贡献主要在于促进安全治理理念从"风险博弈"到"和合共生"转变，促使风险利益相关者从价值冲突向价值整合转变，以及推动全球治理的实践模式从"霸权治理"向国际社会"共商共建"转变。② 第三，从全球治理的视角出发构建人类命运共同体的基本原则和价值目标包括协商对话、共建共享、合作共赢、交流互鉴、绿色低碳等，主要举措包括全面深度参与全球化、构建中国特色全球治理话语权及打造政治经济区域一体化等。③

从上文学术界对人类命运共同体研究的简要梳理可以发现，既有关于人类命运共同体构建的研究成果呈现显著的视角多元化、学科多元化和层次多样化等特征。学术界主要从国际法层面、文化层面、哲学层面、话语层面和全球治理层面充分考察了人类命运共同体理念所蕴含的相应的学理基础、所体现的价值和所遵循的基本原则，并在此基础上或提出了构建人类命运共同体较为系统的路径，如"以国际法为中心的研究路径""以文化为中心的研究路径"和"以哲学为中心的研究路径"，或对人类命运共同体的构建路径进行了初步的探索，如"以话语为中心的研究"等。这些研究成果不仅为我们理解人类命运共同体理念并提出相应的构建路径奠定了基础，而且为本书上合组织命运共同体构建研究提供了较为广阔的学术视野。不过，需要指出的是，上合组织命运共同体与人类命运共同体之间存在的差异，很大程度上导致既有的关于人类命运共同体的研究成果对上合组织命运共同体构建研究所具有的借鉴作用较为有限。这是因为人类命运共同体与上合组织命运共同体理念涵盖的地域范围具有重大差别。人类命运共同体是关乎国际秩序发展的国际理念，而上合组织命运共同体仅是中国政府对上合组织所覆盖地区的一种地区

---

① 李丹：《论全球治理改革的中国方案》，《马克思主义研究》2018 年第 4 期。
② 吴增礼：《"全球风险社会"治理的中国智慧与构想：走向人类命运共同体》，《南京社会科学》2018 年第 8 期。
③ 郝立新、周康林：《构建人类命运共同体——全球治理的中国方案》，《马克思主义与现实》2017 年第 6 期；刘方平：《全球治理视域下人类命运共同体建构》，《西南民族大学学报》（人文社会科学版）2018 年第 4 期。

秩序构想。这也意味着人类命运共同体涉及的国际政治行为体数量远远在上合组织成员国之上，以及二者在行为体之间协调的复杂程度上具有明显的差异。

四 研究方法

本书将主要使用定性研究方法，以下三种定性研究方法将在本书的研究中发挥重要作用。

第一，文本分析法。要了解上合组织的发展轨迹和发展动力等，不可避免需要详细考察上合组织与成员国政府出台的相关文件，而且也需要了解学术界对这些问题的看法；不仅如此，要把握上合组织成员国对上合组织命运共同体理念的接受度及存在的顾虑、对上合组织命运共同体形态的认知，也需要通过文本分析方法对特定的文本进行分析；最后，借助此方法还可以较好地了解特定成员国所构建的国家身份类型及上合组织在其国家身份中的位置，如此可以为如何促进成员国对上合组织的认同提供必要的政策建议。

第二，案例研究法。这种研究方法将贯穿于本书的研究中。如了解成员国对上合组织的认同程度、分析上合组织在特定领域合作上取得的进展和面临的障碍、挖掘成员国对上合组织的利益诉求和深层认知、剖析成员国所遭遇的外部挑战、了解世界主要大国对上合组织的立场与态度、梳理上合组织的比较优势和努力方向等，均可以通过选取特定的案例进行深入挖掘，以小见大，见微知著，以彰显特定研究议题的意义与价值。

第三，逻辑演绎法。上合组织命运共同体的构建路径是一个可以在理论层面做出判断却很难从经验层面予以证实的论断。因此，在分析上合组织命运共同体的构建路径及其与其他类型共同体进行区分时，本书需要使用逻辑演绎法。此外，在分析推动上合组织命运共同体构建的具体措施方面该方法同样能发挥重要作用。因为在构想克服各种挑战的政策措施时，更多的是基于预测和展望，并无太多案例或研究事实可以参考。鉴于此，本书在构建上合组织命运共同体的路径及对策相关研究中，将主要采取这种研究方法，以保证政策建议的可行性与合理性，至少需要保障政策建议做到逻辑完整或自洽。

无论如何，上述提及的研究方法均是得到学术界较多认可、具有较高科学性的研究方法。至于定量研究方法，包括形式模型、统计相关等，由于上合组织的发展历程尚短，相关案例的样本数有限，这在很大程度上限制了这些研究方法的使用。

五 创新之处

本书主要尝试在以下两个方面做出创新性努力。

一方面，本书对构建上合组织命运共同体的研究尝试在学理研究与政策建言方面取得一个较好的平衡。上合组织命运共同体理念于2018年6月由习近平主席在青岛峰会上提出。当前国内外学术界对该议题的研究尚处于初级阶段，在此背景下，本书对其涉及的几个方面的核心问题——内涵界定、提出意义、思想资源、既有基础、主要挑战、构建路径等——进行深入全面的研究，既有重要的学术意义，也有突出的实践价值。就学术层面而言，厘清上合组织命运共同体概念的内涵及其实现的必要性、可行性，可直接推动上合组织研究与中亚、南亚问题研究的学理化程度，并有助于构建中国特色系列国际关系共同体的话语体系；就实践价值而言，无论是完善上合组织命运共同体的学理内涵，还是就如何推进上合组织命运共同体提出系列对策建议，均有助于为国家重大战略需求提供决策参考。或许人们可以同样选择从其他角度对上合组织命运共同体这一命题开展系统研究，但本书的特色在于争取在学理研究与政策建言方面取得一个较好的平衡，而且能较好地涵盖上合组织命运共同体构建过程中可能涉及的主要重大问题。

另一方面，本书尝试在学术观点方面进行创新性努力。从哲学、社会学、国际关系学等多学科角度考察共同体的涵义，本书尝试厘清上合组织命运共同体与中国周边命运共同体、人类命运共同体等重要概念之间的联系与异同。同时，本书并不认为上合组织命运共同体的实现是一种目的式的进化过程。相反，本书将从过程论的角度出发，将其视为一种潜力深藏在价值共同体、利益共同体、安全共同体和情感共同体等不同国际共同体形态之中的共同体类型。上合组织及其成员国需要努力的是，采取有效措施使不同形态共同体中的命运共同体因素或潜力得到充分发挥，进而尽可能趋近于该愿景。

第一章

基本概念的界定和辨析

　　不论就本书所涉及的上合组织命运共同体这一概念，还是与其有密切联系的周边命运共同体、亚洲命运共同体和人类命运共同体等概念，它们的核心与共同之处在于均是某种形式的"共同体"，且它们各自分别处于共同体谱系中的某一位置。因此，首先，此部分需要对本书所使用的共同体概念的内涵与外延做出较为清晰的界定。在此过程中，由于学术界已对"共同体"概念开展了长期且卓有成效的大量研究，故有必要对学术界关于共同体研究的丰富研究成果予以批判性地回顾。而且，尽管从广义上而言，上合组织命运共同体属于共同体中的一种特定类型，不过，就其主要特征而言，上合组织命运共同体与政治学与社会学领域中所重点关注的共同体类型具有较大的差异性，故本书在对共同体做出一般意义上的界定后，还将对"国际共同体"的概念做出界定。其次，重点就"上合组织命运共同体"和"构建上合组织命运共同体"进行较为详细地界定。最后，上合组织命运共同体无疑属于中国业已提出的系列共同体概念的有机构成部分，故需要澄清其与人类命运共同体、亚洲命运共同体和周边命运共同体等概念之间的关系，以明确上合组织命运共同体在中国命运共同体系列概念中所处的地位与作用。需要指出的是，共同体概念涉及的研究领域十分宽广，因而本书难以做到面面俱到，而是有针对性地选取了学术界关于共同体研究的代表性成果进行梳理，以为本书所涉基本概念的界定奠定必要的基础，且可为本书基本概念的界定提供有价值的借鉴意义。

第一节　不同学科视阈中的共同体概念

在人文社会科学研究中，对共同体的集中研究主要体现在政治学、社会学和国际关系学科中。由于学科之间存在较为显著的差异及不同领域的学者关注的研究主题之间存在明显的差异，共同体概念在政治学、社会学和国际关系学中所蕴含的具体内涵存在较大的差异。大体而言，在政治学研究领域，共同体往往与城邦、国家等政治组织紧密联系在一起。在社会学领域，对共同体这一概念具有明显偏好的学者往往更多关注国家内部社会的发展状况及社会秩序等。而在国际关系学科中，学者普遍关注由不同国家构成的各种共同体的形成与发展。尽管不同学科之间关于共同体的研究存在诸多差异，不过，它们之间仍然具有一些共同之处。

在对共同体这一概念进行梳理与界定的过程中，需要重点关注以下五个彼此之间具有密切关系的问题。第一，在何种意义上谈论共同体？之所以需要明确这一问题，主要原因在于共同体这一术语由于颇具吸引力，已经被引入社会科学各领域并在与相关领域的研究议题相结合的过程中得到了广泛的应用，甚至在一定程度上呈现泛化和滥用的状况，并由此衍生出了形形色色的相关学术术语。有学者曾做过统计，仅在1981年，关于共同体的定义已达140多种。[①] 而随着学科和研究议题的逐渐分化和细化，目前学术界关于共同体概念的界定更是众说纷纭、莫衷一是。因此，倘若要较为准确地把握某种形式的共同体的内涵及基本特征，一个基本前提是需将其置于特定学科视阈中予以审视。第二，构成共同体的主体是什么，即共同体是由"谁"构成的？对于不同类型的共同体，其构成主体也往往不尽相同。一般而言，从个体、家庭、氏族到国家、次地区等，都可能被作为某种形式共同体的构成主体。因此，在对共同体及其相关概念的界定过程中明确共同体的主体不仅有其必要性，而且对特定类型共同体的建设具有重要的现实指导意义。第三，共

---

① 李慧凤、蔡旭昶：《"共同体"概念的演变、应用与公民社会》，《学术月刊》2010年第6期。

同体的本质是什么？特定形式共同体的本质属性是其拥有的独有特征，即其区别于其他类型共同体的最显著标识，较为准确地把握共同体的本质意义能够更好地厘清上合组织命运共同体概念的基本特征。第四，共同体是如何生成的？这一问题旨在发掘共同体的生成过程、生成轨迹、生成逻辑和生成机制，以及发现推动共同体形成和发展的动力来源，这不仅能够全面把握特定共同体的历史演变脉络，而且在此基础上可对其未来变迁轨迹做出较为准确的判断。第五，共同体的表现形式有哪些？根据不同的划分标准，一种共同体往往具有多种表现形式。因此，在此方面，梳理与借鉴既有研究成果中关于共同体的类型化处理方式，可以明确上合组织命运共同体在整个共同体谱系中所占据的位置。

一 政治学视阈中的共同体

在政治学领域，政治共同体是一个重要且不可回避的概念，不少著名的政治学家曾对这一概念有过论述。古希腊著名思想家亚里士多德很大程度上是从其"四因说"中的目的因出发，认为政治共同体是人们形成的团体，旨在实现"善"之目的。在亚里士多德看来，这样的政治共同体就是城邦，而且是包括其他共同体的最高共同体。[①] 为了实现政治共同体的"善"，亚里士多德分析了城邦各种政体的优劣。在政治共同体的形成方面，亚里士多德通过溯源方法考察了从家庭到村落再到城邦的形成过程，揭示了政治共同体的生成。[②] 马基雅维利提出了一种新的国家观，进一步强化了国家政治共同体意识。[③] 此后的政治思想家均在他们的政治思想中进一步完善了共同体概念的政治内涵。不过，值得注意的是，共同体概念在政治学领域的长期发展过程中，根据个体与政治共同体之间的内在关系，政治共同体可以区分为传统共同体和现代共同体。洛克之前的政治共同体可视为一种传统主义共同体，而洛克之后的共同体则

---

① ［古希腊］亚里士多德：《政治学》，颜一、秦典华译，中国人民大学出版社2003年版，第1页。

② 黄颂杰：《权力制衡 幸福至善——亚里士多德政治哲学要义》，《学术月刊》2007年第12期。

③ 郭琳：《马基雅维利的国家政治共同体意识》，《上海师范大学学报》（哲学社会科学版）2014年第2期。

逐渐发展成为现代意义上的政治共同体。之所以存在这种区分，关键原因在于在从古希腊一直到霍布斯政治思想兴起的时期内，个人与作为政治共同体的城邦之间几乎是融为一体的，故在此期间的政治思想家并没有从思想层面将二者予以分离。不过，洛克自身的政治主张及其有限政府理论产生的广泛影响力，导致个体与政治共同体之间出现了首次内在对立。为了有效弥合二者之间的内在张力，卢梭和黑格尔试图在观念层面分别赋予共同体以道德和伦理内涵，但这些努力并未触及政治共同体的实践层面。马克思在对黑格尔和自由主义思想家进行批判的基础上，以"现实的人""自由人联合体"和劳动实践分别作为政治共同体的主体、目标和手段，描绘了个体与共同体实现统一的美好前景。①

二 社会学视阈中的共同体

在社会学领域，包括滕尼斯、迪尔凯姆和韦伯等在内的诸多社会学家均对共同体的含义进行过深入的探讨。滕尼斯使用共同体概念的时间较早，其在1887年出版的《共同体与社会》一书中，较为系统地阐述了他的共同体理论。② 根据滕尼斯的相关论述，共同体可视为根据人的本能、习惯和记忆等本质意志形式而形成的人与人之间的结合。共同体既可以是建立在自然基础上的群体，也可以是历史形成的联合体和思想层面的联合体。据此，滕尼斯将共同体区分为三种类型：血缘共同体、地缘共同体和精神共同体。具体而言，其一，血缘共同体具体表现为亲属关系，包括亲子关系、夫妻关系、兄弟姐妹之间的关系和权威关系。其二，地缘共同体是人们基于相近的地理位置而形成的联合体，如邻里、村庄和城市等，并通过习俗等维持共同体成员之间的关系。其三，精神共同体是人们之间基于共同或相近的活动而在思想或观念层面形成的联系，如师徒等，连接共同体成员的往往是友谊等精神纽带。滕尼斯对"共同体生活"的考察是在将其置于与"社会生活"相对立的意义上展开的，并对二者做了有意义的区分。根据成员行为的导向性差异，

---

① 李丽丽：《人类命运共同体的思想史溯源——个体和共同体关系的视角》，《江西社会科学》2018年第5期。

② ［德］斐迪南·滕尼斯：《共同体与社会》，林荣远译，商务印书馆1999年版。

前者可视为是以情感为导向的，后者是以利益（目的、工具）为导向的。① 可以说，滕尼斯的研究不仅使共同体这一概念成为社会学家普遍使用的重要分析工具，而且他对共同体的类型化处理，对包括马克斯·韦伯等在内的社会学家产生了广泛而深刻的影响。不过，就各种不同类型共同体演变的动力及嵌入其中的机制等，滕尼斯并未予以充分的解释。

滕尼斯对"共同体生活"与"社会生活"范畴的开创性研究对马克思·韦伯产生了较为显著的影响，韦伯在"共同体"与"结合体"之间所作的理论区分与滕尼斯在"共同体生活"与"社会生活"之间作出的划分具有异曲同工之处。不过，与滕尼斯在很大程度上从经验主义出发界定共同体不同，韦伯对共同体的界定是将其置于人类社会行为的理想类型框架内对这一概念进行了界定。韦伯认为"共同体"关系是与"斗争"关系相对的概念，并且是区别于"结合体"关系的一种社会关系。不论是在个例、平均或纯粹类型中，共同体关系是指社会行动的指向建立在参与者主观感受到的相互隶属性上，不论这种相互隶属性是基于情感行为还是传统行为。而与之相对，结合体关系是指社会行动本身的指向乃是基于行为体的理性动机（不论是目的理性或价值理性），以寻求行为体之间的利益平衡或实现利益结合。基于行为体相互隶属而形成的共同体关系的生成过程较为复杂，其有可能建立在情感性、情绪性和传统性基础之上，并超越了个体功利主义的原始目的。当然，这并不意味着共同体关系中完全排除了个体的理性动机或行动。可能有部分甚至全体成员，在行动上或多或少地指向目的理性式的考虑。与此同时，在韦伯看来，并非具有任何特质、共同情境或行为的共同模式的个体间的集合便可视为一个共同体关系的存在，只有当个体之间的关系包含了相互隶属的感觉时，才算一种共同体关系的存在。② 从以上简要回顾可见，韦伯理解中的共同体关系可视为行为体间的情感互动，达到一种"我中有你，你中有我"——韦伯所谓的"相互隶属"——的状态时，才由此产生的

---

① 张国芳：《滕尼斯"共同体/社会"分类的类型学意义》，《学术月刊》2019年第2期。
② ［德］马克斯·韦伯：《韦伯作品集Ⅶ：社会学的基本概念》，顾忠华译，广西师范大学出版社2005年版，第54—58页。

个体间社会关系。尽管韦伯并没有否认共同体在形成初期受到个体理性动机的驱动，不过，其有可能低估了在共同体形成过程中行为体的趋利动机所产生的强大助推作用。而且，很大程度上基于个体获益动机建立起的共同体关系，在共同体后续发展进程中有可能通过行为体间的持续互动逐渐赋予共同体成员以共同的情感和"相互隶属"感。在这个意义上，韦伯对共同体关系的解析更多采用了一种静态分析的方式，缺乏从动态视角对这一概念进行历史性考察。

迪尔凯姆将共同体视为个体在社会互动中形成的共有特性，而非一种实体化的社会结构，在传统社会和现代社会中均存在某种形式的共同体。① 其中，在传统社会结构中，维持个体之间成为一种共同体的是"机械团结"，主要表现为社会中的个体在情感、价值、信仰等方面具有较高程度的相似性或相同性，从而形成了一个个体间相互依赖程度低、对个性和个体间异质性具有较强抑制能力的社会。与此相对，在较为发达的社会中，维系社会作为一种个体间共同体的主要机制是基于社会分工和个体异质性形成的"有机团结"。这是因为，社会分工的不断细化导致人与人之间的相互依赖程度持续增加，并使作为独立的个体的个性特征得以充分地释放，并带动了主体间差异性的逐步扩大，从而使社会成为一个有机的整体。与此同时，在传统社会中对维持"机械团结"具有重要作用的"集体意识"在发达社会中尽管依然发挥着作用，但其发挥作用的限度因社会分工的发展和个体异质性的增强而有所削弱。② 沿袭迪尔凯姆分析路径的社会学家认为，近似共同体的社会关系具有结构和文化两个层面的特征：紧密的社会约束力；对社会机构的依附和参与；仪式庆典；小规模人口；相似的外表特征、生活方式和历史经验；相同的道德信仰、道德秩序等。③ 此外，出于现实社会失范和病态等社会现象对其内心世界带来的深刻触动，迪尔凯姆还倡导实现道德共同体的重建以对社

---

① Steven Brint, "Gemeinschaft Revisited: A Critique and Reconstruction of the Community Concept", *Sociological Theory*, Vol. 19, No. 1, 2001, p. 56.

② 汪玲萍：《从两对范畴看滕尼斯与涂尔干的学术旨趣——浅析"共同体""社会"和"机械团结""有机团结"》，《社会科学论坛》2006年12月。

③ Steven Brint, "Gemeinschaft Revisited: A Critique and Reconstruction of the Community Concept", *Sociological Theory*, Vol. 19, No. 1, 2001, p. 56.

会进行整合进而实现社会秩序,并通过职业伦理及道德教育来构建新的"集体意识"。①

不论是马克思的"真正的共同体"、迪尔凯姆的集体意识还是韦伯的主观情感、滕尼斯的亲密的共同生活,学者们在共同体研究中均表现出对秩序、和谐与共存等价值的向往和追求。这是因为"共同体这个理想的类型概念本身都排斥了冲突,它代表了一种社会关系的积极类型……以及他们希望通过对冷漠现实的'反正'而复归于这种美好的愿望"。②不过,与这些社会学家对共同体持积极或向往的态度形成鲜明对比的是,英国著名社会学教授齐格蒙特·鲍曼关于共同体的相关论述不乏悲观主义情绪。尽管鲍曼并没有否定人们为寻求实现共同体状态而开展的各种不懈努力,不过,由于在共同体中协调个体的确定性与自由之间的关系始终难以实现两全其美的状态,故在鲍曼看来共同体仅是一种人们对秩序与稳定等价值的一种美好憧憬。鲍曼认为当代社会已从"稳固的现代性"转向"流动的现代性",在一个流动的当代社会中,权力运作方式、劳资关系和生活方式等方面均发生了重大的变迁。③ 为了重建现代社会的团结和解决个体在流动的现代社会中面临的种种困境,人们将共同体视为一种能带给个体安全感、确定感和稳定感的理想社会。然而,在流变的世界中,共同体也仅是一种令人憧憬而难以实现的"乌托邦"。④ 原因在于,鲍曼将行为体之间的"共有理解"视为一种先于共同体存在且是共同体存在的前提条件,由于这种"共有理解"较容易受到成员和信息流动的冲击,因而共同体在本质上是脆弱的,且一旦受到外部因素的干扰往往很难恢复其原有的共同意义。此外,鲍曼认为共同体难以建立的另一个原因在于,在共同体内部,有效调节确定性与自由之间的内在矛盾始终是一个无法解决的难题。尽管人们对二者充满渴望,不过二

---

① 曹锦清、张贯磊:《道德共同体与理想社会:涂尔干社会理论的再分析》,《中南民族大学学报》(人文社会科学版) 2018 年第 1 期。
② 谭志敏:《流动社会中的共同体——对齐格蒙特·鲍曼共同体思想的再评判》,《内蒙古社会科学》(汉文版) 2018 年第 2 期。
③ 郇建立:《现代性的两种形态——解读齐格蒙特·鲍曼的〈流动的现代性〉》,《社会学研究》2006 年第 1 期。
④ 尹广文:《个体生存的社会困局与共同体的重建——基于齐格蒙特·鲍曼社会理论的诠释》,《江南社会学院学报》2016 年第 2 期。

者难以兼得。① 正如鲍曼所言："失去共同体，意味着失去安全感；得到共同体，意味着将很快失去自由。"② 整体来看，鲍曼的共同体思想在冷静洞察现代性所发生的重大变化及其带来的社会与个人变迁的基础上，试图去寻找一种共同体的理想社会状态以应对"流动的现代性"带来的种种挑战。不过，在鲍曼看来，由于共同体存在不可调和的内在对立，将共同体作为一种社会替代方案能有效解决现代性带来的种种社会问题。

三 国际关系学视阈中的共同体

自共同体概念提出以来，其在政治学和社会学领域引起了持续的关注，并引发了一代接一代学者经久不衰的研究。到目前为止，对共同体的研究依然没有停止。与此同时，对共同体的研究也逐渐从政治学和社会学领域向其他领域扩散，进一步拓展了共同体的研究范围。就国际关系研究领域而言，共同体概念被引入国际关系学界不仅极大地拓展与丰富了共同体概念的内涵与形式，赋予共同体概念以新的生命力和延续性，而且在共同体与国际关系研究相结合的过程中为国际关系研究者提供了一种具有较强解释力的概念工具和较为新颖的理论视角，并产生了诸多相关研究成果。

国际关系批判理论的著名代表人物安德鲁·林克莱特从包容与排斥的整体视角出发，认为国家在本质上是一种道德与政治共同体，是社会发展到一定阶段的产物。政治共同体之所以能够持续，是因为其具有排斥性，通过强调内部人和外部人的差异来建立他们独特的认识。基于此，林克莱特对于国家作为一种政治共同体所呈现的封闭性和排斥性并不满意。因此，应推动政治共同体的转型和更高形式的政治共同体的产生，这种新型共同体更具普世主义、更尊重文化差异以及具有更少的物质不平等。③ 林克莱特

---

① 谭志敏：《流动社会中的共同体——对齐格蒙特·鲍曼共同体思想的再评判》，《内蒙古社会科学》（汉文版）2018年第2期。
② ［英］齐格蒙特·鲍曼：《共同体：在一个不确定的世界中寻找安全》，欧阳景根译，江苏人民出版社2003年版，第6页。
③ 阎静：《国际关系批判理论和政治共同体的转型——一种林克莱特三重视角的诠释》，《世界经济与政治论坛》2009年第5期。

对国家作为政治共同体的局限性的分析以及对更具包容性的政治共同体的期待，为构建超越国家的共同体提供了一种规范性框架，引发了对跨国共同体如何维持不同国家间和文明间秩序，以及赋予对新共同体的认同等一系列问题的思考，这些问题对上合组织命运共同体的构建具有十分积极的理论启发意义。不过，林克莱特对政治共同体转型或扩展的憧憬缺乏实现的现实路径。这是因为，林克莱特构想的更高级的政治共同体实现的必要条件是对主权国家边界伦理重要性的弱化甚至消除。然而，这在理论推演中是可以进行控制与实现的，而在现实政治中是几乎不可能实现的。由此可以发现，林克莱特对政治共同体的扩展或转型所做的思考与探索，受到世界主义的道义感和价值观的温情感化和强烈驱动。这种更高形式的政治共同体，为人们描绘了一幅令人憧憬的美好图景，不过，在林克莱特的理论体系中难以找到一条通往此处的现实可行的道路。

英国学者巴里·布赞和安娜·冈萨雷斯·佩莱兹认为，英国学派从理论和历史视角对"国际社会"和"世界社会"概念的深刻洞察并由此产生的理论建树，为明确国际共同体这一概念提供了有益的启发。通过对这两个核心概念的考察，布赞和佩莱兹认为在英国学派中，国际共同体具有两种含义：一是国际共同体可以被用来探讨国家间更为厚重、更具社会连带关系的形式，特别是那些各成员在其中共享重要认同要素的形式；二是国际共同体含义具有多样性，从人类道德共同体开始，中经其反对意见和全球市民社会直到后威斯特伐利亚时代的世界政治。不过，英国学派所谓的"人类道德共同体涉及的是一个伦理上的抽象观念问题，而不是一个完美清晰的社会实体"，以及将国际共同体与全球市民社会中的非国家行为体完全等同并不那么重要。基于这种判断，布赞和佩莱兹在定义国际共同体概念时，剔除了英国学派视阈中国际共同体具有的道德含义和非国家行为体的构成主体。尽管对英国学派的国际同体含义进行了批判性吸收，不过，布赞并没有对国际共同体给出一个明确的界定。从他的相关论述来看，国际共同体具有以下特征：第一，国际共同体是围绕一种身份认同或共享的价值观建立起来的，以"我们—感觉"为基础，即强调建立在共同体成员共存和开展合作所必需的规范、准则和制度的理性结构之上，共同体成员对共同身份的认同，且这种认同在共同体成员共存和合作实践达到一定程度而产生和强化;第二,国际共同体涵盖具有全球规模的国际共同体和次全球规模的共同体,后者是指由强烈的普遍认同所定义的、享有更高程度一体化的国际社会内部的更加紧密的国家网络,因此,次全球规模的共同体比全球规模的共同体更具实践意义。①

赵俊在对哲学、政治学和社会学等领域关于共同体概念的理解基础上,结合国际关系研究对象、核心议题以及一些理论观点,认为国际关系中共同体的主体仅限于主权国家。由国家构成的共同体在空间范围上并不拘泥于特定的地理范围,既可以由地理位置毗邻或相近的国家构成,也可以是不同地理空间的国家联合。而就推动国家间共同体产生的动力而言,根据其生成的最初动力和后续动力,国际关系中共同体形成的动力源自原生动力和次生动力。前者主要包括国家追求经济收益和获取权力的工具理性动机,以及组成共同体的国家之间对彼此的历史记忆和对共同体的集体认同。后者实际上是特定共同体形成后对其他地区国家产生的效仿效应。较为成功的共同体的存在,为后续国家创建与发展新的共同体提供了激励。因此,国际关系中的共同体大致遵循权力增量—经济增量—集体认同的生成逻辑,而历史记忆在共同体生成的每一环节均发挥着作用。基于以上分析,国际关系中的共同体可视为"两个或两个以上的国家能维持持续收益增量的正式的联合(制度的互嵌与认同的整合)关系,体现为组织与意义的力量存在"。由于共同体模式有助于化解内部矛盾、促进共同体成员经济发展以及使内部群体产生归属感等诸多优势,因此,其成为一些国家或地区追求的发展战略而被称为"共同体主义"。② 与赵俊相似,也有学者将行为体之间的共同利益作为共同体形成的逻辑起点,认为共同体的形成沿着一条线性路线展开,即以共同利益为基础的个体—相互忠诚和彼此认同—共同伦理取向—共同生活—共同体。③

---

① [英]巴里·布赞、安娜·冈萨雷斯·佩莱兹:《"国际共同体"意味着什么?》,任东波、蒋晓宇译,《史学集刊》2005 年第 2 期。
② 赵俊:《国际关系中的共同体与共同体主义》,《世界经济与政治》2008 年第 12 期。
③ 孔凡建:《共同体语义演化史考辨》,《甘肃理论学刊》2014 年第 3 期。

此外，国际关系学者还提出了一些关于"共同体"的重要概念或理论。国际关系理论研究的"实践转向"为"实践共同体"上升为一种概念性分析工具提供了理论基础。① 如伊曼纽尔·阿德勒和文森特·波略特认为，实践过程所呈现出来的物质与意义、结构与施动者、反思性与背景性、变化与稳定等特征在实践共同体中获得具体且可操作性的理论与经验意义。在实践共同体中，实践发展、扩散并得以制度化。实践共同体是一个可以产生相似思维的知识聚合领域，是一个创造社会学习机制的人所组成的共同体，是一种包含共同体发展、分享和维护的知识的共同实践活动。② 在此基础上，奥利·雅各布·森丁和艾佛·诺依曼还进一步研究了界定国际组织运作结构及其与成员国互动结构的主导性实践，以及各种实践之间的等级关系。③ 另外一种已在学术界获得较高程度的关注且被广泛应用的概念是"安全共同体"。该概念最早于20世纪50年代由德·范·瓦吉恩提出，到1957年卡尔·多伊奇及其同事第一次对该概念开展了全面、理论上和经验上的深入探讨。受多伊奇及其安全共同体概念的深远影响，此后在社会学和国际关系学界产生了各种各样与安全共同体相关的经验主义研究。其中，伊曼纽尔·阿德勒和迈克尔·巴涅特的研究再次推动安全共同体研究取得了重要的进展。他们将多元安全共同体定义为"一个由主权国家组成的跨国区域，这些主权国家的人民对和平变革有着可靠的预期"。该概念强调共同体成员拥有的共有身份、

---

① 相关研究成果参见 Jorg Kustermans, "Parsing the Practice Turn: Practice, Practical Knowledge, Practices", *Millennium: Journal of International Studies*, Vol. 44, No. 2, 2016, pp. 175 – 196; Christian Bueger, "Pathways to Practice: Praxiography and International Politics", *European Political Science Review*, Vol. 6, No. 3, 2014, pp. 383 – 406; David M. McCourt, "Practice Theory and Relationalism as the New Constructivism", *International Studies Quarterly*, Vol. 60, No. 3, 2016, pp. 475 – 485; 李滨、陈子烨《实践逻辑视野下的新型国际关系建构》，《世界经济与政治》2018年第11期；方曙兵《国际实践研究：国际政治理论研究的新议程》，《国外社会科学》2018年第2期；王明国《制度实践与中国的东亚区域治理》，《当代亚太》2017年第4期；朱立群、聂文娟《国际关系理论研究的"实践转向"》，《世界经济与政治》2010年第8期。

② ［加］伊曼纽尔·阿德勒、文森特·波略特主编：《国际实践》，秦亚青、孙吉胜、魏玲等译，上海人民出版社2015年版，第17页。

③ ［挪］奥利·雅各布·森丁、艾佛·诺依曼：《依托权力：国际组织的某些实践是如何主导其他实践的》，载［加］伊曼纽尔·阿德勒、文森特·波略特主编《国际实践》，秦亚青、孙吉胜、魏玲等译，上海人民出版社2015年版，第253—280页。

价值观和意义，共同体成员之间多面、直接的联系，以及基于成员间共有知识而产生的长期利益和基于彼此间的义务感和责任感而形成的利他主义。①

四 共同体概念研究的特征和不足

上文对共同体概念的梳理并没有完全涵盖关于共同体的所有界定。事实上，与共同体相关的概念及其界定十分庞杂，穷尽其所有界定是一件几乎不可能完成且没有太大必要的工作。本书仅选取了为数不多的且在学术界产生了广泛影响力的研究成果进行了简要梳理。从上述关于共同体概念的简要梳理中，我们在共同体的主体、形式、功能和生成方面可以发现以下四个主要特征，它们可概括为：共同体的主体兼具单一性与多元性，共同体的形式兼具实体性与理念性，共同体的功能兼具规范性与批判性，共同体的生成兼具自然性与构建性。尽管不同学科、不同学者对共同体概念的界定整体上呈现众说纷纭的情景，但相关学科能达成的基本共识是，共同体不仅是建立在地方性基础之上的一种社会关系模式，而且很大程度上已超越了特定的地理范围、文明界限和政治制度等的隔离，是因个体或群体共享的认同、身份、价值、忠诚、利益、社会心理、情感等因素而形成的一种特定的社会关系，这种共同体可视为国际关系研究中产生的各种各样的共同体的总和。因此，个体或群体之所以能够结合在一起形成较为稳定的共同体状态，是因为存在能够将它们连接在一起的诸多共同因素。这为本书对上合组织命运共同体相关概念进行界定并在此基础上开展系统深入地研究具有积极的启发意义。不过，从上文关于共同体概念的既有研究成果来看，学术界对共同体概念的研究还主要存在以下三个方面的缺陷。

第一，关于共同体的相关研究具有较为浓厚的西方中心主义色彩，非西方国家不论在共同体理论研究方面还是共同体构建方面均显得相对滞后。从词源来看，共同体一词起源于西方。从古希腊时期至今，西方社会科学家对共同体的理论与实证探索一直未间断。也正因为如此，不

---

① ［以］伊曼纽尔·阿德勒、［美］迈克尔·巴涅特主编：《安全共同体》，孙红译，世界知识出版社2015年版，第31—32页。

论是涉及共同体的理论发展还是关于共同体的多种多样的实践,很大程度上反映了西方社会的内在发展状况、发展要求和贯穿在其中的西方国家的价值理念。例如,尽管布赞和佩莱兹对国际共同体的理解具有较深的理论根源,对于我们理解国际共同体的形成具有积极的理论借鉴意义。不过,他们基于对西方世界历史经验的观察得出的观点较为狭隘,其中不乏浓厚的西方优越论调和较强烈的西方中心主义色彩。实际上,布赞和佩莱兹所谓的国际共同体实际上是指自由主义的国际共同体,或者可视为西方自由主义政治秩序的组成部分。正如他们所指出的那样,在当代世界政治中,共同体一般指涉的是西方,特别是"北大西洋共同体"。[①]值得指出的是,布赞和佩莱兹对国际共同体的讨论正值2005年前后构建"东亚共同体"在东亚各国学界、政界和商界引发如火如荼的探讨之际,不过,他们并未过多提及东亚共同体构建的历史和现实基础以及构建前景等问题。而对国内学者而言,"共同体"一词属于舶来品。截至目前,不论是在政治学、社会学还是国际关系学界,涉及共同体的研究很大程度上仍停留在对西方共同体理论的理解与阐释层面,已有的研究成果并未摆脱西方价值观和世界观的桎梏。事实上,共同体并非一种充满意识形态色彩或偏见的概念,也并非仅能存在于西方社会或西方国家之间。与此相反,非西方国家在不同社会制度、文明文化和政治发展道路存在较大差异的前提下开展的卓有成效的地区国际合作实践,已为非西方国家之间构建紧密的国际共同体乃至人类共同体奠定了一定的基础。

第二,既有与共同体相关的理论中存在着根深蒂固的二元对立思维。这种二元对立思维首先表现在作为整体的共同体与作为构成共同体的个体之间具有难以调和的内在矛盾。个体与共同体之间的内在张力主要涉及个体自由与共同体权力、个体利益与共同体利益之间的关系难以实现有效的协调。自洛克以来,包括亚当·斯密、杰里米·边沁、约翰·穆勒、黑格尔等在内的著名学者都曾意识到这一问题,并试图通过经济的、伦理的、道德的和观念的手段弥合二者之间的分裂,不过这些尝试性努力始终并未解决共同体与个体之间的紧张关系。直到马克思在批判资本

[①] [英]巴里·布赞、安娜·冈萨雷斯·佩莱兹:《"国际共同体"意味着什么》,任东波、蒋晓宇译,《史学集刊》2005年第2期。

主义"虚幻的共同体"的基础上提出了"真正的共同体"思想，才在理论与现实层面实现了共同体与个体之间的"和解"。① 整体来看，个体与共同体之间的对立始终是西方社会科学研究中一个不可回避的问题。除此之外，既有共同体研究中的二元对立思维还主要体现在共同体与其他概念之间的对立。如滕尼斯将"共同体生活"置于与"社会生活"相对立的意义上，将前者视为以情感为导向的社会关系，而后者是基于工具理性而结成的社会关系。与滕尼斯类似，韦伯在"共同体"与"结合体"之间同样作了二元对立式的区分与界定。这种蕴含在共同体研究中的二元对立思维在深刻地揭示共同体特征的同时，却忽视了如"共同体生活"与"社会生活"、"共同体关系"与"结合体关系"及"机械团结"与"有机团结"等方面之间的联系与彼此之间转化的可能性。事实上，随着个体之间互动的持续积累，"社会生活"在一定条件下可能转化为"共同体生活"，"结合体关系"发展到一定阶段也会迈入"共同体关系"。与此相反，共同体也可能随着个体之间互动质量下降、个体间相互隶属感降低以及彼此间情感与认同削弱等因素影响退回至其早期形态。上述两种主要的二元对立现象一定程度上体现了西方非此即彼、非黑即白的世界观，与中国传统世界观形成了鲜明的对比。

第三，当前不论对"共同体"的概念界定还是理论与实证研究中还存在的一个明显的缺陷是缺乏一种具有相对普遍性的分析框架，使对共同体的相关研究在不同领域、不同学科中整体呈现一种各自为政、相互割裂的碎片化状态，进而制约了学科之间开展富有成效的对话交流与相互借鉴。可以预见的是，学术界各领域对共同体概念及与之相关理论的探索将持续开展下去，而随着学科和研究议题的日益分化和精细化，与"共同体"相关的术语将越来越多、越来越频繁地出现在社会科学研究领域。尽管"共同体"概念的应用范围已经十分广泛甚至在某种程度上已趋于滥用，然而一个困扰研究者的问题是学术界对"共同体"概念的界定始终莫衷一是，这或许是共同体研究在当前难以取得突破性进展的一个主要障碍。截至 2019 年年底，在中国国内和外交话语体系

---

① 关于个体与共同体之间关系的详细讨论，请参见李丽丽《人类命运共同体的思想史溯源——个体和共同体关系的视角》，《江西社会科学》2018 年第 5 期。

中可以发现，近些年中国官方提出的与命运共同体或共同体相关的概念或表述已达 15 种之多。随着这些术语在外交话语、政治活动、媒体报道和学术研究中集中涌现，国内学术界在对命运共同体的研究中还产生了诸如利益共同体、责任共同体、价值共同体和心理共同体等在内的相关衍生概念。不仅如此，在一些学术研究成果中还存在如"中缅命运共同体""中俄命运共同体"等类似的表述或提法。[①] 不过，与共同体概念遭遇的境遇类似，对这些概念的界定常常因研究者的研究偏好不同而呈现较大的差异。由此可见，面对这些纷繁复杂的研究对象，学术界的一项当务之急和义不容辞的责任就是确定一种可对这些"家族相似性"概念进行类型化处理的科学标准，以帮助研究者对"命运共同体"系列概念进行合理的归类和对核心概念进行有效的操作化处理，并通过抽象概念与经验事实的匹配进行理论框架的构思。[②] 如此，不仅在共同体研究方面可以为不同地区、不同学科之间的交流与对话找到一个契合点，而且可为形成一套逻辑严密、体系完整的中国特色外交话语体系奠定必要的学理基础。

第二节　共同体及其相关概念的界定

本书关于上合组织命运共同体构建研究所涉及的核心概念——"上合组织命运共同体"，不仅从广义上看是共同体的一种特殊类型，而且也是中国政府提出的"命运共同体"谱系中的一种特定的共同体类型。此外，由于上合组织命运共同体的构建以明确的国际组织为载体，且以八个正式成员国作为最主要的构建主体，因此更准确地说上合组织命运共同体也是一种特定形式的国际共同体。基于这些考虑，此部分将重点就"共同体""国际共同体"和"命运共同体"这三个与上合组织命运共同体密切相关的重要概念做出界定。

[①] 《推进"中缅经济走廊"建设，助力形成"中缅命运共同体"》，2019 年 1 月 18 日，http://www.sky.yn.gov.cn/ztzl/zg-nyzklt/zgsd/3183903609537232694；盛昕、刘明明：《构建"中俄命运共同体"的区域效应》，《当代世界》2018 年第 2 期；吴伦：《论中俄"命运共同体"的多维支点》，《江南社会学院学报》2014 年第 3 期。

[②] 刘丰：《类型化方法与国际关系研究设计》，《世界经济与政治》2017 年第 8 期。

一 共同体

在《汉语大词典》中，共同体一词是指"人们在共同条件下结成的集体"，或"由若干国家在某一方面组成的集体组织"。① 综合以上对不同学科研究中关于共同体概念的界定以及这些学科研究中所体现出来的共同体概念的普遍特征，本书认为：共同体是一组行为体（个体或群体）在历史发展中自然形成的或社会构建而成的特定社会关系模式，不论这种社会关系模式是具有实体化的载体，还是仅仅是一种理念上形成的联合体，行为体之间的社会关系往往具有传统、利益、价值或情感上的共同属性，且彼此之间形成了较为稳定的共有身份，以及每个行为体均对形成的集体表现出一定程度的归属感。本书所使用的共同体定义与上文所提及的各种共同体概念相比具有以下明显的不同之处。第一，该定义很大程度上突破了以往对共同体概念界定中客观存在的学科藩篱，这种学科之间的相互隔离很大程度上成为制约人们对共同体形成连贯与一致理解的主要障碍，实现不同学科之间对共同体的共有理解可为人们从广义上理解共同体提供一种替代性思路。第二，本书所使用的共同体概念既可以是一种业已存在的实体，也可以是一种理念上存在但没有实体特征的联合体。在此意义上，共同体既可以被视为一种既定的社会现实，也可以被视为一种理想的社会关系模式。然而，这并不意味着一种理想的或仅在人们头脑中构想的共同体的存在意义可以被低估，而与之相反，理想的共同体类型往往蕴含着对现实社会生活的批判性和规范性力量，其对行为体的心理和行为均会产生较大的影响。第三，关于使一组行为体能够形成共同体的因素大体可以划分为四种类型：传统因素、利益因素、价值因素和情感因素，这些因素结合得越多，共同体得以形成的基础也相应地越牢固。总之，该定义在共同体的主体、形式、功能和生成路径等方面实现了不同学科研究领域的最大公约数。下文将对共同体的基本特征进行详细说明。

首先，共同体的主体兼具单一性与多元性。从上文的文献梳理中可以发现在关于共同体的主体是什么的问题上，政治学和社会学领域的学

---

① 《汉语大词典（缩印本）》（上卷），上海辞书出版社2007年版，第774页。

者通常将个体或单个的人作为共同体的主体，致力于分析由个人构成的单一共同体，如家庭、氏族和国家等。因此，这些共同体不仅其范围并未突破国家这个地域涵盖范围最大的政治共同体，而且其构成主体之间的差异性相对较小。与此不同的是，国际关系学者的相关研究往往突破了国家间地理范围、文明文化等差异，将国家视为国际共同体的基本构成单位。除此之外，也有学者将国际共同体定义为一个由享有共同身份认同和价值观的各种单位经过国际共同体化而形成的次全球形式（或区域性）的人类共同体，并在此基础上将国际共同体的主体几乎拓展至涵盖了所有国际行为主体，既包括国家行为体，也包括非国家行为体。[1] 据此，根据共同体的构成主体的单一性和多元性差异，可以将共同体区分为单一共同体和多元共同体，或国内共同体和国际共同体。

其次，共同体的形式兼具实体性与理念性。具有实体性特征的共同体往往呈现出一定形态的组织形式以及或分散或集中的组织结构，共同体成员的数量维持在较小规模之内，且共同体成员之间往往具有较为密切的直接联系。这些特征为共同体成员间的共同活动提供了较为便利的条件，其成员有可能定期或不定期举行一系列仪式性或实质性的活动以展现共同体的团结与统一。如滕尼斯所谓的"血缘共同体"和"地缘共同体"，以及伊曼纽尔·阿德勒和文森特·波略特所谓的"实践共同体"等均可视为一种具有实体特征的共同体。此外，苏联社会科学研究领域在引入共同体概念后，苏联社会科学家更多将共同体视为由各种社会团体共有的且以社会组织为基础的社会存在，包括社会地域共同体、族类共同体和文化共同体等。[2] 与此相对的是，一些共同体并不具备基本的实体性特征，而更多是基于成员彼此间具有某种共享的理念或价值结合而成的共同体。甚至有学者倡导从理念或思想而非实体的层面去理解共同体存在的意义，如安东尼·柯亨指出，不要把共同体理解为建立在地方性基础之上的社会互动网络，而要更多地关注共同体对于人们生活的意

---

[1] 任东波：《从帝国到国际共同体：东亚国际体系的理论批判与重构》，博士学位论文，吉林大学，2008年，第32—33页。

[2] 夏杰：《苏联社会学文献中的"社区"与"共同体"》，《社会》1984年第4期。

义以及他们各自认同的关联性，即尽量不要把共同体实体化。① 理念型共同体的突出优势在于其往往能够突破各种物质性因素的制约，尽可能地展现理念自身所具有的强大感召力量。

再次，共同体的功能兼具规范性与批判性。共同体概念之所以自提出以来能够在学术界产生如此广泛和深远的国际影响力，其中一个重要的原因在于其在纷繁复杂的现实世界中所承担的或被寄予厚望的使命。尽管鲜有学者明确阐述共同体理论对于现实生活世界所具有的重要意义，不过，从学术界关于共同体的不胜枚举的研究成果中可以较为明显地发现，这些成果不同程度上均凸显了共同体的两种重要的使命或功能——规范世界的功能和批判世界的功能。尽管共同体这一概念在18世纪之前就已经在欧洲大陆获得了广泛的传播，甚至当时该概念已成为社会科学研究者在分析社会生活和社会现象中不可避免需要使用的概念工具，不过，现代意义上共同体含义的真正确立实际上建立在人们对18世纪和19世纪由工业革命引发人类社会各个方面均发生迅猛的变革及其影响进行批判与反思的基础上。② 在此过程中，共同体往往被视为一种高于现实社会的理想的社会秩序，进而成为人们与现实世界进行比照、寻找差距并在此基础上要求改变社会现状的一个极佳的参照对象。如从马克思在"虚幻的共同体"与"真正的共同体"、滕尼斯在"共同体生活"与"社会生活"以及韦伯在"共同体关系"与"结合体关系"等概念之间所做的理论区分与鲜明比较中，均体现出他们对现实社会秩序的不满以及对建立类似于共同体的社会秩序的向往，进而为人们对现实社会提出规范性建议奠定了基础。尽管在共同体理论中对于如何实现更公正合理的社会秩序的现实路径的探索相对薄弱，但共同体理论所呈现的批判世界与规范世界的功能中无疑积聚着改造世界的内在力量。

最后，共同体的生成兼具自然性与构建性。根据共同体生成方式存在的显著差异，各种不同形态的共同体分别可视为自然形成的共同体和构建而成的共同体两种类型。前者所涵盖的共同体是在历史发展过程中自然形成的社会关系，这种类型的共同体往往以相近的地缘关系和血缘

---

① 孔凡建：《共同体语义演化史考辨》，《甘肃理论学刊》2014年第3期。
② 孔凡建：《共同体语义演化史考辨》，《甘肃理论学刊》2014年第3期。

关系等作为维系共同体成员间关系的主要纽带，如社区、家族等属于此类，体现了行为体之间在地域、血缘、文化和文明等方面的共同特征。与自然形成的共同体相对的是构建而成的共同体，这种共同体往往是人们为实现特定的目的而通过有意识地创造共同的话语体系、塑造行为体共享的意义、理念和价值，以及试图采取协调一致的行动创建而成的共同体。随着传统社会向现代社会的深刻转型，一个可以预见的趋势是，共同体形成过程中的构建性成分会越来越凸显，而自然性将逐渐降低。与自然形成的共同体相比，其一，构建而成的共同体的涵盖范围不再拘泥于特定的地域，任何两个地域的行为体均可能基于共同的利益、价值或情感等形成某种形式的共同体。其二，构建而成的共同体的构成主体往往更具多样性和多元性，行为体之间在个体特征上的差异性较自然形成的共同体往往更大。因此，建设这样的共同体面临的挑战也相对较多。其三，共同体成员之间关系的复杂程度往往相对较高。值得指出的是，尽管根据共同体的生成过程，共同体可以被视为自然性共同体和构建性共同体，不过，二者之间并非处于完全割裂的境地，如构建性共同体可能蕴含着一定的自然因素，而自然形成的共同体也会因人们有意采取构建性措施而使其原有的自然属性得以丰富和拓展。此外，仅就构建而成的共同体而言，由于共同体在类型上的差异，因而不同类型的共同体的构建的具体路径往往不尽相同，对此要具体类型具体分析。

二　国际共同体

根据共同体所涵盖地理范围的不同，共同体可以区分为国内共同体和国际共同体。国内共同体的主要构成主体包括个人、家庭、社区、社会团体、行政单位、民族等，其最大辐射范围限制在国家的政治与地理边界内。而国际共同体的构成主体包括国家行为体和非国家行为体，其涵盖的范围突破了国家的地理边界。尽管非国家行为体的行动能力和影响力正在逐渐提升，不过，国家行为体仍是当今国际关系体系中的最重要行为体。因此，据此并结合上文对共同体概念的界定，本书所谓的"国际共同体"是指一组主权国家基于共同或相近的工具理性、价值理性或情感而结成的特定国际关系模式，且彼此之间形成了较为稳定的集体身份，以及每个国家行为体均对其所属的集体表现出一定程度的归属感。与共同体概念的一般内涵类似，国际共同体的形式同样表现出实体性与理念性共存的特征，且二者在特定的条件下可以实现相互转换。不仅如此，国际共同体同样具有规范性功能和批判性功能，其批判性功能主要表现为对既存的国际关系模式的反思与批评，并且指明了理想的或新型国际关系所应该具有的主要特征。不过，与上文对共同体的界定不同，本书对国际共同体的定义剔除了行为体之间形成共同体的传统因素。之所以如此，是因为包括地缘、文化和文明等在内的传统因素尽管对国际共同体的形成和发展具有一定的影响，不过，它们在国际共同体的形成中发挥的作用已经下降到比较低的程度。根据本书对国际共同体的定义，国际共同体大体可以划分为三种理想的类型：利益共同体、价值共同体和情感共同体。需要指出的是，这种划分仅仅是一种在理论层面做出的理想化分类，而在实际的国际关系运作中，同一共同体内可能或多或少包含这三种共同体的成分。

之所以如此，主要是因为国际共同体本质上是一种特定的社会关系模式，故国际共同体的类型也符合行为体之间的社会关系所具有的主要属性与基本类型。目前，国际关系学界对关系属性的探讨主要集中于关系的工具属性与情感属性，前者以"关系均衡理论"见长，后者以"过程建构主义理论"为代表。不过，这两种理论路径在关系运作机制、关系性质和分析层次等方面具有各自不同的理论偏好，因而两者均侧重于强调关系属性的某一方面。实际上，在实践基础上产生的行为体之间的关系往往具有除工具属性和情感属性外的其他属性。也正因为此，关系理论目前未能就同一关系的不同属性做出较为完整的界定。诚如马克斯·韦伯对社会行为开展的类型化研究所揭示的那样，除"工具理性行为"与"情感行为"外，"价值理性行为"亦是构成针对其他行为体且具有主观意义的一种不可忽视的社会行为。[1]"工具理性行为"和"情感

---

[1] 马克斯·韦伯将社会行为分为"工具理性行为""情感行为""价值理性行为"和"传统行为"。其中，"传统行为"是指"一种含糊的对于习惯性刺激以重复其固有的态度作出的反应"。由此可见，成员国对国际组织的认同行为明显不属于"传统行为"，故在此不予讨论。参见［德］马克斯·韦伯《韦伯作品集Ⅶ：社会学的基本概念》，顾忠华译，广西师范大学出版社2005年版，第33页。

行为"在关系理论中已经得到较明显的体现,而价值理性行为却尚未受到充分关注。鉴于此,根据马克斯·韦伯关于社会行为的分类并结合关系理论的相关研究成果,本书认为,同一组社会关系同时具有工具性、情感性和价值性三种基本属性,由此产生的国际共同体相应地可以分为"利益共同体""情感共同体"和"价值共同体"三种理想的共同体类型。

其一,"工具性关系"是指为实现获取物质性收益的目的,行为体与他者所建立、运作与维持的一种联系。处于社会关系网络中的行为体往往遵循公平法则与客观标准,与其他行为体进行资源的互换互惠。因此,"个人在和他人建立工具性关系时,不过是以这种关系作为获得其他目标的一种手段或一种工具",正所谓"以利相交"。[1] 尽管对人际关系的巧妙安排与精致运作是中国文化的一个显著特征,不过,从"交换理论"的视角来看,西方社会学家已证明行为体基于的目的性和功利性进行互动与谋求建立关系是人类普遍的行为动机。"自利性的交换关系可能引发其他更多合作性的、'我们关注的'关系,就像更多合作性的'我们关注的'关系可能维持和/或塌缩在更自利性的交换关系之中一样。"[2] 由于成员国与国际组织的关系亦属于社会关系的范畴,因此成员国的主要动力和目标追求同样在于获取利益,其目的是通过维持与国际组织之间的关系来追逐长远的"隐含利益"。[3] 石之瑜和黄琼萩的"关系均衡理论"旨在揭示这种互惠关系。他们认为尽管行为体双边关系中基于"给予—回报"的均衡模式不乏情感因素的参与,但物质利益和生存压力是首要的。[4] 也正是因为关注到行为体间关系中蕴含功利主义和实用主义考虑,

---

[1] 黄光国、胡先缙等:《人情与面子:中国人的权力游戏》,中国人民大学出版社2010年版,第9页。

[2] [英]尼克·克罗斯利:《走向关系社会学》,刘军、孙晓娥译,格致出版社、上海人民出版社2018年版,第134页。

[3] Chih-yu Shih and Chiung-chiu Huang, "China's Quest for Grand Strategy: Power, National Interest, or Relational Security?", *The Chinese Journal of International Politics*, Vol. 8, No. 1, 2015, pp. 1–26; Chiung-chiu Huang and Chih-yu Shih, *Harmonious Intervention: China's Quest for Relational Security*, Farnham: Ashgate, 2014, p. 16.

[4] 曹德军:《国际政治"关系理论"——概念、路径与挑战》,《世界经济与政治》2017年第2期。

"过程建构主义"提出了"关系理性"假定。该理论将理性植入关系网络中，无疑使理性的具体内容和实现形式发生了一些变化，如促使行为体在共生关系中追求最大可及利益，主动创造最优共生关系与通过道义构建共生关系。① 不过，这却难以真正彻底改变国家利己主义本性，甚至有可能促使国家摒弃"粗糙的利己主义"手段，而通过更精致的手段构建关系网络以获取物质收益。

从理论上而言，成员国从共同利益相关者转为利益共同体主要源自对获得较以往更丰厚的象征性收益和物质性收益的强烈激励，前者受到国家对尊重、承认、声誉、权威和话语权等内在需要的驱动，后者主要表现为国家对财富和权力等的追求。国家对共同利益的诉求无疑是推动利益共同体形成的最基本条件。此外，一个利益共同体的形成实际上主要取决于各国对参与共同体活动所能获得的收益及分享利益规则的积极预期。一方面，各国对预期收益的积极预期意味着在共同体内各成员国能够实现"共赢"，即"利益共同体中每个利益主体的净收益增量都大于零，各利益主体加入共同体后在追求自身利益的同时也要兼顾共同体中其他成员的收益"。另一方面，各成员国对获得相对收益的规则具有较为一致的认知或"共识"，即"利益共同体中的各利益主体对共同体运作的预期收益以及利益分享的模式和规则取得一致认可（最优战略组合），并且不存在偏离这种一致认可的积极性"。② 在此意义上，对各成员国均能够获得的相对收益的可靠预期以及对利益分享模式的认同是形成利益共同体的必不可少的条件，二者缺一不可，只有当二者同时具备的时候，一个利益共同体才有可能初步形成。也正因为如此，利益共同体的存续与发展主要受到各成员国收益、合作成本、合作规则及各自在共同体内的话语权等因素的影响。③ 为了使共同体内的成员获得稳定的相对收益和能够有效地达成共识，一个较为成熟的利益共同体的形成还需要建立一套制度体系以减少共同体成员的交易成本和彼此之间的信息不对称，以及汇聚行为体的共同预期等。

---

① 高尚涛：《关系主义与中国学派》，《世界经济与政治》2010 年第 8 期。
② 易鸣：《经济利益共同体的形成条件和制度安排》，《商场现代化》2009 年第 13 期。
③ 易鸣：《经济利益共同体的形成条件和制度安排》，《商场现代化》2009 年第 13 期。

其二，尽管构成国际共同体的国家行为体之间的关系具有工具属性，但这并不意味着情感因素在国际共同体中处于缺失状态。与此相反，行为体间关系的情感属性使我们能够理解除了物质收益、尊重与回报、共同利益之外，建构与维系行为体间共同体关系还有另一种不可或缺的重要维度。如有学者敏锐地指出，行为体间的关系总是蕴含着一种情感意向，即使行为体在和他者关系中保持一种中立的态度，这实际上也是一种情感意向。① 情感因素为行为体的认知活动及其与他者关系的界定提供了方向，关系运转过程中所产生的情感体验影响行为体对他者的态度与行为。② 如国际关系学者通过对情感的深入研究发现，"基调情感"可塑造行为体的信仰、需求与喜好，而"状态情感"则影响行为体当下的行为，甚至在某些情势下能够改变个体最初的目标、规划与行为习惯。③ 与"关系均衡理论"强调工具性关系相比，"过程建构主义"理论视阈中的关系具有更多的伦理与情感色彩。秦亚青指出，"过程还有十分重要的一面，就是建立、维系和强化情感性关系，使行为体在情感趋近的情况下产生集体认同，使集体认同有着更加坚实的基础。这种情感趋近在许多时候不是理性作用的结果，而是过程中通过不断交往和发展关系而产生出来的，同时，情感的接近又促进互动过程的进一步发展"。④ 由此可见，情感因素对于维持国家间的共同体关系具有重要的意义。

一个复合型国际共同体构建的主要内容不仅涵盖价值共同体、利益共同体，而且还应该将上合组织构建为一个成员国之间心理相通、情理相容的情感共同体。之所以如此，主要是因为情感是维系共同体成员之间团结与统一的不可或缺的纽带。如滕尼斯将"共同体生活"置于与"社会生活"相对立的意义上，将共同体视为一种以情感为导向的社会关系。⑤ 与滕尼斯类似，马克斯·韦伯也指出，共同体关系是指社会行动的

---

① ［英］尼克·克罗斯利：《走向关系社会学》，刘军、孙晓娥译，格致出版社、上海人民出版社 2018 年版，第 91 页。
② 季玲：《"东亚共同体"与东亚集体身份兴起的情感动力》，《外交评论》2011 年第 4 期。
③ ［加］郝拓德、［美］安德鲁·罗斯：《情感转向：情感的类型及其国际关系影响》，柳思思译，《外交评论》2011 年第 4 期。
④ 秦亚青：《关系与过程：中国国际关系理论的文化建构》，上海人民出版社 2012 年版，第 58—59 页。
⑤ 张国芳：《滕尼斯"共同体/社会"分类的类型学意义》，《学术月刊》2019 年第 2 期。

指向建立在参与者主观能够感受到的相互隶属性上，而这种彼此之间相互隶属感部分源自行为体的情感行为，其超越了个体功利主义的原始目的。① 因此，一个共同体必须是内部行为体之间充满感情的社会关系网络，而且是彼此交织相互强化的网络状关系而非仅仅是一对一的关系或者链条式的个体关系。② 为共同体注入积极的情感因素将对共同体的发展产生积极的塑造作用，而且将塑造共同体内部成员的共同心理和集体认同。

其三，行为体间关系的价值属性或由此而形成的"价值性关系"，是独立于工具性关系和情感性关系且在行为体间关系中显著存在的另一重要属性。社会关系的价值属性往往通过行为体的价值理性行为表现出来，而价值理性行为是"通过有意识地坚信某些特定行为的——伦理的、审美的、宗教的或其他任何形式——自身价值（Eigenwert），无关乎能否成功，纯由其信仰所决定的行动"。③ 故在理论分析中，价值理性行为不仅是独立于工具理性行为与情感行为的一种社会行为，而且价值趋同也是催生与维系行为体之间关系的一个重要因素。如人际关系中的"志同道合""道不同不相为谋，志不同不相为友"等一些用语，一定程度上反映了价值、规范与理念的共鸣在行为体社会交往中的重要性，以及在维系社会关系中所扮演的纽带作用。据此可以推断，以共享价值为基础的社会关系亦是国际关系行为体之间关系属性的一种不可代替的构成要素。国家行为背后同样内含价值理性动机，如国际政治思想中盛行的"民主和平论""文明冲突论""伊斯兰恐惧症"等无不具有明显的价值烙印。西方国家借助这些概念旨在推动建立一个以西方国家的制度设计与文化价值为标准的"同一性帝国"，且对其价值观的偏执与强制推广对国际关系体系产生了显著和深远的政治后果。尽管国家加入特定国际组织并不一定完全受到价值理性的驱动，但具有共享价值或价值匹配无疑是促进

---

① ［德］马克斯·韦伯：《韦伯作品集Ⅶ：社会学的基本概念》，顾忠华译，广西师范大学出版社 2005 版，第 54—58 页。
② 成伯清：《情感、叙事与修辞——社会理论的探索》，中国社会科学出版社 2012 年版，第 55 页。
③ ［德］马克思·韦伯：《韦伯作品集Ⅶ：社会学的基本概念》，顾忠华译，广西师范大学出版社 2005 年版，第 31—32 页。

成员国与国际组织之间关系的一个重要因素。如欧盟、世界动物卫生组织（World Organisation for Animal Health）、禁止化学武器组织（Organization for the Prohibition of Chemical Weapons）等国际组织，其成员国之间较为明显地体现了趋近甚至趋同的价值取向。

价值共同体是国家在共享共同价值的基础上对集体形成的共有理解，并外在表现为国际共同体成员的价值导向型行为和内在表现为国家对国际共同体较高程度的价值型认同。价值共同体构建的一个基本前提是国家共同价值的清晰存在，不过，共同价值是国家间形成价值共同体的必要条件而非充分条件，国家之间具有相同或相近的价值观并不意味着由这些国家构成的联合体可视为一个价值共同体。这主要是因为，只有当集体的共同价值通过一系列的社会化途径使其得以内化并成为各国的"共有知识"的时候，一个国际价值共同体才有可能初具雏形。因此，价值共同体形成的关键是各国对集体的共同价值形成共有理解或共有知识。根据建构主义的观点，"如果一个群体 G 的所有成员都认为命题 P 是属真，都认为群体 G 的所有成员相信 P 属真，而且都认为群体 G 的其他成员都相信群体 G 的所有成员认为 P 属真，那么，对于群体 G 来说，关于 P 命题的知识就是'共同的'"。由此可见，这种连锁性质使共同知识以及由共同知识构成的包括价值等在内的文化形态既有主观性又有主观互证的特征。① 不仅如此，当集体构建起来的共同价值转化为国家的共有知识后，价值共同体内国家的对内和对外行为则会发生相应的改变。在国家的行为方面，共同体内国家的行为往往体现为明显的价值理性行为。在理论意义上，价值理性行为是"通过有意识的坚信某些特定行为的——伦理的、审美的、宗教的或其他任何形式——自身价值（Eigenwert），无关乎能否成功，纯由其信仰所决定的行动"。② 尽管在现实政治运作中，国家的行为动机往往是复杂且难以捉摸的，不过，在一个价值共同体内，价值理性仍是激励国家参与共同体事务的一个主要动机。另一方面，国

---

① ［美］亚历山大·温特：《国际政治的社会理论》，秦亚青译，上海人民出版社 2008 年版，第 157 页。
② ［德］马克思·韦伯：《韦伯作品集Ⅶ：社会学的基本概念》，顾忠华译，广西师范大学出版社 2005 年版，第 31—32 页。

家对国际共同体共同价值形成的共有知识则会转化为国家对共同体共同价值较高程度的认同，使国家与共同体的宗旨、原则和理念等保持较高程度的一致。

三 命运共同体

截至 2019 年年底，中国官方提出的且已在中国国内和外交话语体系中得以广泛传播的与命运共同体或共同体相关的概念或表述已达 15 种之多，具体包括人类命运共同体、亚洲命运共同体、周边命运共同体、上合组织命运共同体、中非命运共同体、中拉命运共同体、中国—东盟命运共同体、澜湄国家命运共同体、中巴命运共同体、中老命运共同体、海洋命运共同体、网络空间命运共同体、核安全命运共同体、能源合作共同体和中华民族命运共同体。除能源合作共同体外，其他共同体均以"命运"为统领，共同构成了中国特色"命运共同体"系列概念，而这些"命运共同体"系列概念同时是中国特色外交话语体系的有机组成部分。根据上文对共同体的划分，"中华民族命运共同体"可视为国内共同体，而其他命运共同体概念则属于国际共同体的范畴。不过，它们与国际共同体的区别在于"命运"。在《辞海》中，"命"的第三种含义指"吉凶祸福、寿夭贵贱等命运，即人对之以为无可奈何的某种必然性"。① 一般而言，命是指先天所赋的本性，而运则指人生各阶段的穷通变化，二者相结合则是指事物由定数与变数组合而成的一种模式。不过，"命运共同体"之中的"命运"显然已经超越了这两个字的原始含义，而是指行为体之间存在较高程度的相互依赖关系，即国际行为体之间存在以显著相互影响为特征的情景。② 这种较高程度的相互影响会使行为体之间形成休戚与共、俱荣俱损的情形。因此，在本书中，命运共同体可以被界定为：由国际行为体构成基于较高水平的相互依赖而形成的特定国际关系模式。与国际共同体的概念类似，命运共同体主要具有价值、利益和情感维度。③

---

① 《辞海》（缩印本），上海辞书出版社 1999 年版，第 359 页。
② ［美］罗伯特·基欧汉、约瑟夫·奈：《权力与相互依赖》，门洪华译，北京大学出版社 2002 年版，第 9 页。
③ 王泽应：《命运共同体的伦理精义和价值特质论》，《北京大学学报》（哲学社会科学版）2016 年第 5 期。

由于上文对这三个方面已经作了较为详细的说明，此处不再赘述。

第三节 上海合作组织命运共同体的界定

如何将上海合作组织命运共同体这一术语转化为内涵明确的学术概念，不仅是开展上合组织命运共同体构建研究的逻辑起点，而且是该理念获得组织各成员国积极响应并扩大国际社会对其接受度、认同度和参与度的必要条件。尽管上合组织命运共同体自 2018 年提出以来引起了国内外学术界的持续关注，不过，到目前为止，这一术语的确切内涵尚未得到有效澄清。这不仅成为导致学术界对上合组织命运共同体的研究迄今难以全面启动的一个主要因素，而且一定程度上削弱了该理念对上合组织成员国的吸引力和感召力。倘若这种状况持续存在，有可能导致上合组织命运共同体理念逐渐丧失生命力而最终沦为上合组织的一种"标签"或走向"乌托邦"的窘境。当然，将上海合作组织命运共同体术语合理地转化为一个内涵明确的学术概念并赋予其较为丰富的学理内涵，并不意味着要另起炉灶刻意"创造"一个似是而非的新的学术概念将其完全代替，而是需要在将其合理地解析并使之与"命运共同体"系列概念彼此兼容且相得益彰的基础上，最大限度地保留其原有的政策含义。

一 上合组织命运共同体

由于上合组织命运共同体由中国政府首先提出并公开阐述，故根据中国政府的已有相关表述综合来看，构建上合组织命运共同体就是要将上合组织打造成为一个各成员国价值共享、安危共担、互利共赢和情感共鸣的新型地区合作组织。基于此，上合组织命运共同体这一概念可以被界定为：在组织成员国间形成的主要由价值共同体、安全共同体、利益共同体和情感共同体构成的四位一体的复合型地区共同体。

之所以将上合组织命运共同体解析为"价值共同体""安全共同体""利益共同体"和"情感共同体"，主要有以下三个方面的原因。

首先，这四个次共同体形式分别蕴含构建上合组织命运共同体的共同价值、共同安全、共同利益和共同情感维度，它们既可分别对应习近平主席提出的将上合组织打造成"团结互信的典范""安危共担的典范"

"互利共赢的典范"和"包容互鉴的典范",同时它们又基本涵盖了上合组织框架内成员国间包括政治、经济、安全和人文交流在内的主要合作领域。由此可见,将上合组织命运共同体细化为四个次共同体类型可以使上合组织命运共同体的政策内涵或政策导向性得以较为完整的保留。

其次,相对于上海合作组织命运共同体这一较为宏大的叙事而言,价值共同体、安全共同体、利益共同体和情感共同体四个概念中的部分概念在既有学术研究中已经得到相对较为充分的理论与实证研究,因此可为澄清上合组织命运共同体的基本特征提供积极的理论启发。如"安全共同体"这一概念的提出不仅促进了安全共同体理论的兴起与发展,而且推动该理论的解释范围从早期聚焦西方世界特别是欧洲一体化进程逐渐向发展中国家和国际组织扩散,进而为非西方国家构建命运共同体提供了实践与理论经验。此外,尽管价值共同体、利益共同体和情感共同体的概念化程度尚不及安全共同体高,不过,这些概念已经在学术界关于人类命运共同体的研究中获得了较为广泛的关注。[①] 且学术界近些年对"共同价值"的初步研究、国际关系研究中已初步成熟且得到较为广泛应用的"利益均衡理论",以及近些年兴起的国际关系研究的"情感转向"等,为这些术语的进一步概念化奠定了必要的理论基础。

最后,价值共同体、安全共同体、利益共同体和情感共同体之间既相对独立,同时彼此之间具有相互作用的关系,它们之间的相互作用关系使上合组织命运共同体成为一个有机整体。大体而言,价值共同体是上合组织命运共同体的基本前提,安全共同体是上合组织命运共同体的主要保障,利益共同体是上合组织命运共同体的重要支撑,情感共同体是上合组织命运共同体的靓丽底色。

二 构建上合组织命运共同体

整体来看,构建上合组织命运共同体是指各成员国在上合组织框架内齐心协力推动形成一个由价值共同体、安全共同体、利益共同体和情感共同体相互作用和相互协调构成的新型地区合作组织。具体而言,这

---

① 康健:《从利益共同体到命运共同体》,《北京大学学报》(哲学社会科学版) 2018 年第 6 期。

一个概念具有四个方面的主要内涵，即推动从上合组织的共同价值到上合组织价值共同体的转化，推动从上合组织的共同安全到上合组织安全共同体的转化，推动从上合组织的共同利益到上合组织利益共同体的转化，以及推动从上合组织的共同情感到上合组织情感共同体的转化。

第一，构建上合组织命运共同体，就是要推动从成员国的共同价值到上合组织价值共同体的转化。自成立以来至今，成员国以"上海精神"为核心逐步构建并形成了迥然有别于西方国际组织的上合组织共同价值。根据包括上合组织历次峰会宣言、联合公报和新闻公报等在内的一系列官方文件及其精神，以及上合组织成员国在各领域近20年的共同实践历程，上合组织的共同价值可以提炼为由四种基本价值观构成的一整套价值观体系，它们分别可视为上合组织的"主权观""合作观""发展观"和"国际观"。首先，上合组织成员国的主权观是其他价值观建立的基础。上合组织成员国共同认可的主权观主要体现为各国主权独立、平等，不干涉他国内政，相互尊重彼此在涉及主权问题上主要关切，相互尊重各国在文明文化、政治制度和发展道路选择等方面的差异性。其次，在上合组织框架内各成员国在主权平等的基础上在多边和双边层面开展政治、安全、经济和人文交流等领域的合作，在合作方式上坚持平等协商，在合作原则上坚持互利共赢、利义兼顾，以及成员国之间的合作不针对第三国的原则，在合作目标上坚持促进成员国共同发展等。与此同时，上合组织成员国的合作观在与成员国间具体的合作领域相结合的过程中，分别培育了成员国在各种功能性领域开展合作的合作理念，如在安全合作中产生的共同、综合、合作、可持续的安全观，在人文交流领域产生的开放包容和互学互鉴的文明观等。再次，上合组织的发展观坚持成员国共同发展和发展成果由成员国共享，并将创新作为发展的主要动力，最终将上合组织地区打造成为一个协调、绿色和开放的经济体。最后，除上述"三观"外，上合组织还初步形成了自身的国际观。上合组织的国际观基于成员国对地区和世界发展形势形成的基本判断和达成的基本共识，致力于维护联合国宪章和国际关系基本准则，并将促进经济全球化、政治多极化、构建新型国际关系、推动建立更加公正合理的世界经济与政治秩序作为成员国的基本价值遵循。尽管上合组织的共同价值观已初步确立，不过，在成员国向上合组织命运共同体的转化过程中，还面临组织价值观社会化效果不明显、成员国对组织共同价值观的共有理解有待加强等挑战，这些是构建上合组织命运共同体过程中亟待解决的问题。

第二，构建上合组织命运共同体，就是推动从成员国的共同利益向上合组织利益共同体的转化。根据上文关于国际共同体的理论分析，上合组织利益共同体可视为在各成员国拥有共同利益的条件下，组织成员国基于对各自所获相对收益和组织利益分享模式的积极预期而形成的一种联合体。经过近20年各成员国的共同合作实践，通过有效协调彼此对外政策，上合组织成员国实现了互利共赢，从而保障了组织的顺利运行，进而树立了不同社会制度、意识形态、发展模式和文明背景的国家超越差异、全面互利合作的国际典范。截至目前，上合组织框架内的合作已初步形成了各成员国利益交融与互利共赢的利益共同体。各成员国能够在共享的合作理念的指引下有效管控成员国之间的利益分歧，汇聚各方共同利益以实现互利共赢，并朝着构建开放型地区经济合作的目标平稳发展。不过，上合组织利益共同体的建设仍然面临一些有待克服的困难，主要表现为成员国利益诉求多元化趋势进一步加剧，导致上合组织在满足成员国具体利益诉求方面难以有效平衡各方利益诉求。与此同时，尽管安全合作和经济合作被视为推动上合组织发展的"双轮"，不过，与上合组织框架内的安全合作相比，由于成员国之间关系的复杂性、组织框架内多边合作与双边合作的关系尚未厘清，以及一些涉及成员国共同利益的项目进展缓慢等多种因素的影响，成员国之间经济合作仍然相对滞后，使经济合作成为上合组织多边合作中的一项短板。这也意味着，上合组织利益共同体的构建虽然具备了一些现实条件，但要构建一个具有较高合作效率的利益共同体仍需化解诸多挑战。

第三，构建上合组织命运共同体，就是推动从成员国的共同安全到上合组织安全共同体的转化。根据安全共同体相关理论，一个（多元）安全共同体是指"一个由主权国家组成的跨国区域，这些主权国家的人民对和平变革有着可靠的预期"，这也是安全共同体区别于价值共同体、利益共同体等其他类型共同体的本质所在。[①] 共同体成员之所以能够对和

---

① [以]伊曼纽尔·阿德勒、[美]迈克尔·巴涅特主编：《安全共同体》，孙红译，世界知识出版社2015年版，第25页。

平变革形成可靠的预期,从静态而言,一方面源自行为体具有既定的利益和偏好,另一方面来自行为体之间的共有身份。从动态而言,安全共同体的形成经历了不同的发展阶段,大体而言,一个安全共同体得以形成需要经历包括促发性条件的聚合、有助于互信和集体身份形成的因素的积累直到对和平变革的可靠预期的必要条件形成三个层级。具体而言,首先,安全共同体形成的第一层级所必需的促发性条件包括:技术、人口、经济以及环境的变化;对社会现实新解释的发展;外来威胁。其次,第二层级的要素包括结构和进程两方面的因素,就前者而言,权力和结构是形成安全共同体的结构性力量。而就后者而言,主要涉及交往、国际组织、国际制度以及社会学习等一系列因素,它们直接或间接塑造着共同体的发展。最后,在安全共同体形成的第三层级,信任的建立和集体身份的形成及其二者之间呈现的相互作用和相互增强的作用,构成安全共同体生成的最后一个必要条件。当一个安全共同体初步形成后,与其他共同体的生命周期类似,其在成长期往往要经历"新生阶段""上升阶段"和"成熟阶段"。①

那么,上合组织安全共同体可视为各成员国不仅彼此间形成了对和平变革的可靠预期,即彼此间不诉诸武力,而且各成员国具有较一致的地区安全利益、威胁认知和安全合作理念,并在此基础上形成较成熟的地区安全机制并能够采取协作方式或联合行动应对各方共同面临的安全挑战,最终实现普遍安全。依托上合组织构建成员国之间紧密耦合的安全共同体具有相对有利的组织基础和安全合作的基础。之所以如此,主要原因在于上合组织原本就是一个起源于安全合作并将成员国之间的非传统安全合作列为组织优先发展方向的地区合作组织。由于成员国始终面临共同的跨国安全威胁,因而上合组织具有进行长期安全合作的现实基础。不仅如此,在组织成立之初就形成了中国和俄罗斯两个大国共同领导与战略协作、各中小成员国积极参与的组织权力结构,且这种权力结构在上合组织安全合作进程中得到不断的巩固。此外,成员国在长期安全合作进程中通过密集频繁的社会互动、社会学习及制度建设,为成

---

① [以]伊曼纽尔·阿德勒、[美]迈克尔·巴涅特主编:《安全共同体》,孙红译,世界知识出版社2015年版,第24—49页。

员国之间的相互信任和集体身份的形成奠定了基础。据此可以初步判断，在上合组织框架内各成员国之间已初步形成了松散的安全共同体。不过，构成上合组织安全共同体的基础依然相对薄弱。首先，上合组织业已发布不少涉及安全合作的宣言和法律文件，但落实却较为缓慢，许多仍停留在书面或起步阶段。① 其次，上合组织的安全合作机制建设有待完善，各成员国对恐怖主义手段和范围等概念的界定存在一定差异。② 再次，上合组织成员国在安全合作中采取协作行动或联合行动的能力较为有限，部分削弱了上合组织安全合作所取得的成效。③ 最后，成员国之间并未形成明确一致的集体身份和集体认同。

第四，构建上合组织命运共同体，就是要推动从成员国的共同情感到上合组织情感共同体的转化。上合组织情感共同体可视为各成员国基于对彼此历史文化、社会心理和民族情感的尊重与包容，并在上合组织内长期互动的基础上产生且升华至组织层面的一种对组织及成员国特定情境产生的共情或共鸣的群体情感。从上合组织当前的现实状况来看，尽管上合组织成员国之间要形成这样一种情感共同体尚有相当长的道路要走，不过，在长期参与上合组织框架内的合作实践过程中，组织成员国之间已经部分建立起了共同的情感。其中，"信任"或"互信"是成员国对上合组织所持有的一种共享的基本情感状态。这里所谓的信任，是指"行为体对另一方行为和态度的积极预期"，即行为体在积极正面情感认同的引导下确信另一方从主观态度上会主动关切和照顾自身的利益。④ 虽然上合组织成员国国家间关系中还存在不少龃龉或潜在的冲突因素，不过，整体而言，成员国之间的情感性信任水平维持在相对较高的水平，不仅体现为组织内大国之间较高程度的政治与战略互信，而且表现为中小成员国之间的相互团结。特别是 2017 年以来，随着中亚地

---

① 赵华胜：《上海合作组织：评估与发展问题》，《现代国际关系》2005 年第 5 期。
② 刘猛：《〈反恐怖主义法〉视域下的中国反恐国际合作》，《山东大学学报》（哲学社会科学版）2017 年第 2 期。
③ 曾向红、李孝天：《上海合作组织的安全合作及发展前景——以反恐合作为中心的考察》，《外交评论》2018 年第 1 期。
④ 王正：《信任的求索：世界政治中的信任问题研究》，北京时代华文书局 2017 年版，第 201 页。

区一体化动力的明显增强，上合组织中亚成员国之间彼此互释善意的一系列举措进一步增进了彼此之间的信任。除信任情感外，由"承认"引发的成员国积极情感体验构成成员国对上合组织的另一种主要的共同情感。由于受到追求荣誉、地位和尊重等心理与情感需要的驱动，国家往往寻求其他国家和国际组织通过特定方式对自身的国家身份予以有效承认，以确立和维持国家的主体性并确保自身身份处于稳定状态时所能获得的本体安全感。① 上合组织成员国之间相互承认国家主权平等，承认彼此在历史传统、文明文化、政治制度和发展道路等各方面表现出来的差异性特征，并在此基础上求同存异与促进包容性发展。因此，"基于承认的合作模式"为上合组织情感共同体的构建奠定了一定的基础。②

综上所述，构建上合组织命运共同体就是要将上合组织打造成为一个由价值共同体、安全共同体、利益共同体和情感共同体相互协作与有机结合的新型地区合作组织。需要进一步追问的是，如何开展有关上合命运共同体发展动力及彼此间演化机制的研究呢？根据韦伯关于人类行为动机的理想化模型，一个初步的判断是上合组织命运共同体的构建主要取决于成员国的协同努力，而成员国参与共同体构建又至少受到三种主要动机的驱动，分别为价值理性、工具理性和情感动机。而就四个次共同体类型而言，价值共同体构建的动力主要源自各成员国的价值理性，利益共同体和安全共同体构建的动力主要受到成员国的工具理性的驱动，情感共同体的构建需要上合组织满足各成员国共同的情感与心理需求。需要指出的是，这些动力来源并非构建上合命运共同体的全部动力，而仅仅是最初动力来源。在此基础上，如何赋予上合组织命运共同体及其内嵌的次共同体形式以新的推动力量，促使其朝着命运共同体的目标继续前进，仍是一个需要深入探索的问题。

---

① Thomas Lindemann, *Causes of War: The Struggle for Recognition*, Colchester: ECPR Press, 2010, pp. 24 – 28; Christopher S. Browning, "Nation Branding, National Self-Esteem, and the Constitution of Subjectivity in Late Modernity", *Foreign Policy Analysis*, Vol. 11, No. 2, 2013, pp. 1 – 6.
② 曾向红:《上海合作组织研究的理论创新：现状评估与努力方向》,《俄罗斯东欧中亚研究》2019 年第 1 期。

第四节　上合组织命运共同体和其他命运共同体的异同

在中国提出的命运共同体系列理念中，与上合组织命运共同体具有密切联系的是人类命运共同体、亚洲命运共同体和周边命运共同体这三个命运共同体理念。它们之间之所以存在密切的联系，首先在于人类命运共同体理念的提出时间要早于包括上合组织命运共同体在内的其他命运共同体，这意味着其他命运共同体承续了人类命运共同体的基本理念和精神。换言之，人类命运共同体是其他各种命运共同体理念总的指导原则。其次，上合组织命运共同体是人类命运共同体、亚洲命运共同体和周边命运共同体的有机组成部分。实现首次扩员后的上合组织由八个正式成员国构成，已成为世界上最大的综合性地区组织。上合组织所覆盖的30多亿人口几乎占全球人口的一半，且组织成员国的GDP总和目前已占全球GDP的20%。[①] 不仅如此，上合组织成员国中除俄罗斯属于欧亚大陆国家外，中国、中亚四国、印度和巴基斯坦均属于亚洲国家，中国和印度还是亚洲的地区大国，而且这些国家或是与中国直接接壤的国家或是中国的周边国家。因此，构建上合组织命运共同体是构建人类命运共同体、亚洲命运共同体和周边命运共同体的不可或缺的一环。而从构建上合组织命运共同体的角度来看，构建上合组织命运共同体是对构建人类命运共同体、构建亚洲命运共同体和构建周边命运共同体等在地区国际组织层面的具体化。在此意义上，上合组织成员国承载着构建人类命运共同体、亚洲命运共同体、周边命运共同体和上合组织命运共同体等多重使命，其对于上合组织的发展、中国整体外交的推进和全球治理体系的完善等均具有重要作用。

一　与人类命运共同体的异同

人类命运共同体是在2012年中国共产党第十八次全国代表大会报告

[①]《新闻背景：上海合作组织》，2021年9月16日，https://www.gov.cn/xinwen/2021-09/16/content_5637705.htm。

中首次提出，并于 2015 年 9 月由国家主席习近平在纽约联合国总部参加第七十届联合国大会一般性辩论时正式提出且面向国际社会予以较为系统阐述的重大思想。此后，习近平主席在不同场合对人类命运共同体理念发表过诸多重要论述，使人类命运共同体成为内涵丰富与外延广泛的思想体系。

人类命运共同体蕴含着推动国际新秩序形成的构建性力量，因而对人类命运共同体的研究成为国内学者一项义不容辞的学术使命。学术界为此投入了持续不减的研究热情与大量的优质学术资源对其开展了大量研究，不仅促使人类命运共同体的研究汇聚成为一股强劲的学术潮流，而且逐渐丰富和完善了人类命运共同体理念的科学内涵、基本特征、思想渊源、价值底蕴、构建原则和构建路径等。具体而言，第一，人类命运共同体是由一组涉及国际合作与国际发展的理念相互配合、相互协调而构成的一整套完整的思想体系，旨在构建基于相互尊重和平等相待的全球伙伴关系网络，基于共同、综合、合作与可持续的国际安全格局，基于互利共赢的开放型全球经济体系，基于兼容并蓄和交流互鉴的全球文明发展态势和尊重自然与绿色发展的全球生态系统。① 第二，人类命运共同体的基本特征突出体现为其是一项全球性、综合性和开放性的国际社会发展理念。人类命运共同体思想不仅顺应了人类社会发展的时代趋势，而且是中国政府为致力于解决国际社会共同面临的全球问题而提供给世界的中国集体智慧和一套优质的组合方案。由于该理念几乎涉及人类社会发展各领域和各层面的问题，因此构建人类命运共同体无疑是一项内容庞大的综合性工程，这也预示着人类命运共同体理念并非一个孤立封闭而是一个开放包容的国际合作理念。尽管该理念由中国政府率先提出和率先垂范，不过，这并非意味着构建人类命运共同体仅凭中国一国之力能够完成，或者构建成果将主要由中国所有。与此相反，构建人类命运共同体的开放性属性需要各国在建设过程中秉持共商共建的基本原则，而且世界各国在推动人类命运共同体建设的共同实践中将增进本

---

① 王寅：《人类命运共同体：内涵与构建原则》，《国际问题研究》2017 年第 5 期；周雯雯、林美卿、赵金科：《论习近平"人类命运共同体"思想的科学内涵和重大意义——基于马克思主义理论视角》，《理论导刊》2017 年第 1 期。

国福祉和增进全人类的共同福祉。第三，综合既有研究成果来看，人类命运共同体的结构主要由国际政治共同体、国际安全共同体、国际利益共同体、国际文明共同体和国际生态共同体构成。[①] 由于人类命运共同体具有较为全面的构成要素，以及几乎不存在实体性组织作为构建人类命运共同体的物质依托，因此，其很大程度上可视为一个理念性的复合型国际共同体。第四，人类命运共同体理念具有深远的思想渊源。一方面，人类命运共同体理念是对马克思"真正的共同体"思想精髓的传承与弘扬，是在马克思主义基本原理与解决全球问题相结合的过程中对马克思主义理论的一种创新和发展，因而其具有马克思主义理论的深厚根基和精神品质。另一方面，人类命运共同体理念中也蕴含着中国传统政治哲学和政治思想的深厚底蕴和合理成分。第五，对于人类命运共同体这样的复合型国际共同体，任何从单一视角出发拟定的构建路径均显单薄，难以为其成功构建提供全面有效的支撑，而要推动人类命运共同体实现从愿景到现实的转换，则需要通过国际法路径、哲学路径、文化路径、话语路径和全球治理路径等相互协作而形成一条行之有效的整合性路径。

根据上文对人类命运共同体所做的简要分析，通过将其与上合组织命运共同体理念进行对比可以发现，二者之间既存在共同之处，同时体现出一定的差异性。就二者之间的共同之处而言，第一，上合组织命运共同体与人类命运共同体之间理念相通。两者同属于国际共同体概念的范畴，人类命运共同体在政治、安全、经济、文化、生态和国际秩序等方面的主张，与构建上合组织命运共同体的具体内涵之间具有较高程度的契合度。第二，人类命运共同体与上合组织命运共同体的结构相似。人类命运共同体主要呈现由政治共同体、安全共同体、利益共同体、文明共同体和生态共同体构成的五位一体的总布局。与之类似，上合组织命运共同体主要是由价值共同体、安全共同体、利益共同体和情感共同体构成的四位一体的国际共同体。二者之间在共同体结构上目前所表现出来的差异仅仅是二者强调的侧重点不同造成的，而非两者之间的本质性差异。如人类命运共同体当然也是一种价值共同体，习近平主席提出的以"和平、发展、公平、正义、民主、自由"为主要内容的人类"共

---

① 陈明琨：《人类命运共同体的内涵、特征及其构建意义》，《理论月刊》2017年第10期。

同价值"为构建人类价值共同体提供了共同价值基础。① 第三，人类命运共同体与上合组织命运共同体的思想渊源相同。二者均是对马克思"真正的共同体"思想的当代继承与发展，且两者均汲取了中国传统政治文化的精髓，展现出思想文化的承续与创造性发展。

尽管二者具有相同之处，不过，人类命运共同体与上合组织命运共同体在构建范围、构建主体和理念属性等方面还是存在一定的差异。人类命运共同体迄今为止在很大程度上是一个涉及全球和全人类前途命运的宏大理念。事实上，共同体本是一个理念性与实体性特征兼具的概念，且人类命运共同体理念目前不仅已获得国际社会较高程度的认同，而且逐渐从愿景转为行动，其构建前景十分乐观。而就上合组织而言，其经过近20年的制度建设已成为一个有较为完善的组织架构和常设机构的实体，以上合组织为依托构建命运共同体有望推动命运共同体从理念向实体的成功转化。此外，这些差异的存在也使构建上合组织命运共同体在合理借鉴构建人类命运共同体的基本路径的基础上，需要遵循自身的构建轨迹。

二 与亚洲命运共同体的异同

2015年3月28日，习近平主席在博鳌亚洲论坛2015年年会上作了题为《迈向命运共同体 开创亚洲新未来》的主旨演讲，讲话指出："70年来，亚洲国家逐步超越意识形态和社会制度差异，从相互封闭到开放包容，从猜忌隔阂到日益增多的互信认同，越来越成为你中有我、我中有你的命运共同体"。② 在这次讲话中，习近平主席较为全面地阐述了构建亚洲命运共同体的具体内涵以及共建亚洲命运共同体需要亚洲各国共同努力的方向。构建亚洲命运共同体不仅是落实中国周边外交工作座谈会精神的又一重要举措，而且是构建人类命运共同体这一总体理念的内在要求。构建亚洲命运共同体的具体内涵可以提炼为五个方面，即以共同发展作为核心要义，以互信协作维护安全环境，以开放包容推进机制

---

① 林伯海、杨伟宾：《习近平的人类共同价值思想初探》，《当代世界与社会主义》2016年第2期。
② 习近平：《迈向命运共同体 开创亚洲新未来》，《人民日报》2015年3月29日第2版。

建设，以文化互鉴凝聚理念共识，以和衷共济强化情感纽带，① 其目的是要建设一个和平安宁、共同繁荣和开放融通的亚洲。②

构建亚洲命运共同体具有比较广泛的制度保障，多边合作制度的建设在亚洲的不同地区均已取得了不同程度的发展。如在东亚地区，以东盟制度框架为核心机制并向外逐渐拓展而建立起来的由"10 + 1"（东盟 + 中国）、"10 + 3"（东盟 + 中国、日本、韩国）、"10 + 6"（东盟 + 中国、日本、韩国、印度、澳大利亚、新西兰）构成的多边合作制度网络，可为亚洲命运共同体的构建提供必要的合作机制保障。在东北亚地区，地区多边合作的制度化程度正在逐步提升并初步形成了较为稳定的多边合作框架。③ 与此同时，中亚地区业已存在的上合组织、集体安全条约组织、欧亚经济联盟和亚信会议等制度以及它们以各自为中心与相关国家拓展的正式与非正式合作网络，如"上合组织—阿富汗联络组"等，已在多边政治、安全和经济等领域的合作中展示出了地区制度合作的显著成效。此外，海湾合作委员会作为西亚地区目前最主要的政治经济合作组织也可为亚洲命运共同体的构建贡献一臂之力。整体来看，尽管构建亚洲命运共同体在亚洲不同区域均有或多或少的制度保障，不过，问题的关键是，如何使不同区域的制度有效规避"制度冗沉""制度过剩"和"制度竞争"的困境，进而使不同地区的多边合作制度实现较高程度的整合以为亚洲命运共同体的构建提供通畅的伙伴关系网络，则需要亚洲各国从顶层做出合理的战略规划。

亚洲命运共同体很大程度上可以视为人类命运共同体的总体理念在亚洲地区的缩略版。之所以如此，是因为两者在理念的提出背景、具体内涵、基本特征、构建基础及面临的挑战方面均有诸多的相同或相似之处。因此，人类命运共同体完全可以为亚洲命运共同体这一地区国际命运共同体的构建提供全方位的指引。不仅如此，从学术界关于亚洲命运共同体的研究成果整体来看，与人类命运共同体研究成果呈现喷涌式增

---

① 刘振民：《坚持合作共赢　携手打造亚洲命运共同体》，《国际问题研究》2014 年第 2 期。

② 《坚持四点主张是夯实亚洲命运共同体的人文基础——论习近平主席亚洲文明对话大会开幕式主旨演讲》，《人民日报》2019 年 5 月 18 日第 1 版。

③ 戴扬：《东北亚区域合作：一种新制度主义的解读》，《太平洋学报》2008 年第 7 期。

长的研究现状相比,在涉及亚洲命运共同体议题的研究方面不仅当前产出的研究成果数量偏少,而且研究思路基本上框定在人类命运共同体的思维框架之内,以至于对亚洲命运共同体的学术研究并未超越对人类命运共同体的研究进展。① 这从一个侧面说明了亚洲命运共同体与人类命运共同体除在涉及范围的大小、构建主体的多少以及着眼点方面存在差异外,在其他方面这两个理念的差异性相对较小。不过,从隶属关系上而言,亚洲命运共同体是人类命运共同体的有机组成部分,而且是构成人类命运共同体的最大部分。

结合以上对人类命运共同体与上合组织命运共同体、人类命运共同体与亚洲命运共同体之间关系的揭示可以发现,上合组织命运共同体与亚洲命运共同体之间的关系类似于上文较为详细阐述的上合组织命运共同体与人类命运共同体之间的关系。这也意味着,上合组织命运共同体与亚洲命运共同体之间理念相通、结构相似、思想渊源相近及构建路径相匹配。而二者的不同之处在于它们所涉及的地理范围和构建所包含的行为体数量存在量的差异。也正是因为这些差异的明显存在使构建亚洲命运共同体或许面临着比构建人类命运共同体更复杂的内外部环境。就内部挑战而言,亚洲命运共同体的构建囊括所有亚洲国家,而亚洲国家之间在历史传统、文明文化和政治制度等方面的差异性远在上合组织成员国之上,而且数量如此众多的国家在对外战略和对外行为偏好方面往往很难实现有效的协调。在命运共同体理念在亚洲各国实现较高程度的内化或社会化后,亚洲各国的共同行动将对亚洲国家间关系产生积极的塑造作用。而就外部挑战而言,亚洲命运共同体的构建同样面临比上合组织命运共同体构建更波诡云谲的国际环境。亚洲国家和世界主要大国在国家层次、地区层次和全球层次形成的盘根错节的互动关系以及嵌入其中的错综复杂的国际竞合关系,使亚洲内部不同地区在和平与冲突、

---

① 涉及亚洲命运共同体研究的学术研究成果主要有:刘宗义《亚洲命运共同体的内涵和构建思路》,《国际问题研究》2015 年第 4 期;石源华《亚洲命运共同体的文化内涵》,《世界知识》2015 年第 2 期;陆建人《迈向"亚洲命运共同体"》,《世界知识》2015 年第 8 期;翟东升《从地区价值链到亚洲命运共同体——国际政治经济学视角下的中国崛起和东亚复兴》,《教学与研究》2019 年第 6 期;袁堂军主编《亚洲的挑战——迈向命运共同体》,复旦大学出版社 2018 年版。

停滞与发展方面呈现明显的地域差异性。从上合组织命运共同体和亚洲命运共同体所分别涉及的中亚地区和其他地区的比较中可以发现，与东北亚、南海和南亚等局势起伏跌宕迥然有异的是，尽管中亚地区虽然也存在一些影响地区稳定的因素，但整体上保持了稳定与发展。因此，构建亚洲命运共同体比构建上合组织命运共同体面临的内外部挑战更为复杂，当然这也对二者的构建路径的设计提出了不同的要求。

三　与周边命运共同体的异同

周边在中国外交总体布局中处于首要位置。近代以来，随着中国国力由强盛转为衰落，中国与周边国家在历史上长期形成的较为稳定的权力结构与地区秩序因遭到内患外乱的双重困扰而逐渐被消解。中华人民共和国成立后，尽管中国开始采取多种途径试图重构与周边国家之间的关系，不过，因受到冷战期间两大阵营之间的尖锐对立及其他诸多复杂因素的影响，中国与周边国家关系的重建以及中国周边秩序重构的进程在相当长一段时期内步履维艰，这种状况直到冷战结束后才开始逐渐有所改观。20世纪90年代以来，中国通过构建与东盟之间的新型合作关系、对东亚合作倾注大量精力、调整与东亚国家间关系、在亚太地区创建相容性的地区空间，以及在西北周边以上合组织为依托不断拓展伙伴关系网络等多种途径，不仅使中国对周边地区的认知越来越清晰，而且逐渐推动中国与周边国家关系呈现全方位良性发展的利好态势。[①] 在此基础上，构建周边命运共同体成为中国与周边国家构建新型国际关系和塑造周边地区秩序的总体理念和战略部署。

早在2013年中国周边外交工作座谈会上，习近平主席就强调，"周边对中国具有极为重要的战略意义。思考周边问题、开展周边外交要有立体、多元、跨越时空的视角"，在周边外交工作中"要谋大势、讲战略、重运筹"，让"命运共同体意识在周边国家落地生根"。[②] 2015年11月7日，习近平主席在新加坡国立大学发表了题为《深化合作伙伴

---

① 张蕴岭：《中国的周边区域观回归与新秩序构建》，《世界经济与政治》2015年第1期。
② 《习近平在周边外交工作座谈会上发表重要讲话》，2013年10月25日，http://www.xinhuanet.com/politics/2013-10/25/c_117878897.htm。

关系　共建亚洲美好家园》的讲话并指出,"中国始终将周边置于外交全局的首要位置,视促进周边和平、稳定、发展为己任。中国推动全球治理体系朝着更加公正合理方向发展,推动国际关系民主化,推动建立以合作共赢为核心的新型国际关系,推动建设人类命运共同体,都是从周边先行起步"。① 与此同时,习近平主席就在新的历史起点上发展与周边国家间的关系提出了具体的建议。由此可见,构建周边命运共同体是中国在与周边国家历史发展的基础上,从战略高度出发将周边国家视为一个整体进而经略周边的重大理念,体现了中国周边观的日趋成熟。

不过,由于构建周边命运共同体目前缺乏一套行之有效的制度体系以为其提供制度保证,而且未来相当长一段时期内构建这样的制度仍困难重重。因此,周边命运共同体更多体现了中国处理与周边国家间关系时追求各国共生、共存和共利的关系。② 对于周边命运共同体的主要构成及其演变阶段,既有研究成果中已有所提及。有学者指出,周边命运共同体的构建大体要经历从周边利益共同体到周边安全共同体最终到周边命运共同体的发展历程。其中,由于安全共同体在周边命运共同体的构建过程中处于承前启后的关键位置,故其是极为重要的一环。③ 这种观点在注意到周边命运共同体构建过程中周边国家所遵循的后果性逻辑的同时,却忽视了背后潜藏的适当性逻辑。与此不同,本书认为任何一个国际共同体均是一个由各行为体之间共同的价值、利益和情感及由三者相互掺杂或衍生出的诸多的共同要素构成的复合国际共同体。④ 周边命运共同体的主要构成亦是如此。而且周边命运共同体的整体发展路径实际上往往并不恪守一种线性发展轨迹,而是体现为任何一个次共同体的发展及次共同体之间的相互作用均会影响周边命运共同体整体目标的实现。当然,构建周边命运共同体在提出之际就已具备一定的现实基础,但也

---

① 《习近平在新加坡国立大学的演讲(全文)》,2015 年 11 月 7 日,http://www.xinhuanet.com//politics/2015-11/07/c_1117071978.htm。
② 张蕴岭:《中国与周边关系:命运共同体的逻辑》,《人民论坛》2014 年第 6 期。
③ 凌胜利:《构建周边安全共同体:挑战与对策》,《国际问题研究》2017 年第 5 期。
④ 需要说明的是,利益共同体根据其存在的领域不同可以细化为许多次共同体。其中,安全共同体可以视为利益共同体的一种类型。

面临一定的挑战。这些挑战主要体现为中国与周边国家或周边国家之间存在历史上累积下来的问题和现实的领土争端问题，域外大国如美国对亚太地区事务介入的力度加大以及其与一些中国周边国家联合起来试图牵制中国。①

就周边命运共同体与上合组织命运共同体之间的关系而言，可以说，与上合组织命运共同体联系最为紧密的命运共同体就是周边命运共同体。之所以存在这种联系，除了上合组织命运共同体与周边命运共同体在理念上同出一源外，还有以下三个方面的原因。第一，上合组织地区不仅是中国周边的重要组成部分，而且是中国周边国际环境中相对稳定的地缘政治经济板块。上合组织其他七个正式成员国和观察员国中的阿富汗、伊朗和蒙古国从广义上而言均位于中国的大周边地区，且它们分布在中国西部周边和北部周边。而且从地理分布来看，上述国家占据了中国陆上周边国家的大部分。由此可见，上合组织命运共同体与周边命运共同体在构建主体和构建范围上均存在较大幅度的重合。第二，从周边地区的政治、经济与安全等领域发展的整体状况及中国与周边国家间关系的现状来看，周边命运共同体的构建可以率先从构建上合组织命运共同体开始。这不仅因为有中国与俄罗斯之间形成的新时代全面战略协作伙伴关系作为稳定基石，而且经过近 20 年在各领域的合作，中国与上合组织中小成员国已经建立起了较高程度的政治互信，初步形成了共享的安全合作理念和安全合作机制，构建了利义交融的互利共赢格局。此外，中国与上合组织成员国的互动中还倾注了大量的积极情感，强化了双边和多边关系中的情感联系。② 而且，与南部周边、东部周边等地区动荡局势与紧张关系时有复发相比，西北周边整体上保持了长期的稳定与发展，这无疑为从构建上合组织命运共同体开始构建周边命运共同体提供了较为有利的外部环境。第三，上合组织命运共同体的构建可为周边命运共同体的构建提供有力的支撑。上合组织地区除在中国周

---

① 王俊生：《中国周边命运共同体构建：概念、内涵、路径》，《国际关系研究》2016 年第 6 期。

② 刘博文：《中国对周边中小国家的情感投入——双向逻辑与双重影响》，《世界经济与政治》2018 年第 2 期。

边外交中占据重要地位外，该地区也是"丝绸之路经济带"建设的核心区域，且是贯通"丝绸之路经济带"的枢纽地带。而"丝绸之路经济带"无疑是构建上合组织命运共同体与周边命运共同体共同倚靠的实践平台。因此，通过"丝绸之路经济带"的建设可带动上合组织命运共同体的构建进程，进而为周边命运共同体的构建提供支撑。

第二章

构建上海合作组织命运共同体的思想资源

上合组织命运共同体理念具有丰富且深刻的思想基础,其是对中华人民共和国成立以来中国参与和创建国际组织的基本经验的吸收与创新性发展,同时是对马克思"真正的共同体"思想的继承与发展,也源自中国传统文化与传统政治思想。首先,上合组织命运共同体理念吸收了中华人民共和国成立以来中国在参与和创建国际组织的基本实践历程中积累的有益经验。在中国参与和创建国际组织的进程中,中国对国际组织的态度经历了从相对排斥到积极参与,从国际组织的边缘参与者逐渐成长为国际组织的创立者和议程设置者。在此过程中,中国始终坚持国家主权平等的原则,在国际组织事务中寻求掌握主动权,在明确中国在国际组织中的身份与角色定位的基础上承担与中国国力和地位相适应的国际责任和义务,以及注重国际组织的维护与改革,这些基本经验既是上合组织命运共同体理念提出的思想基础,也可为上合组织命运共同体的构建提供思想指导。其次,上合组织命运共同体理念是对马克思"真正的共同体"思想的继承与发展。上合组织命运共同体理念继承了马克思"真正的共同体"思想的价值追求,拓展了共同体的构成主体,丰富了共同体的发展动力,以及细化了"真正的共同体"思想的实现目标。在此基础上,马克思"真正的共同体"思想可为上合组织命运共同体的构建提供全方位的指导。最后,中国传统文化与政治思想为上合组织命运共同体理念奠定了中国传统文化底蕴。第一,从天下观来看,上合组织命运共同体理念是在继承天下观对中国周边区域的传统认知模式的基础上，为致力于重构中国周边秩序而进行的一种理念创新，该理念继承了天下观内敛、包容与平等的价值追求，可视为中国对上合组织地区秩序的一种政治想象。同时，上合组织命运共同体理念的目标追求与天下理念蕴含的宏大理想具有内在一致性。第二，从"和合"文化来看，"和而不同"可视为构建上合组织命运共同体的基础，而"和实生物"是推动构建上合组织命运共同体的动力来源。第三，从"义利统一"观来看，坚持义利统一、道义优先和义利兼顾是构建上合组织命运共同体的价值基础、价值关怀和价值原则。

第一节　中国国际组织外交的经验和上合组织命运共同体

　　上合组织命运共同体理念的提出部分源自中国参与和创建国际组织的基本原则和主要经验。中华人民共和国成立以来，中国参与国际组织的历程经历了从相对排斥到有限参与再到积极参与的过程。中国主要遵循后果性逻辑和适当性逻辑参与国际组织事务。在此过程中，中国坚持国际组织外交服务于中国主权、安全和发展利益，坚持在参与国际组织事务中各国主权平等的原则，并积累了处理与国际组织关系的基本经验。首先，在参与和创建国际组织过程中需要掌握主动权，在国际组织的议程设置、规则制定、理念创新和话语构建等方面为国际组织的完善与发展贡献中国智慧。其次，在参与国际组织特别是政府间国际组织过程中需明确中国在国际组织中的身份与角色定位，承担与中国国力和地位相适应的国际责任和义务。最后，在积极参与既有国际组织等多边体制权威性和有效性的同时，致力于改革国际组织中存在的不合理、不公正的因素。从中国参与和建设国际组织的历程来看，构建上合组织命运共同体是中国在总结参与国际组织历程的经验的基础上，对建设更高水平国际组织的一种理论和实践探索。

一　中国参与和创建国际组织的基本历程

　　国际组织已发展为当代国际体系中颇具影响力的行为体，且其影响力与日俱增。就其与中国的关系而言，国际组织外交构成中国多边外交工作的重要部分，在中国外交总体布局中具有不可或缺的地位。中国视国际组织为多边外交的舞台，重视发展与相关国际组织之间的关系。自中华人民共和国成立以来至今，中国与国际组织之间的关系经历了一个发展演变过程。大体而言，从中华人民共和国成立至20世纪70年代可视为中国参与国际组织的第一阶段，中国在世界主要国际组织中扮演挑战者角色。中国参与国际组织的第二阶段是20世纪70年代至20世纪90年代，在此期间，中国可视为国际组织的参与者和维护者。20世纪90年代至今是中国参与国际组织的第三阶段，中国逐渐成长为国际组织的积极维护者和建设者。在此期间，中国与国际组织的关系经历了两个重要的转变。一是中国对国际组织的认知与态度，从相对排斥逐渐转变为积极参与。二是中国从国际组织的边缘参与者逐渐成长为国际组织的创立者和议程设置者。与此同时，中国在国际组织中扮演的角色经历了从挑战者到维护者再到建设者的转变。

第一阶段，从中华人民共和国成立至20世纪70年代可视为中国有限参与国际组织的阶段，中国在国际组织中扮演的角色可视为挑战者。这一时期，中国与国际组织的关系受到当时国际环境的深刻影响。中华人民共和国成立初期，国际体系正处于东西方两大阵营激烈对峙与竞争时期，充满意识形态斗争。北大西洋公约组织和华沙条约组织等一些军事组织的建立加深了东西方之间的对立与冲突。与此同时，由于既有的国际组织很大程度上由西方国家主导建立，因而西方国家在世界主要国际组织中占据主导地位，具有发展中国家不可比拟的话语权。在此背景下，中国很大程度上将国际组织视为由西方国家操纵的一种政治工具，认为既存的国际组织主要代表以美国为首的西方国家的利益。因此，在中国看来这些国际组织不仅不能代表第三世界国家的利益，而且与第三世界国家的利益背道而驰，因而它们并不具有较高程度的合法性。在这些认知的基础上，中国对国际组织表现出相当程度的排斥或抵制的态度。表现在参与国际组织的行为上，从中华人民共和国成立至20世纪60年代，中国不仅参与的国际组织数量较少，而且参与国际组织的范围主要限于社会主义国家间的国际组织，以及少数联合国体系外的功能性国际组织。整体而言，从中华人民共和国成立至20世纪70年代这段时期，中国基本上游离于国际组织之外，是国际组织事务的边缘参与者。

第二阶段，从20世纪70年代至20世纪90年代，中国开始较为积极地参与国际组织活动，并逐渐成为国际组织的主要参与者和维护者。这一时期，世界范围内国际组织的发展进入黄金时期。原因在于国际联盟的解散以及第二次世界大战给世界人民造成的巨大创伤，使国际社会努力寻求并建立各种不同形态的国际组织，以促进国家之间及民间的交往与交流，进而促进国家间和平相处。据悉，仅在20世纪80年代，全球范围内国际组织的数量就增加了12383个，相当于19世纪全球国际组织数量的总和。① 在此背景下，从20世纪70年代起，中国对待国际组织的态度较以往相比有了明显改观。尤其是受到恢复在联合国的合法席位的较大鼓舞，中国逐渐表现出对国际组织的友好态度并扩大与联合国等国际组织的交往。这一时期，中国加入的国际组织主要包括国际劳工组织、联合国环境规划署、联合国教科文组织、联合国粮农组织、国际民航组织、世界气象组织等联合国专门机构。中国不仅参与国际组织的范围有所扩大，而且参与国际组织的数量逐渐增多。据统计，1977年中国参与政府间国际组织的数量已经达到21个。② 尽管如此，中国在相对积极对待国际组织的同时，仍持一种较为审慎的态度。主要表现为中国在国际组织中较少针对组织具体事务主动采取行动，而更多是阐明中国在一些问题上的原则性立场，并使自身与某些敏感性议题保持一定距离。例如，尽管中国是联合国安理会常任理事国之一，但在参与安理会举行的许多表决时，中国在涉及敏感问题的表决上往往投弃权票。③ 这种有限参与和较为审慎的状态一直持续到20世纪90年代后期。

第三阶段，从20世纪90年代以来，中国不仅积极参与国际组织，而且在参与创建国际组织的过程中逐渐成长为国际组织的维护者和建设者。20世纪90年代以后，随着苏联的解体，两大阵营之间对峙的局面不复存在，世界多极化和经济全球化的趋势越来越明显，和平与发展已成为时代主题。与此同时，中国国内改革开放在经济社会各领域不断深入，社会主义市场经济逐步得以确立与发展。此外，国际组织进入蓬勃发展阶

---

① 王玲：《世界各国参与国际组织的比较研究》，《世界经济与政治》2006年第11期。
② 饶戈平：《论全球化进程中的国际组织》，《中国法学》2001年第6期。
③ 王逸舟：《新世纪的中国与多边外交》，《太平洋学报》2001年第4期。

段，国际组织的总体数量与发展质量较以往相比均有了明显的提升。国际组织已成为国际社会中举足轻重的国际行为体，对国家对外行为和国内议题的影响显著增强。在此背景下，中国进一步调整了对国际组织的认知，并开始全方位积极参与各种领域的国际组织。如1998年8月，在对当前国际形势和中国外交工作的分析中，江泽民指出："当前，多边外交十分活跃，联合国以及其他国际组织的作用在不断提高。在世界多极化和经济全球化的趋势不断发展的新形势下，各大国都以地区组织为依托发展自己，都力图通过多边场合得到在双边关系中得不到的东西。"① 基于这种认知，中国积极参加国际组织框架内的多边外交活动。数据显示，自20世纪90年代以来中国参与国际组织的数量持续增加。仅到90年代中期，中国参与国际组织的数量与发达国家已相差不大。如在1996年，在当时总共37个政府间国际组织中，中国共参加了其中的30个，参与程度是美国参与同期国际组织的90%。② 尽管与美国等西方国家参与国际组织的成效相比，中国还存在较大差距，但90年代以来，中国与国际组织的关系得到了较大的提升。到1998年年底，中国参与的政府间国际组织的数量上升至52个，参与非政府间国际组织的数量为1191个。③ 不过，在20世纪90年代，整体来看，中国在国际组织中发挥的作用依然较为有限，在国际组织中担任高级官员和技术顾问的人员较少。④

总体来看，中华人民共和国成立以来，受到国际环境、国家实力和国家战略选择等诸多因素的影响，中国参与国际组织的历程经历了从相对排斥到有限参与再到积极参与的过程。⑤ 特别是进入21世纪以来，中国与国际组织之间的关系取得了长足发展。中国维护国际组织尤其是政府间国际组织的合法性、权威性，遵守相关国际组织的规则和制度，并积极参与国际组织框架内各领域的合作。在参与国际组织的过程中，中国不仅获得了物质性回报，而且改善了中国的国际形象，并在国际组织合作中积累了较高程度的国家信誉。不仅如此，中国注重维护国际组织

---

① 《江泽民文选》（第二卷），人民出版社2006年版，第205—206页。
② 江忆恩：《中国参与国际体制的若干思考》，《世界经济与政治》1999年第7期。
③ 饶戈平：《论全球化进程中的国际组织》，《中国法学》2001年第6期。
④ 饶戈平：《论全球化进程中的国际组织》，《中国法学》2001年第6期。
⑤ 刘宏松：《中国的国际组织外交：态度、行为与成效》，《国际观察》2009年第6期。

的多边合作，而且往往从发展中国家的立场和利益出发，通过提高自身在国际组织中的议程设置能力、国际规则与国际规范的塑造能力，以及国际话语的影响力等措施，致力于改革国际组织中存在的不合理、不公正之处，为国际组织的变革提供中国智慧与中国方案。从推动上合组织成立到发起成立亚洲基础设施投资银行、金砖国家新开发银行和丝路基金等，实现了中国从国际组织的参与者向国际组织的创立者的身份转变，体现了中国是国际秩序的参与者、维护者和改革者，以及多边主义的践行者。①

二 中国参与和创建国际组织的主要目标

从参与和创建国际组织的历程来看，中国的国际组织外交主要受后果性逻辑和适当性逻辑两种行为逻辑的驱动，并寻求实现两种不同的目标。遵循后果性逻辑旨在获取物质性收益，而遵循适当性逻辑主要目标在于寻求实现象征性收益。这两种行为逻辑，贯穿于中国参与国际组织活动的不同阶段，并在中国参与不同性质国际组织过程中均有或多或少的体现。

第一，受到后果性逻辑的驱动，中国积极参与国际组织事务旨在获取物质性收益，主要包括促进国内经济发展、维护国家安全。在促进国内经济发展方面，20 世纪 70 年代以来，中国对国际组织态度发生的明显转变除受到当时国际环境变化的影响外，主要受到中国追求国内经济发展的强烈驱动。经过"文革"十年的经济停滞，中国与世界其他国家特别是西方国家的差距进一步扩大成为当时中国领导层的普遍共识。为摆脱经济落后的局面，中国在坚持自力更生的基础上主张积极利用包括国际组织在内的一切可以利用的资源。邓小平曾指出："要实现四个现代化，就要善于学习，大量取得国际上的帮助。要引进国际上的先进技术、先进装备，作为我们发展的起点。"② 转变对国际组织的消极认知，并密切发展与国际组织的关系，成为中国促进国内经济发展的一种途径。从1981 年起，中国开始从世界银行贷款以为国内交通运输、能源和农业等

---

① 孙德刚、韦进深：《中国在国际组织中的规范塑造评析》，《国际展望》2016 年第 4 期。
② 《邓小平文选》（第二卷），人民出版社 1994 年版，第 133 页。

重点领域提供发展资金。1980年中国恢复在国际货币基金组织的合法席位后，不断扩大在国际货币基金组织的特别提款权。2013年"一带一路"倡议提出并实施以来，为进一步促进亚洲区域建设互联互通进而实现区域经济一体化，并加强中国与"一带一路"沿线国家和地区的合作，中国发起倡议并设立亚洲基础设施投资银行，为"一带一路"国际合作提供了较为充分的资金支持。由此可见，中国与国际组织关系的发展过程实际上也是中国逐渐融入世界经济体系历程的一个缩影。尤其是2001年中国加入世界贸易组织以来，中国与世界主要经济体的联系日益紧密，对世界经济发展的贡献持续提升。

维护国家安全，是中国积极发展与国际组织关系的另一物质性激励因素。这是因为，国际安全组织所倡导和传播的国际安全规范塑造国家在安全领域中的行为。同时，跨国安全问题的解决往往需要通过参与和建立相关国际组织以开展国际安全合作。为维护国家安全，中国于1992年加入了《不扩散核武器条约》，于1993年加入禁止化学武器组织并于1997年批准加入《禁止化学武器公约》等诸多涉及安全领域的国际组织和条约。从当时的现实情况来看，加入上述安全组织与当时中国的国力并不匹配，一定程度上限制了中国在国防领域的发展。不过，从长远来看，《不扩散核武器条约》和《禁止化学武器公约》等国际安全条约能够促进国际安全规范的传播，形成国家间对彼此安全行为的稳定预期，进而有利于维护中国国家安全。此外，中国主导建立的上合组织在打击"三股势力"、维护中国新疆稳定和中亚地区稳定方面发挥了举足轻重的作用。江泽民在上合组织成立大会上指出，上合组织"提供了以大小国共同倡导、安全先行、互利协作为特征的新型区域合作模式"。[1] 自成立以来，由于法律、机制的有效运作和成员国协作能力的不断提高，上合组织得以在成员国范围内就应对"三股势力"问题开展有效合作，在上合组织框架内形成了反对"三股势力"的共同空间，不仅改善了新疆的外部安全环境，而且对"三股势力"形成了有力抑制和强大威慑。[2] 正因

---

[1] 《深化团结协作共创美好世纪——在"上海合作组织"成立大会上的讲话》，2001年6月15日，http://www.gov.cn/gongbao/content/2001/content_60948.htm。

[2] 赵华胜：《上海合作组织：评析和展望》，时事出版社2012年版，第109—112页。

为有上合组织的存在,"东突"势力的组织化水平明显被削弱,其与国外恐怖势力的直接联系减弱。

第二,中国参与国际组织事务同样受到适当性行为逻辑的鼓舞。"适当性无须专注于后果,但有着认知和道德的特征,也包含目标和志向。作为一种认知问题,适当行为是对特定自我概念至关重要的行为。作为一个道德问题,适当行为是合乎伦理的行为。"① 遵循适当性逻辑,中国在参与国际组织的过程中追求多重象征性收益,具体包括获得国际社会的承认,增强国家信誉,改善国家形象,以及履行国际道义等。

首先,寻求包括国际组织在内的国际行为体的承认是国家行为的一种普遍动机,中国寻求国际组织承认的具体内容在特定阶段和具体议题上有所不同。中华人民共和国成立初期,中国将独立的主权国家和唯一的合法政府作为寻求国际组织承认的重要内容。为此,中国尤为看重在联合国等国际组织获得合法席位,将加入这些组织视为对中国主权国家的一种承认。1992年,党的十四大将建立社会主义市场经济体制确立为中国经济体制改革的目标后,寻求国际社会对中国市场经济国家地位的承认成为中国努力加入世贸组织、亚太经合组织等国际组织的主要动力。当前,在西方国家担忧中国崛起将给世界带来诸多不确定因素的背景下,中国通过参与国际组织部分旨在获得国际社会对中国是"国际体系的积极维护者和改革者"的承认,并在此基础上致力于国际组织的改革,以推动国际政治经济秩序向更加公正合理的方向发展。

其次,国家声誉涉及其他行为体对一国持久特征的一种信念与判断,提高国家信誉可以增强国际行为体对中国行为的可靠预期,进而有助于中国开展国际合作。② 在参与国际组织事务的过程中,中国选择性地加入了一些短期内对中国国防能力构成限制的国际组织,如1993年加入禁止化学武器组织、1996年签署常规武器条约草案和全面禁止核试验条约等,均与当时提高中国国家防御能力的目标明显不符。加入这些组织或条约

---

① [美]詹姆斯·G.马奇、[美]约翰·奥尔森:《国际政治秩序的制度动力》,载[美]彼得·卡赞斯坦、[美]罗伯特·基欧汉、[美]斯蒂芬·克拉斯纳编《世界政治理论的探索与争鸣》,秦亚青等译,上海人民出版社2018年版,第369页。

② 王学东:《国家声誉在大国崛起中的作用》,《国际政治科学》2005年第1期。

除了能够获得长远的隐含利益，或可以规避因不遵守国际规范而受损的风险，一个重要原因在于对"基于规则的秩序"的有意维护向外界传递了一种明确的信号，即中国是开展国际合作值得信赖的伙伴。这种明确的信号释放行为不仅有助于某些具体领域的国际合作产生外溢效应，而且向西方国家传递了一种和善信号。① 从某种意义上而言，对国家声誉的维护与提升也是改善国家国际形象的一种有效举措。

最后，中国对适当性逻辑的遵循还表现为中国参与国际组织的初衷在于积极履行国际义务和道义，通过维护发展中国家的合法权益，秉持互利共赢，以在国际社会中树立负责任的大国形象。中国在参与国际组织的过程中，通过联合国难民署、国际移民组织、世界卫生组织和国际红十字会等国际组织，向世界各国和各地区施以援手，援助领域涉及基础设施建设、文化教育、医疗卫生和环境保护等各领域。据悉，1950年至2016年，中国累计对外提供援款4000多亿元人民币。② 与此同时，中国是联合国维和行动的积极支持者和参与者，中国维和人员遍及亚洲、非洲、欧洲和美洲，不论在维和理念、制度建设和经费投入等方面，还是在人员派遣、维和行动等方面，中国均为维护世界和平与发展作出了巨大贡献。

三 中国国际组织外交可资借鉴的主要经验

中国在参与和创建国际组织的进程中积累了不少有益的经验，可为上合组织命运共同体的构建提供较为有力的思想支持。在参与和创建国际组织的进程中，中国对于国际组织有两个基本的认知与定位。第一，从外交工作来看，国际组织外交是中国多边外交的组成部分，也是中国外交工作总体布局的有机构成部分。第二，从全球治理来看，国际组织是全球治理的重要主体，而且是推动国际治理体系转型的重要力量。就这两个主要方面而言，中国参与国际组织事务从根本上服务于国家利益，以为中国国内发展创造有利的外部环境。中国特色大国外交旨在"维护

---

① 江忆恩、肖欢容：《美国学者关于中国与国际组织关系研究概述》，《世界经济与政治》2001年第8期。

② 《习近平谈治国理政》（第二卷），外文出版社2017年版，第546页。

国家主权、安全、发展利益，为和平发展营造更加有利的国际环境，维护和延长我国发展的重要机遇期"。① 在长期参与和创建国际组织的进程中，中国在坚持国家主权平等原则的基础上，主动参与国际组织活动，承担与中国国力和地位相适应的国际责任和义务，并致力于改革国际组织中存在的不合理、不公正的因素。

第一，坚持国家主权平等的原则。从《威斯特伐利亚和约》确立平等和主权原则以来，主权平等成为数百年来规范国际关系最重要的准则，也是中国在参与联合国等所有国际组织中一贯遵循的首要原则。在联合国、世界贸易组织、世界卫生组织和世界知识产权组织等国际组织中，各国平等参与决策，构成了完善全球治理的重要力量。具体而言，在国际组织中坚持国家主权平等，首先意味着国家不分大小、强弱、贫富，都是国际组织中的平等成员，理应平等参与组织事务的决策，享受组织赋予的各项权利和履行国际组织的基本义务，不能以大压小、以强凌弱和以富欺贫。2017 年 1 月，在联合国日内瓦总部的演讲中，习近平主席强调："新形势下，我们要坚持主权平等，推动各国权利平等、机会平等、规则平等。"② 其次，国家主权平等意味着国家间相互尊重。习近平主席指出："主权原则不仅体现在各国主权和领土完整不容侵犯、内政不容干涉，还应该体现在各国自主选择社会制度和发展道路的权利应当得到维护，体现在各国推动经济社会发展、改善人民生活的实践应当受到尊重。"③ 最后，主权平等意味着在国际组织中，遵循国与国之间和平、和睦的相处之道。国际组织中的成员国存在大国和小国之分，但不论是大国之间的相处还是大国和小国之间的相处，均应该以相互尊重为原则。中国政府旗帜鲜明地主张："大国之间相处，要不冲突、不对抗、相互尊重、合作共赢。大国与小国相处，要平等相待，践行正确义利观，义利相兼，义重于利。"④ 坚持国家主权平等的原则，在中国参与各种类型的国际组织中均有体现。以上海合作组织为例，主权平等原则不仅是"上

---

① 《习近平谈治国理政》（第二卷），外文出版社 2017 年版，第 441 页。
② 《习近平谈治国理政》（第二卷），外文出版社 2017 年版，第 539 页。
③ 《习近平谈治国理政》（第二卷），外文出版社 2017 年版，第 523 页。
④ 《习近平谈治国理政》（第二卷），外文出版社 2017 年版，第 523 页。

海精神"的核心要义,而且是构成上合组织价值与规范体系的基础。在主权平等原则的引领下,上合组织超越了成员国在综合国力、政治制度、发展道路和历史文化等方面的巨大差异,树立了不同类型的国家开展国际合作的典范。

第二,掌握主动权是中国在与国际组织长期互动中积累的实践经验。这意味着在国际组织的议程设置、规则制定、理念创新和话语构建等方面,为国际组织的完善与发展贡献中国智慧。首先,国际组织是国际议程形成与实施的重要平台,一个国家议程设置能力的强弱,决定了该国偏好是否能够成为国际组织的核心议题。为此,中国通过致力于推动国际组织决策程序改革,追加对国际组织的各类资源投入,以及积极参与和创建国际组织等行动,以增强自身在国际组织中的议程设置能力。上海合作组织、金砖国家合作机制、亚洲基础设施投资银行的成立与平稳运转,体现了中国从国际组织议程设置的边缘者逐渐转变为主要的议程设置者。如在2016年二十国集团峰会上,"我们运用议题和议程设置主动权,打造亮点,突出特色,开出气势,形成声势,引导峰会形成一系列具有开创性、引领性、机制性的成果"。[1] 其次,国际组织是国际规则的制定者和国际规范的传播者,国际规则竞争构成国家间特别是大国竞争的主要内容。中国始终重视国际组织中的规则制定与规范塑造,如2006年8月,在中央外事工作会议上,胡锦涛强调:"要充分利用多边外交舞台,建设性参与国际事务和重大热点问题的解决,逐步增强我国在国际规则制定和修改中的发言权和影响力。"[2] 为此,中国一方面致力于变革既有国际组织中存在的不合理、不公正的国际规则,另一方面通过增强自身在国际组织中的影响力,构建更加公平正义的国际规则与规范。再次,理念是引领国际组织发展的行动指南,国际组织的发展需要通过不断创新组织理念加以引导。如"上海精神"业已成为引领上合组织发展的核心理念,并根据时代发展不断被赋予新的内涵。在中国特色社会主义进入新时代后,中国创造性地提出"命运共同体"理念并将该理念贯穿于处理与国际组织的关系中,相继提出了构建中国—东盟命运共同

---

[1] 《习近平谈治国理政》(第二卷),外文出版社2017年版,第449页。
[2] 《胡锦涛文选》(第二卷),人民出版社2016年版,第510页。

体、上合组织命运共同体等,为相关组织的发展指明了方向。最后,国际组织的议程设置能力、规则制定与规范塑造能力及理念创新能力,部分影响国家在国际组织中的话语权。2014年11月,在中央外事工作会议上,习近平主席强调:"要切实推进多边外交,推动国际体系和全球治理改革,增加我国和广大发展中国家的代表性和话语权。"① 中国始终将提升发展中国家的话语权作为参与国际组织活动的一个主要目标。

第三,明确中国在国际组织中的身份与角色定位,承担与中国国力和地位相适应的国际责任和义务。国家对自我身份的认知很大程度上决定国家利益,进而塑造国家的对外行为。在参与国际合作时,"世界最大的发展中国家"不仅长期以来是中国对自我身份的一贯标识,而且也是中国在国际体系中所处的位置。党的十九大报告指出,尽管中国社会的主要矛盾发生了变化,但中国是世界最大发展中国家的国际地位没有变。这决定了中国在参与国际事务中发挥的作用与西方大国迥然不同,且在参与国际组织事务中,中国始终坚持承担与中国国力和地位相适应的国际责任和义务,既不推卸责任,又量力而行。从这一视角来看,加入世贸组织的过程可视为中国为维护国家身份稳定而进行的一场斗争。面对西方国家的巨大施压,中国始终坚守自身作为发展中国家的身份,并只接受与中国经济发展水平相适应的谈判条件,并最终以发展中国家的身份加入世贸组织。加入世贸组织后,中国也基于自身国力在享有组织权利与履行组织义务之间寻求平衡。又如中国在国际气候谈判过程中,始终将自身定位为最大的发展中国家,主张在进行防止全球气候变暖的国际合作时,中国与发达国家承担共同但有区别的责任,并根据国家能力不同采取相应的节能减排措施。② 当然,承担与中国国力和地位相适应的国际责任和义务与坚持国际道义仍具有一定的区别。前者是一种国际法上的权利与义务关系,后者则很大程度上是一种伦理道德上的要求。尽管中国强调根据国家地位承担相应的国际责任和义务,但中国始终将国际道义视为国际使命与担当。随着综合国力日益提升,中国在发扬国际

---

① 《习近平谈治国理政》(第二卷),外文出版社2017年版,第444页。
② 张海滨:《中国在国际气候变化谈判中的立场:连续性与变化及其原因探析》,《世界经济与政治》2006年第10期。

道义方面更加积极主动。

第四,注重国际组织的维护与改革。中国在积极参与维护既有国际组织等多边体制的权威性和有效性的同时,致力于改革国际组织中存在的不合理、不公正的因素。这是因为,一方面,相当部分国际组织的建立倚靠霸权国,而霸权国在为组织提供公共物品的同时,也对国际组织的正义构成了较为严重的挑战,导致一些国际组织很大程度上成为霸权国意志的代表。① 另一方面,国际环境变化、国际组织要素调整和成员国变动等因素,均可能导致国际组织的现状不能完全适应成员国的发展要求。因此,国际组织的存在与发展不仅要具备合法性,而且应体现国际正义原则。从中华人民共和国成立以来至 20 世纪 70 年代期间,与其说中国是霸权主导下国际组织的挑战者,不如说中国长期被拒之在世界主要国际组织体系之外。不过,自 20 世纪 70 年代以来,情况有所好转,中国不仅积极参与国际组织事务,而且致力于推动国际组织的改革。联合国作为当今世界最具普遍性、代表性和权威性的国际组织,中国始终维护以联合国宪章宗旨和原则为核心的国际秩序和国际体系。同时,中国支持积极稳妥推进联合国内部改革,主张优先增加发展中国家特别是非洲国家在安理会的代表性和发言权,推动安理会改革朝着符合全体会员国共同利益和联合国长远利益的方向发展。此外,在涉及与国际金融合作、全球气候变化治理、人权事业和互联网治理体系等相关的国际组织中,中国同样持相似的立场,注重相关国际组织的维护与改革并举。如在广大发展中国家的共同努力下,2010 年通过的国际货币基金组织份额和治理改革方案,不仅使中国持有的份额从 3.72% 上升至 6.39%,投票权从 3.65% 上升至 6.07%,而且发达国家向新兴市场和发展中国家转移 6% 的份额。② 坚持国际组织进行合理的改革举措,不仅旨在使国际组织成为全球治理体系的重要行为体,而且通过维护与改革国际组织,使其成为推动全球治理朝着更加公正合理的方向发展的重要国际力量。

构建上合组织命运共同体是中国高度重视与积极参与国际组织事务

---

① 简军波、丁冬汉:《国际机制的功能与道义》,《世界经济与政治》2002 年第 3 期。
② 谢世清:《国际货币基金组织份额改革及其对中国的影响》,《中国金融》2010 年第 23 期。

的重要体现，中国在参与和创建国际组织过程中积累的丰富经验可为构建上合组织命运共同体提供有益的思想支撑及启发。首先，尽管构建上合组织命运共同体旨在使上合组织成员国之间形成休戚与共的集体，不过，坚持国家主权平等的原则仍是各成员国在构建上合组织命运共同体过程中必须坚持的首要原则。其次，实践已经证明，掌握主动权是中国在与国际组织长期互动中维护国家主权、安全和发展利益的主要经验，因此，在构建上合组织命运共同体的过程中，中国需要在上合组织的议程设置、规则制定、理念创新和话语构建等方面，为上合组织命运共同体的构建贡献具有鲜明特色的中国智慧和中国方案。再次，在构建上合组织命运共同体的过程中，不仅中国需要进一步明确自身在上合组织中的身份与角色定位，并承担与中国国力和地位相适应的国际责任和义务，而且各成员国尤其是上合组织中较大的成员国，均有必要明确各自在上合组织中的地位与角色，充分发挥与其地位与角色相适应的作用。最后，中国在积极参与维护既有国际组织等多边体制的权威性和有效性的同时，致力于改革国际组织中存在的不合理、不公正的因素。这对构建上合组织命运共同体的启示在于，各成员国应注重对上合组织的维护与改革。自成立以来至今，上合组织在取得举世瞩目成就的同时，也累积了不少亟待解决的问题。因此，在构建上合组织命运共同体的过程中，各成员国在维护与提高上合组织区域治理能力的同时，还需对制约上合组织地区治理能力水平提高的不合理、不公正因素进行改革。

第二节　马克思"真正的共同体"思想和上合组织命运共同体

人类命运共同体系列理念是马克思主义中国化的最新理论成果，是当代中国在对马克思"真正的共同体"思想继承的基础上所进行的一次理念与话语创新，因而具有马克思主义的理论品质和价值追求。马克思"真正的共同体"思想与人类命运共同体理念都是在深刻洞察人类社会发展历史、发展现状和发展趋势的基础上，提出的关于未来社会发展的重要思想。因此，作为人类命运共同体重要组成部分的上合组织命运共同体，其构建过程同样离不开马克思"真正的共同体"思想的全方位指引。

不仅如此，马克思"真正的共同体"思想可为上合组织命运共同体的构建提供丰富的历史唯物主义思想资源和思想启迪。鉴于此，在这部分，本书首先从人类社会基本形态的演进过程、个体与共同体的关系、推动共同体从低级形态向高级形态转变的动力和"真正的共同体"所要实现的理想社会类型四个方面，较为全面地阐述了马克思"真正的共同体"思想的丰富而深刻的具体内涵。其次，比较了马克思"真正的共同体"思想与当代中国提出的上合组织命运共同体理念之间，在构成主体、根本动力、实现目标和表现形式等方面展现出的异同。最后，在以上梳理与分析的基础上阐明了马克思"真正的共同体"思想在构建人类命运共同体过程中的当代价值，及其对于构建上合组织命运共同体的重要指引意义。

一 马克思"真正的共同体"思想的主要内容

自人类社会产生以来，共同体不仅是人类社会存在与发展的一种基本方式，而且它整体上代表了人类对理想的社会关系与社会秩序的不懈追求。马克思"真正的共同体"思想产生的时代正处于资本主义社会加速发展的时期，资产阶级与无产阶级日益分裂为两大对立的阶级，资本主义国家所暴露出来的虚伪性正在逐渐增强。面对现实情形，马克思在结合当时的时代背景并批判性继承西方共同体思想的基础上形成了历史唯物主义的"真正的共同体"思想。下文将主要从人类社会基本形态的演进过程、个体与共同体之间的关系、推动共同体从原始共同体向"真正的共同体"转变的根本动力和"真正的共同体"所要实现的理想社会目标四个方面，阐述马克思"真正的共同体"思想的具体内涵。

第一，马克思"真正的共同体"思想揭示了人类社会基本形态的历史演进全貌。在马克思看来，共同体要经历从"自然共同体"到"虚幻的共同体"，最终抵达"真正的共同体"三大历史发展阶段。从主体的视角来看，这三大发展阶段分别对应为人的依赖关系的发展阶段、物的依赖关系的发展阶段和自由人联合的发展阶段。原始社会生产力水平低下，限制了人类从自然界获取物质生活资料的方式与总和。为了摆脱与自然进行物质交换时面临的局限性，个体以血缘关系和宗法关系为纽带结成联合体是应对自然挑战进而获得基本生活资料的共同选择。由此结成的原始共同体仅是保障个体生存的一种手段，而非旨在推动人类社会的发展。社会生产力水平的提高必将导致自然共同体走向瓦解。继自然共同体后，人类社会步入"虚幻的共同体"阶段。在这一阶段，社会生产力水平明显提高，利益关系取代血缘关系成为维系人与人社会关系的重要纽带。为了调节个体之间的利益关系，以国家为基本形态的政治共同体应运而生。在此阶段，尽管人们在物质生产活动中实现了自身的主体性，但人的物质生产活动却表现为对人来说是异己的东西。正如马克思所言："由于这种共同体是一个阶级反对另一个阶级的联合，因此对于被统治的阶级来说，它不仅是完全虚幻的共同体，而且是新的桎梏。"① 同时，个人利益与公共利益之间逐渐产生对立关系。为了摆脱这种桎梏，人类必须通过自身的实践活动实现"真正的共同体"。"真正的共同体"实现的基本前提在于社会生产力的充分发展和物质财富的极大富足。在"真正的共同体"阶段，个人能力与自由的全面发展是人类从事生产活动的唯一目的。"人终于成为自己的社会结合的主人，从而也就成为自然界的主人，成为自身的主人——自由的人。"②

第二，马克思"真正的共同体"思想揭示了个体与共同体关系的变迁轨迹。在西方政治思想史的发展中，对个体与共同体关系的探讨构成诸多政治思想家思想的主要内容。不过，它们很大程度上仅停留在理论构想层面，很少能够提出化解两者对立关系的现实途径。但马克思不同，他从共同体的发展演变历程中找到了消除个体与共同体对立状态的实践道路。在马克思看来，共同体的演变过程，也是个体与共同体的关系从冲突走向融合的过程。在自然共同体中，个体的特殊利益与共同体的公共利益具有原始的一致性。这是因为，原始社会中共同体内所有成员的共同劳动仅仅能够满足每个个体的生存需要，而共同体往往不存在生活资料的剩余。除土地是所有成员共同拥有和使用的财产外，并不存在其他私有财产。当人类社会进入"虚幻的共同体"后，生活资料的丰富和私有财产的出现导致个体的特殊利益与共同体的利益之间产生了严重冲突。马克思指出："正是由于特殊利益与共同利益之间的这种矛盾，共同

---

① 《马克思恩格斯选集》（第一卷），人民出版社2012年版，第199页。
② 《马克思恩格斯文集》（第三卷），人民出版社2009年版，第566页。

利益才采取国家这种与实际的单个利益和全体利益相脱离的独立形式,同时采取虚幻的共同体的形式。"① 但资本主义社会的"虚幻的共同体"代表统治阶级的利益,是统治阶级剥削被统治阶级的工具。这种"共同体只是抽象,对于个人只是外在的、偶然的东西;同时又只是单个的个人满足需要的手段"。② 因此,"虚幻的共同体"不仅不能使个体与共同体之间的对立状态彻底消解,而且将越来越激化二者的对立。只有发展到"真正的共同体"后,个体与共同体之间的利益对立才能够完全消除。在此时期,劳动本身是目的性和手段性的统一,每个人自身的价值就寓于其创造性的活动之中。"真正的共同体"的建立意味着人类通过曲折的历史发展,超越了外在必然性的支配从而获得了真正的自由,同时实现了个体利益与共同体利益的真正统一。

第三,马克思"真正的共同体"思想揭示了共同体形态演进的根本动力。马克思"真正的共同体"思想将社会生产力视为推动共同体从低级形态向高级形态发展的根本动力。人们在一定阶段所达到的社会生产力总和决定着这一时期社会发展的总体状况,也决定着共同体发展的阶段性特征。社会分工与交换发展的阶段性特征决定了所有制的各种不同形式,及个人在劳动资料、劳动工作和劳动产品方面的相互关系。马克思指出:"一定的生产方式或一定的工业阶段始终是与一定的共同活动方式或一定的社会阶段联系着的,而这种共同活动方式本身就是'生产力'。"③ 社会生产力的决定性作用,在共同体的发展过程中具体体现为:在自然共同体中,社会分工和交换还很不发达,仅限于家庭中自然形成的分工的进一步扩大。社会分工和私有制的发展将导致原始共同体逐渐瓦解,个人之间的相互依赖关系存在于现实之中。不过,"只要分工还不是出于自愿,而是自然形成的,那么人本身的活动对人来说就成为一种异己的、同他对立的力量,这种力量压迫着人,而不是人驾驭着这种力量。"④ 因此,在"虚幻的共同体"阶段,"受分工制约的不同个人的共

---

① 《马克思恩格斯选集》(第一卷),人民出版社2012年版,第164页。
② 《马克思恩格斯全集》(第四十六卷上),人民出版社1980年版,第176页。
③ 《马克思恩格斯选集》(第一卷),人民出版社2012年版,第160页。
④ 《马克思恩格斯选集》(第一卷),人民出版社2012年版,第165页。

同活动产生了一种社会力量",但"这种社会力量在这些个人看来就不是他们自身的联合力量,而是某种异己的、在他们之外的强制力量"。[①] 只有生产力的巨大增长和高度发展才能为消灭外在的束缚人的强制力量储备革命性的力量,并使其与现存的世界相对立。而且,只有随着生产力的普遍发展,人们的普遍交往才能建立起来。这种普遍交往不仅使每一民族都依赖于其他民族的变革,而且导致地域性的个人为世界历史性的、经验上普遍的个人所代替。到那时,共同体的形态将超越"虚幻的共同体"抵达"真正的共同体"阶段,而分工也将被消灭。

第四,马克思"真正的共同体"思想描绘了人类社会的未来发展蓝图。"真正的共同体"思想的目标追求和价值追求均在于实现人的自由和全面的发展。"虚幻的共同体"的存在是对人的本质束缚。马克思指出:"某一阶级的各个人所结成的、受他们的与另一阶级相对立的那种共同利益所制约的共同关系,总是这样一种共同体,这些个人只是作为一般化的个人隶属于这种共同体,只是由于他们还处在本阶级的生存条件下才隶属于这种共同体;他们不是作为个人而是作为阶级的成员处于这种共同体关系中的。"[②] 与"虚幻的共同体"对人的本质束缚和扭曲不同,"真正的共同体"是个人自由全面发展的条件,每个个体通过与自由人的联合在"真正的共同体"中都能实现自己的全部本质。马克思指出:"在真正的共同体的条件下,各个人在自己的联合中并通过这种联合获得自己的自由。"[③] 真正的共同体既不会依仗公共利益遏制个体的发展,也不会听任特殊利益颠覆整个共同体。[④] 在此阶段,人的本质较社会主义初级阶段的人更丰富、更全面。这是马克思根据社会历史的现实发展所作出的比较和科学预测,并非根据纯粹的理想和概念作出的一种价值判断。在"真正的共同体"中,不仅个人获得了政治解放与个性自由,而且全人类获得了解放和政治经济自由,每个人的自由发展成为一切人自由发展的条件。马克思强调:"共产主义对我们来说不是应当确立的状况,不

---

① 《马克思恩格斯选集》(第一卷),人民出版社2012年版,第165页。
② 《马克思恩格斯选集》(第一卷),人民出版社2012年版,第201—202页。
③ 《马克思恩格斯选集》(第一卷),人民出版社2012年版,第199页。
④ 康渝生、胡寅寅:《人的本质是人的真正的共同体——马克思的共同体思想及其实践旨归》,《理论探讨》2012年第5期。

是现实应当与之相适应的理想。"① 这意味着,"真正的共同体"的实现具有明确的现实路径,在消灭现实状况的现实的运动中才能实现。全世界的工人阶级在无产阶级政党的领导下开展阶级斗争,消灭私有制和推翻阶级压迫,最终实现共产主义社会。② 因此,与以往共同体仅代表人类对积极的社会关系的向往不同,"真正的共同体"并非仅是以观念形态存在于人们头脑中的一种社会理想,而是通过人的实践活动可以实现的人类社会崇高目标。

综合以上论述可以发现,与以往西方哲学社会学家等对共同体所做的考察不同,马克思将共同体的发展置于社会物质实践的基础上将其纳入人类社会基本形态的历史演变视野中,全面而系统地描绘了未来人类社会的美好蓝图。因此,马克思"真正的共同体"思想是关于人类世界未来发展状态的科学构想,体现了理论性与实践性的有机统一。更为重要的是,与以往社会科学家利用共同体这一概念解释世界不同,马克思的共同体思想在批判资本主义社会"虚幻的共同体"对人的本质和社会关系的扭曲的基础上,为建立"真正的共同体"提出了改造世界的现实道路。总之,马克思的共同体思想在致力于创造一个更加人道的世界的同时,就如何实现人的本质问题进行了深刻的阐释。

二 马克思"真正的共同体"思想的继承与发展

构建上合组织命运共同体的目标是要在上合组织成员国间形成的由价值共同体、安全共同体、利益共同体和情感共同体构成的"四位一体"的复合型地区共同体。在构建上合组织命运共同体中,价值共同体是基本前提,安全共同体是主要保障,利益共同体是重要支撑,情感共同体是靓丽底色。由于上合组织特殊的地缘位置和战略地位,上合组织不仅承载着构建人类命运共同体、亚洲命运共同体和周边命运共同体的重要使命,而且有望推动中国政府提出的命运共同体从理念形态转化为实体存在。更为重要的是,上合组织命运共同体理念是对马克思"真正的共

---

① 《马克思恩格斯选集》(第一卷),人民出版社 2012 年版,第 166 页。
② 蔡晓、余娴丽:《马克思"共同体"思想与中国社会组织建设》,《马克思主义研究》2013 年第 11 期。

同体"思想的继承与发展,是马克思主义国际关系理论的最新发展。

首先,上合组织命运共同体理念继承了"真正的共同体"思想的价值追求。从马克思关于共同体发展演变的历程可以判断,构建上合组织命运共同体是实现马克思"真正的共同体"的必经阶段,是连接自然共同体与"真正的共同体"的中间环节,也是各成员国尝试在一个特定的国际组织内构建共同体的创造性实践活动,可为"真正的共同体"的实现奠定较为丰富的物质基础。上合组织命运共同体理念与马克思"真正的共同体"思想在价值追求上具有内在的一致性。马克思"真正的共同体"思想,蕴含着人类共同发展的崇高理想,所追求的是个体与个体、个体与共同体之间在共生共存的基础上实现共同发展。上合组织命运共同体赓续了"真正的共同体"的价值关怀,通过打造各成员国共享的发展空间,使各成员国之间形成互惠共生关系,进而构建一种以共生为显著特征的上合组织地区秩序。因此,上合组织不断趋向紧密耦合的命运共同体将逐步缩小成员国之间发展不平衡的状态,促进成员国的共同发展与繁荣。与"真正的共同体"内每个人的自由发展是一切人自由发展的条件类似,在上合组织命运共同体内各成员国之间的助人和自助不是必然的零和关系,共同体内形成的集体身份将把单个国家的自我福祉延伸至包含他者福祉的程度,而不是为了他者的福祉牺牲自我福祉。① 同时,成员国之间"不仅把相互的安全以工具主义的方式与自己的安全联系在一起,而且把别人的安全真正视为自己的安全"。② 总体而言,构建上合组织命运共同体意味着实现各成员国之间的价值共享、安全共担、利益共享和情感共融。与此同时,各成员国的共同发展不仅不会阻碍上合组织的整体利益,而且将推动上合组织继续在复杂多变、波谲云诡的世界中平稳健康发展。

其次,上合组织命运共同体理念拓展了共同体的构成主体。马克思"真正的共同体"是自由人的联合体,其构成主体是在一定条件下进行

---

① [美]亚历山大·温特:《国际政治的社会理论》,秦亚青译,上海人民出版社 2008 年版,第 296 页。

② [美]亚历山大·温特:《国际政治的社会理论》,秦亚青译,上海人民出版社 2008 年版,第 295 页。

的、现实的、可以通过经验观察到的发展过程中的人,即"现实的历史的人"。这些个人随着共同体的演进将从地域性的被私有财产分割的个人,走向世界历史性的自由自觉联合的人。而政治意义上的国家在进入"真正的共同体"阶段后将失去自身继续存在的意义。马克思也曾指出:"人不是抽象的蛰居于世界之外的存在物。人就是人的世界,就是国家,社会。"① 这为共同体主体的拓展提供了依据。尽管马克思将国家视为统治阶级借以实现其共同利益的形式,但在当代国际体系中主权国家无疑仍是现代世界政治中占据主导地位的主体形式。上合组织命运共同体将"真正的共同体"的构成主体从个人层面拓展至主权国家。从主体的视角来看,上合组织命运共同体是一组主权国家的联合体,它们基于某些共同的要素而结成特定的国际关系模式,且彼此之间形成了较为稳定的集体身份,以及每个国家行为体均对其所属的集体表现出一定程度的归属感。这种拓展的重要意义不仅在于丰富了共同体的具体形式,而且强化了主权原则在构建命运共同体过程中的政治基础。首先,这意味着国家之间不论大小、贫富、强弱,均是上合组织命运共同体的平等参与者。他们通过平等协商的方式推进上合组织命运共同体的构建,且构建成果由各成员国共享。其次,意味着在构建上合组织命运共同体的进程中国家间要相互尊重各国自主选择的社会制度和发展道路,及各国推动经济社会发展、改善人民生活的实践。最后,主权原则意味着构建上合组织命运共同体,要遵循与强化国家之间和平、和睦的相处之道,即"大国之间相处,要不冲突、不对抗、相互尊重、合作共赢。大国与小国相处,要平等相待,践行正确义利观,义利相兼,义重于利"。②

再次,上合组织命运共同体理念丰富了共同体的发展动力。在"真正的共同体"中,社会生产力是推动共同体从低级形态向高级形态演进的根本动力,而且生产力的持续发展将为"真正的共同体"的实现提供必要的物质基础。上合组织命运共同体构建进程顺利推进的根本动力,源自各成员国国内社会生产力的不断提高,以及上合组织地区国际分工结构的日益优化。上合组织是国际机制的一种类型,国际组织存续发展

---

① 《马克思恩格斯选集》(第一卷),人民出版社2012年版,第1页。
② 《习近平谈治国理政》(第二卷),外文出版社2017年版,第523页。

的重要价值在于其能够满足成员国的获益动机，不论这种利益是物质性的还是象征性的、情感性的。因此，上合组织命运共同体的构建主要依赖各成员国工具理性、价值理性和情感需求等直接动力的共同驱动。首先，上合组织是否能够满足各成员国的共同利益需求，是激励成员国参与构建上合组织命运共同体的一种力量来源。以中亚成员国为例，中亚成员国在参与上合组织地区合作的不同阶段均具有强烈的获利动机，主要包括维护国家安全、促进国内经济发展和制约俄罗斯在中亚影响力的独大。① 上合组织以往的发展历程预示着成员国利益需要的变化，以及由此产生的态度与行为变化，将对上合组织命运共同体的构建进程产生直接的影响。其次，成员国能否积极参与上合组织命运共同体的构建还受到各国价值理性的驱动。整体来看，上合组织的价值规范与成员国国内主流价值规范的契合程度，及其对各国政权安全和国家稳定的影响，影响成员国参与上合组织命运共同体构建的意愿。最后，获取尊重、承认、声誉、威望等积极的心理与情感体验也是成员国参与构建上合组织命运共同体的动力来源。如乌兹别克斯坦在对外交往中，将他国是否审慎行事和能否满足乌兹别克斯坦的承认需求作为是否与其进行积极互动的重要内在因素。② 不过，在上合组织命运共同体发展的不同阶段，占据主导地位的直接动力并不相同。

最后，上合组织命运共同体理念细化了"真正的共同体"思想的实现目标。马克思"真正的共同体"思想所要实现的宏伟目标是共产主义。根据成熟程度的差异，共产主义社会可以划分为低级阶段和高级阶段，前者是"经过长久阵痛刚刚从资本主义社会产生出来的"，后者是达到了"各尽所能、按需分配"的阶段。③ 由此可见，对共产主义理想的追求是目标与过程的统一。④ 人类命运共同体是"真正的共同体"在当代要实现

---

① 曾向红、李孝天：《中亚成员国对上海合作组织发展的影响：基于国家主义的小国分析路径》，《新疆师范大学学报》（哲学社会科学版）2017年第2期。
② Bernardo da Silva Relva Teles Fazendeiro, "Keeping Face in the Public Sphere: Recognition, Discretion and Uzbekistan's Relations with the United States and Germany, 1991 – 2006", *Central Asian Survey*, Vol. 34, No. 3, 2015, pp. 341 – 356.
③ 《马克思恩格斯选集》（第三卷），人民出版社2012年版，第364—365页。
④ 刘建军：《辩证地把握共产主义理想及其追求》，《思想理论教育导刊》2006年第10期。

的阶段性目标，作为人类命运共同体的组成部分的上合组织命运共同体是对"真正的共同体"当代目标的区域化。构建上合组织命运共同体旨在将上合组织打造成地区合作的典范。在"上海精神"的指导下，上合组织的发展具有典范性意义：上合组织的发展历程是对共同、综合、合作、可持续的亚洲安全观的实践，成员国之间形成了文化共存、利益共享和责任共担的意识；它超越了成员国之间意识形态和发展水平的分歧，通过平等、合作、相互尊重保障了成员国共同利益的实现；它拒绝强权政治，以切实的制度设计保障所有成员国享有平等的决策权，使组织内的小国同样能够享受到组织影响力的提升所带来的国际声誉；它致力于推进民主、公正、合理的国际政治经济新秩序的建立，使上合组织成为完善和推动区域治理乃至全球治理体系的中坚力量。

三 马克思"真正的共同体"思想的指导意义

上合组织命运共同体理念对马克思"真正的共同体"思想的继承与发展，为利用"真正的共同体"思想指导构建上合组织命运共同体提供了前提条件。恩格斯曾经指出："马克思的整个世界观不是教义，而是方法。它提供的不是现成的教条，而是进一步研究的出发点和供这种研究使用的方法。"① 在研究上合组织命运共同体的过程中，要深刻把握马克思开展"真正的共同体"研究的广阔视野和辩证的分析方法。在此基础上，根据当代世界和上合组织本身的发展变化，紧扣时代精神，为各成员国自觉参与构建上合组织命运共同体提供思想指南。

第一，正确认识上合组织命运共同体构建的长期性与阶段性。马克思"真正的共同体"思想关于共同体发展阶段的深刻洞察，对于正确认识和处理好上合组织命运共同体构建的长期性与阶段性之间的关系具有积极的指导作用。上合组织命运共同体的构建无疑是一项长期而庞大的系统工程。主要原因在于，一是上合组织命运共同体的构建涉及价值共同体、安全共同体、利益共同体和情感共同体四个次共同体的具体构建，它们涵盖的领域和内容各异且各部分遵循不同的构建路径。上合组织命运共同体整体目标的实现，需要处理好以上四个部分之间的相互关系，

---

① 《马克思恩格斯选集》（第四卷），人民出版社2012年版，第664页。

使其协同发展共同朝着命运共同体的目标迈进。大体来看，尽管上合组织命运共同体的演变不一定遵循线性发展路径，但同样遵循从低级形态向高级形态的演进路径。而且，只有经过上合组织命运共同体各个次共同体的充分发展，上合组织命运共同体的总体目标才有可能最终实现。二是上合组织命运共同体构建主体数量较多，且协调彼此之间关系的难度较大。上合组织的八个正式成员国，在综合国力、政治制度、发展道路和利益诉求上均存在较大的差异性，而且部分国家之间在边界问题、水资源分配和边境管理等方面时常发生冲突，削弱了上合组织的内聚力。这些问题的存在意味着上合组织命运共同体的构建不能也不可能一蹴而就，但也不能因道路漫长而放弃共同的努力。马克思"真正的共同体"思想给予我们的启示是，要充分认识构建上合组织命运共同体面临的系列挑战和构建过程的长期性、艰巨性，并在此基础上把握上合组织命运共同体发展的阶段性特征，科学合理地做好阶段性规划。在上合组织首轮成功扩员和"一带一路"纵深推进的背景下，在当前及未来一个时期，上合组织应该以利益共同体构建为重点，深化成员国之间互利共赢与利益交融的格局。

第二，有效协调成员国的特殊利益与上合组织的整体利益。马克思"真正的共同体"思想对于个体与共同体关系的深刻揭示，为处理好成员国自身发展与上合组织整体发展之间的关系提供了一种有益的思路。马克思"真正的共同体"是个体自由全面发展与共同体发展实现统一的典范。尽管上合组织等政府间国际组织的发展在很大程度上受到各成员国政府的显著影响，不过，上合组织作为一种官僚机构，享有一定的自主性和权威性，因而具有其自身的利益和发展要求。[①] 但由于受国家趋利行为等因素的影响，每个成员国的发展并不一定必然促进上合组织整体的发展。鉴于此，马克思"真正的共同体"思想对上合组织命运共同体构建的启迪意义在于需要有效协调每个成员国的发展与上合组织整体发展之间的关系。在上合组织命运共同体的构建过程中，既不能为了上合组织的整体利益而限制各成员国的共同发展，也不能放任成员国谋求自身

---

① 刘宏松：《国际组织的自主性行为：两种理论视角及其比较》，《外交评论》2006年第3期。

的特殊利益而损害上合组织的整体利益。实际上，上合组织命运共同体的构建初衷在于实现各成员国的共同发展与上合组织整体发展的有机统一。为此，首先，各成员国要加大政策协调力度，形成对上合组织定位与发展目标的有效共识，完善并切实落实上合组织在安全、经贸和人文交流等合作领域的中长期战略规划，以摆脱外界关于上合组织是"清谈馆"的论调。其次，上合组织整体发展滞后的一个原因在于成员国之间的合作有相当部分停留在双边合作层面，故需要逐渐推动上合组织框架内的合作从双边形式向多边形式转变，以提高上合组织区域合作水平的效率和质量。最后，作为一个国际组织，上合组织的国际威望和成员国对组织的认同程度还有待增强。成员国对国际组织较为清晰的认同对国际组织呈现自我、增强自身国际影响力是不可或缺的因素。向地区和国际行为体展示由成员国认同构建或部分构建的界定明确的组织形象，有助于提高上合组织的可信度、认可度和声望。[1]

第三，加快培育上合组织命运共同体的构建动力。马克思"真正的共同体"思想所揭示的推动共同体从低级形态向高级形态发展的动力，对培育推动上合组织命运共同体的前进动力具有积极的启示意义。上文指出，构建上合组织命运共同体的直接动力主要源自成员国的物质利益需要、价值追求和情感需要的驱动。这些不同类型的动力相互协调，共同推动上合组织向成员国之间关系更加紧密的命运共同体方向发展。面对扩员后出现的新形势，上合组织需要在巩固既有发展动力的基础上培育新的发展动能。首先，在成员共同利益方面，扩员后，成员国在政治、安全、经贸和人文交流领域的利益诉求更加多元化，加剧了上合组织汇聚共同利益的难度。为此，上合组织需要密切跟踪成员国利益诉求变化及其原因，准确把握与平衡各方利益诉求并寻求各方共同利益的交汇点，以夯实构建上合组织命运共同体的共同利益基础。其次，在共同价值方面，"上海精神"已经内化为成员国的价值遵循和行为准则，获得成员国广泛的认同。不过，"上海精神"在各成员国民众当中产生的社会化效果要低于官方层面的认可程度。马克思指出："理论只要说服人，就能掌握

---

[1] Andrea Oelsner, "The Institutional Identity of Regional Organizations, Or Mercosur's Identity Crisis", *International Studies Quarterly*, Vol. 57, No. 1, 2013, p. 115.

群众；而理论只要彻底，就能说服人。"① 因此，要厚植"上海精神"在各成员国中的社会与民意基础，并根据时代的发展不断赋予"上海精神"以时代内涵，提高共同价值对上合组织命运共同体构建的塑造作用。最后，共同的情感需要是推动构建上合组织命运共同体的情感力量。国家也是一种存在多种内在需要的行为体，从情感、心理和文化等角度相结合的视角来认识和把握各成员国，满足各成员国的情感需求，是构建上合组织命运共同体的内在动力。② 在此方面，需探索建立成员国人文合作的长效机制，通过建立人文合作的长效机制，细致扎实地推进人文合作，提高人文合作的成效。

第四，科学制定上合组织命运共同体建设的顶层方案。马克思"真正的共同体"思想所揭示的人类社会未来发展蓝图，对于加强上合组织建设的顶层设计具有重要的启示意义。从成立以来上合组织在组织职能、机制建设、组织规模、合作内容和面临的主要挑战等方面综合来看，上合组织目前仍是一个正处于"成长期"的地区性国际组织。上合组织的发展态势良好，但面临的挑战因素也在逐渐累积，具体包括组织定位和发展方向不明确、成员国对组织制度认同程度不高且认同基础较为薄弱、组织协调与执行存在障碍等。③ 在上合组织从"成长期"逐渐走向"成熟期"的过程中，尤其是在构建上合组织命运共同体的实践过程中，为了有效化解组织发展过程中面临的瓶颈问题，需要各成员国群策群力加强对上合组织发展的科学规划与顶层设计，合理引导上合组织不同阶段的发展及整体发展方向，使上合组织成为各方面不断趋向成熟的多边合作平台。从这一视角来看，实现扩员后，上合组织命运共同体的提出是着力加强组织顶层设计的一项重要举措。方向决定道路，道路决定命运。上合组织朝着什么样的方向发展决定了其选择什么样的发展道路，并预示着有什么样的前途命运。将命运共同体设定为上合组织发展的远景目标，意味着需从全局与长远出发对上合组织政治建设、安全合作、经贸

---

① 《马克思恩格斯选集》（第一卷），人民出版社2012年版，第9—10页。
② 高地：《人类命运共同体构建的社会文化心理机制》，《思想政治教育研究》2018年第4期。
③ 朱永彪、魏月妍：《上海合作组织的发展阶段及前景分析——基于组织生命周期理论的视角》，《当代亚太》2017年第3期。

合作和人文交流等各领域的具体任务，或某个合作领域的各方面、各层次、各要素进行科学的统筹规划，最终在组织成员国间形成主要由价值共同体、安全共同体、利益共同体和情感共同体构成的"四位一体"的复合型命运共同体，进而将上合组织打造成为团结互信的典范、安危共担的典范、互利共赢的典范和包容互鉴的典范。

第三节　中国传统文化和政治思想与上合组织命运共同体

中国传统文化中蕴含的丰富的思想资源可为上合组织命运共同体的构建提供思想与理论上的坚实支撑与积极启发。首先，从古代天下观来看，上合组织命运共同体理念是在继承天下观对中国周边区域的传统认知模式的基础上，为致力于重构中国周边秩序而进行的一种理念创新。上合组织命运共同体理念不仅在目标追求上与天下理念蕴含的宏大理想具有内在一致性，而且两者均指向一种内敛、包容与平等的发展道路。其次，上合组织命运共同体理念的传统文化思想渊源可以追溯至中国传统"和合"文化中，且和合文化为上合组织命运共同体的构建提供了不可或缺的思想资源。一方面，"和而不同"为构建上合组织命运共同体提供了重要的思想基础；另一方面，"和实生物"是推动构建上合组织命运共同体的动力来源。最后，上合组织命运共同体理念从中国传统"义利统一"观中汲取了文化养分。坚持义利统一、道义优先和义利兼顾分别可视为上合组织命运共同体理念的价值基础、价值关怀和价值原则。

一　"天下"观念和上合组织命运共同体

天下观在中国传统世界观中居于核心地位，其与当前在世界上占据主导地位的西方世界观或霸权世界观存在迥然不同的形成过程、特定内涵、价值追求和理想目标。需要说明的是，本书在此对天下观的讨论无意采用历史学研究方法，以追根溯源地考究天下观形成的漫长历史过程及其在不同历史发展阶段上呈现的不同内涵，而是在一般意义上考察中国传统政治思想中的天下理念与当代中国政府倡导的命运共同体之间的关系，尤其旨在重点分析传统天下观能够为构建上合组织命运共同体提供何种思想资源。

　　天下观的演变历程几乎贯穿于中国两千多年封建王朝发展的整个过程。大体而言，天下观的基本观点在先秦时期就已初步形成。秦汉至隋唐时期，天下观被付诸实践并作为一种理念和制度逐渐得以巩固。自宋代至清代前期，天下观发生了一次显著的转型。此后，随着西方国家物质力量和西方文明的强力入侵，长期维系中国与周边国家关系的朝贡体系迅速土崩瓦解，进而导致作为支撑朝贡体系合法性思想基础的天下观也随之式微。① 尽管基于天下理念构建的"华夷秩序"和朝贡体系均已不复存在，但作为一种观念形态的天下观从未销声匿迹。天下观所蕴含的独特世界观不仅成为影响中国人观察与思考内部事务及处理自身与外界世界关系的哲学根基和根深蒂固的认知模式，而且在潜移默化之中塑造了当代中国包括周边观、国际秩序观和世界观等在内的国际理念，使它们无不具有传统天下观的思维烙印。就其内涵而言，中国传统政治思想中的天下理念至少具有地理、心理和社会制度层面上的三种内涵。具体而言，其一，地理意义上的天下指"天底下的所有土地"或整个世界。其二，在心理意义上，天下是指所有土地上的"民心"。其三，天下在伦理学或政治学意义上还指向一种世界一家的理想或乌托邦。赵汀阳在此意义上将天下观解读为其蕴含着对"世界制度"以及由世界制度所保障的"世界政府"的政治想象。总体来说，"天下意味着一种哲学，一种世界观，它是理解世界、事物、人民和文化的基础"。② 也正因为如此，中国传统天下观所蕴含的丰富理念可为构建上合组织命运共同体提供必要的中国传统思想资源。

　　首先，上合组织命运共同体理念是在继承天下观对中国周边区域的传统认知模式的基础上，为致力于重构中国周边秩序而进行的一种理念创新。天下观是中国基于自我为中心而对中国周边区域形成的一种地理空间上的认知图式，将周边区域和中国纳入了一个统一的空间内，体现了中国在对自我与周围世界关系认知上的整体性与宏观性思维。当前，

---

　　① 张文：《论古代中国的国家观与天下观——边境与边界形成的历史坐标》，《中国边疆史地研究》2007年第3期。
　　② 赵汀阳：《"天下体系"：帝国与世界制度》，《世界哲学》2003年第5期。

构建上合组织命运共同体是中国重新构建与周边国家间关系的一项重要举措,生动体现了中国传统周边区域意识的当代回归与创新。当然,中国传统周边整体区域观的回归并非也不可能退回到古代"华夷秩序"或朝贡体系的模式,①但其与天下观之间具有不可割裂的历史传承关系。当代中国的周边区域观延续了古代天下观在认识周边地区时所秉持的地缘整体思维。古代天下观先验地预设了世界是一个整体的政治概念,并从天下的视角理解自身与周边地区的关系,这意味着要以整个世界作为单位去分析问题。②这种思维方式在中国古代占据主导地位,不过,近代以来传统天下观中蕴含的周边区域整体观因中国遭遇内忧外患而在相当长一段时期内并未得到有效的赓续,但也并未因此而被彻底摒弃。

中华人民共和国成立以来,中国将周边作为一个区域整体对待大体始于20世纪80年代后期,"周边"及相关概念的形成是在特定的国际环境下中国传统文化与中国外交实践需要相结合的产物。这一时期,"周边""周边环境"和"周边安全环境"等一系列概念的形成及其在中国外交话语中的广泛应用,使中国逐渐放弃了冷战期间中国基于"三个世界划分"而形成的对周边区域的特定认知模式。此后,随着周边概念内涵与外延的不断丰富与拓展,"中国—周边"逐渐成为中国分析与周边国家关系时所遵循的一种认知框架。③ 在此基础上,党的十八大以来,中国对周边地区与周边外交的认知更加清晰和完善。习近平主席强调:"中国视周边为安身立命之所、发展繁荣之基,始终将周边置于外交全局的首要位置,视促进周边和平、稳定、发展为己任"。④ 这种认知直接塑造了中国开展周边外交工作过程中所持有的综合思维,即"思考周边问题、开展周边外交要有立体、多元、跨时空的视角"。⑤ 就构建上合组织命运共同体而言,由于其是构建周边命运共同体的有机构成部分,因而也在

---

① 张蕴岭:《中国的周边区域观回归与新秩序构建》,《世界经济与政治》2015年第1期。
② 赵汀阳:《天下的当代性:世界秩序的实践与想象》,中信出版社2016年版,第1—6页。
③ 钟飞腾:《"周边"概念与中国的对外战略》,《外交评论》2011年第4期。
④ 《习近平新时代中国特色社会主义思想学习纲要》,学习出版社、人民出版社2019年版,第216—217页。
⑤ 《习近平谈治国理政》(第一卷),外文出版社2014年版,第296—297页。

一定程度上体现了中国天下观所秉持的一元空间观在上合组织地区的回落，同时体现了中国周边外交工作的立体化、多元化和跨时空思维。上合组织命运共同体理念对天下观的超越在于在空间一元性基础上赋予了上合组织成员国共同行动的理念，使命运共同体意识成为引领上合组织发展和塑造周边地区秩序的共享理念。

其次，上合组织命运共同体理念继承了天下观内敛、包容与平等的价值追求，可视为中国对上合组织地区秩序的一种政治想象。尽管"天下"一词最初源自古代中国对地理方位的标记，不过，随着历史发展和天下观内涵的不断丰富，中国传统政治思想中的天下观已超越了其作为地理空间概念的原初含义，成为一种关于世界秩序的政治想象。"天下"所体现出来的空间一元特性塑造了中国人的思维方式，并贯穿在中国对自身与外部世界关系的思考之中。与西方秉持"自我"与"他者"对立的二元思维看待自身与外部世界的关系不同，"天下"观是根据与"自我"关系的亲疏远近界定"他者"。基于此，在中国传统天下观念结构中，尚未被认知的外部地域"只是陌生的、遥远的或疏远的，但并非对立、不可容忍和需要征服的"。① 由此可见，天下观从认识论上消除了中国对外部世界采取武力方式进行同化的可能性，或通过暴力方式改造他者的内在冲动。换言之，天下观否定了中国向外扩张的正当性和合法性。② 不过，不可否认的是，从观念结构上看，天下体系是一种在将中国置于天下中心位置的基础上，并根据外部世界相对中心的亲疏远近关系而界定的一种较为复杂的等级体制。尽管如此，这种等级世界秩序并非仅为中国获取权力、权威和声誉等而存在。对外围地区而言，天下体系同样呈现共容和互利的特征。③ 总之，天下观中蕴含的一元空间塑造了中国与其他国际行为体存在和互动的方式，使中国在处理与外部世界的关系时有意维持一种共生关系。

上合组织命运共同体理念在某种意义上可视为中国对上合组织地区秩序的一种政治想象，其试图将各成员国所处的不同地理空间构建成为

---

① 赵汀阳：《没有世界观的世界》，中国人民大学出版社2005年版，第16页。
② 何新华：《试析古代中国的天下观》，《东南亚研究》2006年第1期。
③ 何新华：《试析古代中国的天下观》，《东南亚研究》2006年第1期。

一个统一的理念空间，进而形成上合组织地区的一元空间特性。通过构建命运共同体将上合组织地区打造成为统一的理念空间具有其他方式不可比拟的优越性，不仅有助于培育上合组织成员国之间休戚与共的共同体意识，而且可以借此推动成员国之间集体身份的形成。不仅如此，中国提出构建上合组织命运共同体的理念，并非旨在通过创造一种新的概念工具以为对其他国家进行"扩张"提供合法性，如一些国家所谓的对他国进行"土地掠夺"或"资源掠夺"。与此相反，与传统天下观中蕴含的价值关怀一样，上合组织命运共同体的提出旨在通过推动各成员国形成一个统一的理念空间，以构建各成员国之间的互惠共生关系，并由此导向一种以共生为显著特征的上合组织地区秩序。[①] 当然，与朝贡体系显著不同的是，上合组织命运共同体所要构建的上合组织地区共生秩序，绝非基于中心—外围划分而形成的等级体制，而是各成员国之间基于平等地位而形成的一种伙伴关系共生网络。这种共生关系或共生秩序与天下观的一些特征不谋而合，两者均体现了各行为体之间的包容性、互惠性和开放性特征。此外，上合组织命运共同体与天下观一样，均蕴含着和平发展的理念。

最后，上合组织命运共同体理念的目标追求与天下理念蕴含的宏大理想具有内在一致性。"中国人所谓'天下'，乃一大同的"，[②] 因此，在天下观中所要实现的最高理想是天下大同、天下为公。就大同思想而言，庄子所谓的"万物皆一"和施惠所谓的"万物毕同"均揭示了世间万物尽管存在形态上的差异，但仍具有内在的统一性和同一性。在《礼记·礼运》中，儒家思想家清晰地绘就了一幅至善至美的大同社会图景。其中，"天下为公"不仅是大同社会的本质特征，也是大同社会的最高价值追求。西汉时期，在对其所处时代政治弊端和社会发展整体状况较为准确把握的基础上，董仲舒将大同思想与当时政治发展的现实需要相结合，极力倡导在政治层面和思想层面实现"大一统"。[③] 直至近代，康有为在

[①] 任晓：《以共生思考世界秩序》，《国际关系研究》2015年第1期。
[②] 钱穆：《中国文化史导论》，商务印书馆1994年版，第237页。
[③] 周桂钿：《论大同思想的理论价值和实践意义》，《北京师范大学学报》（社会科学版）1994年第5期。

汲取前人大同思想的基础上，创立了自己的大同思想。《大同书》全面系统地阐述了康有为的大同社会理想，康有为社会政治思想以苦乐观、平等观和仁爱观为基本前提，为大同社会的实现设计了一套涵盖经济制度、社会结构和政治原则等方面的制度保障体系。尽管康有为的大同思想存在难以克服的内在矛盾，而且即使现在来看也缺乏将它转化为现实的条件，不过，值得肯定的是，康有为的大同思想体现了中国知识分子的理性觉醒，以及对世界开展独立思考的精神。总体来看，在中国不同历史时期，尽管大同思想呈现的思想内涵有所不同，不过，它们的共通之处在于均蕴含着"天下为公"的价值追求。正所谓天下是公天下而非家天下，或者赵汀阳所谓的"天下无外"。"天下无外意味着世界的共有性和共享性，任何人都有权利参与构建天下秩序，任何民族都有可能成为天下秩序的主持者。"[①] 与此同时，将天下视为公天下还意味着在追求天下为公的过程中或"平天下"时，不仅要追求公平和均平，而且需要采用和平的方式使天下安宁。这些理念在孔子、孟子、朱熹、王阳明、黄宗羲、王夫之等中国古代政治思想家的论述及学说文本中均有或多或少的体现。

尽管上合组织命运共同体的构建范围仅局限在上合组织框架内，不过，其作为构建人类命运共同体的重要组成部分，上合组织命运共同体理念同样体现了对中国传统天下观文化基因的继承和价值追求。习近平主席强调："'大道之行也，天下为公'。发展的目的是造福人民。"[②] 上合组织成员国之间在许多方面存在较大的差异性，主要体现在各国历史传统、政治制度、综合国力和发展道路等各个方面，这几乎是组织内部成员和外界的一致看法。尽管如此，上合组织之所以能够形成独具特色的地区合作路径，关键原因在于各方基于对"同一性"的追求而凝结成的较为强大的向心力，并没有因相"异"而体现出互斥性。上合组织框架内的合作建立在成员国的共同价值需求、共同安全需求、共同利益需求和共同情感需求的基础之上，且各领域的合作成果由各成员国共享。当前，构建命运共同体可以视为上合组织成员国在组织框架内所追求的

---

① 赵汀阳：《天下的当代性：世界秩序的实践与想象》，中信出版社2016年版，第80页。
② 《习近平谈治国理政》（第二卷），外文出版社2017年版，第482页。

"大同社会"最高理想,且对命运共同体这一理想状态的追求具有"天下为公"的价值关怀。在上合组织的形成与发展过程中,尽管中国和俄罗斯两个大国在其中发挥了举足轻重的作用,且两国在组织框架内具有比其他中小成员国更大的影响力,但上合组织是组织成员国公有的国际组织,而非一国或几个国家开展地缘政治竞争的工具。上合组织所具有"公"的特征,使上合组织在命运共同体构建过程中需要通过平衡各方利益诉求、关切与满足中小成员国的核心利益等方式以保证地区合作的公平与公正,这也是天下为公的应有之义。

二 "和合"文化和上合组织命运共同体

和合文化是中国传统文化中的精髓,且历久弥新,随着时代的发展不断被赋予新的内涵。和合文化的影响十分广泛,就其对中国外交的影响而言,在中国外交理念的提炼、外交话语的构建及外交实践的创新等各方面,和合文化均提供了重要的传统文化资源。在此基础上,和合文化也为构建中国特色国际关系理论乃至中国特色哲学社会科学理论体系提供了优秀的传统文化基础。构建上合组织命运共同体是中国外交工作中的一项重要使命,其思想渊源同样可以追溯至中国传统"和合"文化中,而且更为重要的是,和合文化为上合组织命运共同体的构建提供了不可或缺的思想资源。

和合文化源远流长。早在钟鼎文和甲骨文中就已经分别出现了"合""和"二字的最初形态。其中,由于"和"字的原初含义与声乐或乐器之间具有紧密的联系,故其逐渐被赋予了调和、和谐、和睦等多重社会寓意。到春秋时期,"和"融入儒家、道家、墨家和法家等各流派政治思想家的学说之中,并在这一时期各种政治思想学说兴起与争鸣的推动下,"和"字很大程度上超越了其原始内涵,逐渐被拓展至其他领域并被赋予了政治与伦理的意义。与此同时,在内涵上与"和"具有交集的"合"字原指上嘴唇和下嘴唇的合拢,后来演化为不同因素或不同事物之间形成的结合或接合关系。尽管在中国传统文化中的地位及重要性方面,"合"均不及"和",但由"合"衍生的文化与思想内涵在中国古代无疑具有与"和"同等重要的地位。就二者的具体内涵而言,"和"具有价值观("和谐")、本体论("和生")、方法论("融合")、认识论("契合")与过程论(合构)上的多重内涵。而"合"具有创生观("阴阳和合")、方法论("聚合")、过程论("离合""合生")、价值论("和睦")和认识论("天人合一")等方面的内涵。整体来看,"和"与"合"之间既存在差异性,同时具有相互补充的关系。在中国传统文化中,"和"与"合"联合起来使用的情形并不鲜见。其中,比较常见的用法主要有以下三种。第一,和合互文,即将二者放在一起,以表达相同或相近的意思。在大多数情况下,"和合"与"合和"均表达一种团结和谐的状态。第二,在另一些情境中,"合和"作为一种固定词汇使用以表达由不同因素相结合而产生新的事物。这种用法在中国古代常常用来阐述事物的产生过程,如"阴阳合和""天地合和"均是此用法。第三,与"合和"不同,"和合"往往用来表述人与人之间的关系或人与社会之间的关系,体现了人际关系与社会关系的基本价值追求,同时也是治国安邦的一种重要策略。① 总之,在一般意义上,"和合"中的"和",指和谐、和平、祥和等意。而"合"指结合、合作、融合。综合起来,"和合"指不同要素或事物之间在相互作用中结合成新事物。② 也正因为如此,相对于"合和"而言,"和合"一词不仅符合传统文化中关于以"和"为主、以"合"为辅的事实,而且其内涵相对稳定,因而能够统摄中国传统文化的范畴。

从某种意义上而言,中国传统和合文化揭示了不同事物之间如何共存、不同事物在共存的基础上如何实现发展两方面的内容,这对于构建上合组织命运共同体具有积极的启迪价值。一方面,和合文化在看待世间万物的基本存在状况时认为,尽管世间万物均有自身的特殊性,但它们彼此之间具有统一性。和合文化揭示了世间万物的存在状态,承认世间万物的存在具有多元化特征。世界是由多样性的个体构成的统一的有机整体。正因为万物均存在自身的差异性,故在不同事物相处过程中应该秉持相互尊重与彼此包容的态度,正确对待自身和他者之间的差异性。不仅如此,在认识到万物差异性的基础上,还要寻找万物之间能够和谐、

---

① 关于"和""合"各自内涵及相互关系的详细考察,参见王育平、吴志杰《中国传统"和合"文化探源》,《南京理工大学学报》(社会科学版)2009年第1期。

② 张立文:《儒家和合文化人文精神与二十一世纪》,《学习与探索》1998年第2期。

和睦与和平相处的契合点。那么，世界万物的统一性到底在哪？对于此，古代人提出了各种各样的朴素唯物主义观点。尽管这些观点随着现代科学技术的深入发展已很难让人信服，但其蕴含的看待世界的态度和方式，至今依然具有重要的现实意义。另一方面，和合文化揭示了万物在共存的条件下如何实现共同发展。世间万物不仅处于一种共存的状态，而且在此基础上要实现"和合体"的共同发展。为了推动万物在统一的基础上实现发展，万物之间需要通过取长补短、相反相成和相异相成等方式，使事物的不同要素之间、不同事物之间达到最佳的组合状态并产生新的事物，正所谓"和实生物"。① 结合上述两方面来看，中国传统和合文化崇尚"和为贵"，将"和"作为基本的价值取向，以"和而不同"作为世间万物的存在状态，并通过"和实生物"追求万物的共同发展。

和合文化不仅对于理解人与自然的关系和人际关系具有积极意义，而且对于国际关系同样具有不可替代的启发意义。将和合文化中蕴含的思想引申到国际关系领域可以理解为在国际体系中，尽管国家之间的差异性表现在历史文化、政治制度和外交政策等多个方面，但国家之间能够找到彼此的共同之处，并在此基础上能够实现共同发展。那么，就构建上合组织命运共同体而言，一方面，"和而不同"是构建上合组织命运共同体的基础。上合组织内部成员国之间的差异较大。以各国政治制度为例，中亚成员国在吸收西方政治制度形式的同时，保留了各自的政治文化传统。俄罗斯接受了部分西方政治制度和文化，实行选举制和多党制。中国则在构建中国特色社会主义制度的道路上成效显著。由于国内制度能保持政治承诺的有效性，加强双方对彼此意图和利益的了解，以及改变国内不同政治力量的均衡，② 因此，一般而言，实行相似政治制度的国家之间能更好地开展国际合作。显然，国内政治制度的差异会对国际合作产生消极影响。这意味着，构建上合组织命运共同体往往比政治制度上具有较多共同性的国家要付出更多努力。面对这一现实问题，构建上合组织命运共同体需要成员国突破不同政治制度对国际合作的束缚，有效协调彼此对外政策才能实现互利共赢，进而保障组织的顺利运行。

---

① 蔡方鹿：《中华和合文化研究及其时代意义》，《社会科学研究》1997 年第 6 期。
② 曲博：《国际经济合作的国内制度分析》，《世界经济与政治》2007 年第 1 期。

另一方面,"和实生物"是推动构建上合组织命运共同体的动力来源。在和合文化中,相同事物之间并不能相互作用产生新的事物,只有"和"能生成万物,因此能使万物不脱离"和"的统一。之所以以上合组织为依托能够建成实体性命运共同体,是因为各成员国之间的差异性能够为彼此的发展实现一种有益的补充,各成员国在互济中能够实现彼此利益最大化,并不断向更加紧密的命运共同体迈进。如以上合组织利益共同体的构建为例,中国与上合组织其他成员国之间在经济上具有较高程度的互补性,这为构建上合组织利益共同体进而为构建上合组织命运共同体奠定了基础。正因为经济合作上的"和"而非"同",使中国与其他成员国的贸易额自上合组织成立后迅速增长。据统计,中国与中亚成员国(哈萨克斯坦、吉尔吉斯斯坦、乌兹别克斯坦、塔吉克斯坦)的贸易额从2002年的2.3亿美元增长到2017年的290.38亿美元(2017年中哈双边贸易额为180亿美元,中吉双边贸易额为54.48亿美元,中塔双边贸易额为13.70亿美元,中乌双边贸易额为42.2亿美元),增长约126倍。① 受2008年金融危机的影响,2009年双方贸易增长速度有所回落,但之后双方贸易额保持稳定增长态势。除构建上合组织利益共同体外,各成员国在价值遵循、安全需求与情感诉求等方面均有各自的特殊性,构建上合组织命运共同体旨在使成员国在这些方面相互作用,形成上合组织共同的价值基础、安全基础与情感基础。

三 "义利统一"和上合组织命运共同体

上合组织命运共同体理念从中国传统"义利统一"观中汲取了丰富的文化养分。围绕"义"和"利"之间的关系,中国儒家、道家和法家等诸流派均形成了各自的学说,不过,整体而言,儒家义利观在中国传统政治思想中无疑占据主导地位。对"义"和"利"关系的辨析构成儒家思想的重要内容,贯穿于中国传统政治思想发展演变的整个历程中,且对后世中国人的伦理取向、价值判断和社会行为等产生了持久深刻的影响,乃至演变为一种外交哲学,深刻影响了中国对外交往的思维和行

---

① 杨恕、王文主编:《乘风破浪 行稳致远:上海合作组织十七年进展评估》,中国人民大学重阳金融研究院全球治理系列研究报告,2018年,第18页。

为方式。①

根据不同时期儒家主要思想家对义与利之间相互关系的论述，儒家义利观的发展历程大致可以划分为提出阶段、发展阶段、扭曲阶段和复归阶段四个阶段。② 先秦儒家大多数政治思想家尽管承认对私利的追求是人的一种固有本能，不过，出于各种各样的原因，他们在义利观方面呈现出某种程度重义轻利或扬义抑利的基本态度。如在孔子的理解中，符合"仁"与"礼"的要求即为"义"，利则是指个人的私利。如孔子言："君子喻于义，而小人喻于利"。③ 孟子和荀子在继承孔子思想的基础上，分别将义纳入各自的仁学思想和礼学思想中，并将义分别视为以仁和以礼为核心的道德规范的总和。不过，孟子与荀子在义利观上存在一定的差异，前者将义置于第一位，并主张当义利发生冲突的时候应该舍利取义。尽管荀子同样认为在义利不可兼得的情况下取义是首要的，但其将义和利均视为人之内在需要。④ 汉代董仲舒在义利观上与孔子持类似的主张，他认为应"正其谊而不谋其利"。宋代思想家李觏将对利的适度追求视为人合理的性情及获得生存的基本条件，并在此基础上形成了自己的义利统一的功利思想。以此为基础，李觏提出了"去十害，取十利"作为其改革时弊与富国强兵的主要措施。继李觏之后，宋代另一位著名政治家和思想家叶适提出了"以利与人"的功利主义政治思想，并强调义利统一。不过，叶适的功利主义思想更看重事情的实际功效，即主张给民众提供实际的功利。与此同时，二程（程颢、程颐）在义利之辨方面也强调义利统一，提出了"仁义未尝不利"的思想。朱熹在继承二程政治思想的基础上，主张"仁义为先"的义利观。朱熹认为应该把义放在首位，秉持重义轻利的理念。如其所言："古圣贤之言治，必以仁义为先，而不以功利为急。"⑤ 从上文简要梳理可见，义利观构成儒家政治思

---

① 叶自成：《中国传统文化中的义利观与中国外交》，《国际政治研究》2007 年第 3 期。
② 杨树森：《论儒家义利观的历史演变及现代意义》，《社会科学辑刊》2001 年第 2 期。
③ 李亚彬：《孔、孟、荀义利观研究》，《哲学研究》1997 年第 11 期。
④ 李亚彬：《孔、孟、荀义利观研究》，《哲学研究》1997 年第 11 期。
⑤ 曹德本：《中国政治思想史》，高等教育出版社 2004 年版，第 233—234、243、250—251 页。

想的重要内容，是中国传统文化不可或缺的组成部分。① 中国历史上在义利之辨问题上出现的三次辩论高潮均发生在中国社会变革或转折时期，如春秋战国期间、两宋时期和鸦片战争至五四运动期间。这是因为，转折时期社会基本矛盾的发展状况必然导致社会各阶级之间的利益调整与冲突。②

从上文可见，尽管不同政治思想家或思想流派对义和利的界定不尽相同，不过，我们仍可从他们的相关论述中概括出义和利在中国传统思想中所具有的一般意义或共同意义："义"在狭义上指某种具体的道德规范，而在广义上是指一切社会道德规范的总和；与其相对的"利"指利益或功利，一般指涉相对于社会整体利益而言的个人或小团体的利益。③ 换言之，义利关系中的利很大程度上可视为相对于公利而言的私利。中国古代政治思想中的义与利之间存在较为复杂的相互关系，它们之间的辩证关系可以提炼为以下几个主要方面。第一，承认义和利均是人的内在合理要求，二者之间具有辩证统一的关系而非彼此完全对立。简言之，利是义存在的物质基础，人只有通过获利以在满足最基本的生存与生活需要的时候，才能表现出对义的遵守。而义是对利施加一定约束的道德规范，使获利的手段和所取之利不逾越社会道德规范的要求。第二，儒家思想在肯定义与利是人的内在需要的前提下表现出重义轻利的价值取向，即将义置于伦理道德的优先位置，在社会行为和价值追求方面推崇道义优先。第三，利并非不可取，但取利要符合义的规定性。合乎义的要求是获取利益的基本前提和伦理准则，且只有在符合义的条件下获取的利才具有其正当性和合法性。第四，当义和利构成一对矛盾且面临在二者之中做出选择时必须舍利取义，甚至舍生取义。

中国传统"义利统一"观是影响中国外交哲学的重要价值观念。中华人民共和国成立以来，以中国传统义利观作为思想资源，中国在对外交往方面尤为重视处理好自身发展与外部世界发展之间的关系。为此，中国将义利统一、以义为先的价值取向融入外交工作中，并且将这

---

① 张岱年：《中国哲学大纲》，江苏教育出版社2005年版，第543页。
② 吕世荣：《义利之辨的哲学思考》，《哲学研究》1998年第6期。
③ 李亚彬：《孔、孟、荀义利观研究》，《哲学研究》1997年第11期。

种价值追求一直延续至当今。党的十八大以来，传统"义利统一"观在与中国外交实践相结合的过程中，形成了新时代中国在处理对外关系时所坚持的"正确义利观"，其是新时代中国特色外交工作的一项重要指导思想，尤其体现在中国处理与周边国家与发展中国家的关系中。正确义利观的提出正值"世界百年未有之大变局"，国际体系和国际权力结构正处于新一轮深刻调整与转型时期，国家间利益关系再次呈现分化与组合的新态势。在此背景下，正确义利观的提出也为构建命运共同体提供了基本的价值遵循。就正确义利观的具体内涵而言，习近平主席指出："义，反映的是我们的一个理念，共产党人、社会主义国家的理念。这个世界上一部分人过得很好，一部分人过得很不好，不是个好现象。真正的快乐幸福是大家共同快乐、共同幸福。我们希望全世界共同发展，特别是希望广大发展中国家加快发展。利，就是要恪守互利共赢的原则，不搞我赢你输，要实现双赢。我们有义务对贫穷的国家给予力所能及的帮助，有时甚至要重义轻利、舍利取义，绝不能惟利是图、斤斤计较。"① 此外，正确义利观还进一步指明了在外交工作中处理好义和利的相互关系，简言之，第一，在国际合作中坚持义利兼顾。第二，在国际合作中坚持道义优先。第三，在国际合作中秉持互利共赢的理念。正确义利观的形成与完善为构建上合组织命运共同体提供了价值基础、价值关怀和价值原则。

首先，坚持义利统一是上合组织命运共同体理念的价值基础。习近平主席指出："要坚持正确义利观，做到义利兼顾，要讲信义、重情义、扬正义、树道义。"② 构建价值共同体和利益共同体均是构建上合组织命运共同体的重要内容，因此，在构建上合组织命运共同体的过程中，需要有效平衡价值共同体构建与利益共同体构建之间的关系，使两者实现有机统一与形成良性发展的有利局面。构建上合组织价值共同体的核心价值基础在于"上海精神"，而"上海精神"中的"互信"原则正是将"讲信义"置于突出位置。对"信义"的恪守不仅是上合组织成员国之间

---

① 王毅：《坚持正确义利观 积极发挥负责任大国作用——深刻领会习近平同志关于外交工作的重要讲话精神》，《人民日报》2013 年 9 月 10 日第 7 版。

② 《习近平谈治国理政》（第二卷），外文出版社 2017 年版，第 443 页。

情义、正义和道义等存在与不断扩大的基础，而且能够凝聚彼此的共同利益，进而促使成员国之间的共同利益持续扩大。在上合组织命运共同体构建中始终坚持义利统一，意味着上合组织成员国之间既要将组织共同价值作为国家行为的基本准则，同时在各领域的合作中需摒弃零和博弈的旧思维而坚持互利共赢的新理念，并使这两方面形成相互作用的关系。当成员国之间在合作过程中因利益分歧发生矛盾时，要坚持将守"义"放在首位，并以组织共同价值作为调节与化解国家间冲突的内在准则，使国家间的冲突不至于冲击上合组织的共同价值。与此同时，坚持义利相统一还意味着在上合组织命运共同体的构建过程中，注重通过构筑共同价值促进成员国之间的互利共赢，同时通过深化互利共赢的利益格局强化成员国对共同价值的遵循。

其次，道义优先是上合组织命运共同体理念的价值关怀。习近平主席强调："'国不以利为利，以义为利也'。在国际合作中，我们要注重利，更要注重义。中华民族历来主张'君子义以为质'，强调'不义而富且贵，于我如浮云'"。① 也有学者指出："人之私利是相冲突的，故求利必陷于害，惟循义而行，然后能远于害而无不利。违义必罹害，而世人乃欲违义以谋利，其不智殊可悯"。② 这要求构建上合组织命运共同体需要将价值共同体的构建置于首要位置，将道义优先作为构建上合组织命运共同体的价值关怀。就当前上合组织的共同价值而言，"上海精神"已经成为上合组织成员国的核心价值和共同理念。在此基础上，正如习近平主席强调的，要"根据形势变化和组织发展不断赋予其新的时代内涵"。③ 因此，坚持道义优先的价值关怀，一方面需要在"上海精神"的基础上丰富上合组织共同价值的内涵，并使之形成表述明确、逻辑自洽和体系完整的价值体系。在此方面，有学者毫不讳言地指出，由于集体认同在上合组织框架内不仅缺乏历史基础，而且面临成员国历史、文化和价值

---

① 《习近平在韩国国立首尔大学的演讲（全文）》，2014 年 7 月 4 日，http://www.xinhuanet.com//world/2014-07/04/c_1111468087.htm。

② 张岱年：《中国哲学大纲》，江苏教育出版社 2005 年版，第 364 页。

③ 《凝心聚力 务实笃行：共创上海合作组织美好明天——在上海合作组织成员国元首理事会第十九次会议上的讲话》，2019 年 6 月 14 日，https://www.gov.cn/gongbao/content/2019/content_5404144.htm。

观等异质性带来的挑战。这些因素的长期存在导致上合组织未能形成经成员国一致认可的"共同价值观"。① 另一方面，坚持道义优先的价值关怀需要渗透在上合组织价值共同体、安全共同体、利益共同体和情感共同体构建的每个环节。秉持道义优先的原则要求组织成员国不能仅为了实现本国安全而让他国不安全，仅为了获取本国利益而损害他国的合理关切，以及仅为了照顾本国民族和人民的情感而伤害他国民众的情感，而要实现互利共赢、普遍安全和情感共鸣。

最后，义利兼顾是上合组织命运共同体理念的价值原则。习近平主席指出："要本着互惠互利的原则同周边国家开展合作，编织更加紧密的共同利益网络，把双方利益融合提升到更高水平，让周边国家得益于我国发展，使我国也从周边国家共同发展中获得裨益和助力。"② 同时，习近平主席强调，在开展国际合作的过程中，"要找到利益的共同点和交汇点，坚持正确义利观，有原则、讲情谊、讲道义，多向发展中国家提供力所能及的帮助"。③ 自中华人民共和国成立以来，中国始终将包括人道主义援助在内的对外援助作为履行国际道义和践行义利观的一种途径，向包括非洲、亚洲、拉丁美洲等在内的发展中国家提供力所能及的帮助。这不仅使义利兼顾成为中国对外交往中必须遵循的基本原则，而且有助于树立良好的国际形象。在上合组织框架内，随着中国综合国力的逐渐增强，中国向中亚国家提供的援助规模日益扩大，不仅较以往相比有了巨大提升，而且对中亚国家的援助涵盖交通、能源、电信等多领域。与此同时，中国在对外援助中始终强调不附加任何政治条件。④ 这不仅为受援国国内经济发展注入了推动力量，而且使他们摆脱了沉重的心理负担。与此同时，中国向包括上合组织成员国在内的周边国家提供的对外援助在使这些国家受益的同时，也为中国的发展营造了稳定和友好的周边环境，是坚守义利兼顾原则产生的物质回报。在此基础上，构建上合组织命运共同体是新时代中国践行义利兼顾原则的理论与实践创新，有助于

---

① 李进峰：《上海合作组织扩员：挑战与机遇》，《俄罗斯东欧中亚研究》2015 年第 6 期。
② 《习近平谈治国理政》（第一卷），外文出版社 2014 年版，第 297 页。
③ 《习近平谈治国理政》（第一卷），外文出版社 2014 年版，第 299 页。
④ 石婧：《中国对中亚援助状况分析——以中国援助中亚国家重点项目为例》，《新疆社会科学》2009 年第 4 期，第 50—51 页。

进一步拓展和密切上合组织成员国之间的共同利益网络，并且使成员国之间的共同利益网络向更加均衡、公正和合理的方向发展，以实现成员国共同利益的最大化。

第三章

构建上海合作组织命运共同体的现有基础

经过成员国近20年的共同实践，构建上合组织命运共同体在共同价值、共同安全、共同利益和共同情感四个维度上已经具备一定的基础。首先，在共同价值维度，上合组织已初步形成了由主权观、合作观、发展观和国际观构成的一套较为完整的价值观体系，该体系不仅符合成员国国内主流价值遵循，而且与上合组织地区的文化结构具有较高程度的契合。不仅如此，上合组织的共同价值通过基于多边互动的社会化模式持续向成员国国内扩散并产生了积极的内化效应进而获得了成员国较高程度的认同。其次，在共同安全维度，上合组织成员国之间的安全合作经历了起步、发展和深化阶段，将合作范围拓展至安全战略、情报、房屋、司法和执法合作等领域。在此过程中，成员国安全合作理念日趋成熟，涉及安全合作的法律逐渐得以完善及安全合作机制日益健全，为上合组织安全共同体的构建提供了理念、法律和机制保障。再次，在共同利益维度，上合组织成立伊始便将扩大与实现成员国的共同利益置于与安全合作同等重要的地位，并将共同利益逐步拓展至海关、金融、投资、能源、交通运输和数字化等各个领域。在构建上合组织利益共同体的背景下，组织成员国不仅具有深化互利合作的共同现实利益需求，且上合组织实现成员国共同利益的机制和法律日益完善，这些均为上合组织利益共同体的构建奠定了现实基础。最后，在共同情感维度，由信任和承认引发的成员国积极情感体验在成员国之间及他们与上合组织的关系中占据显著地位。就成员国普遍具有的承认情感需求而言，上合组织不论在话语表达方面还是在具体行动方面均对此给予了最大程度的满足。就成员国较为重视的信任情感而言，成员国通过在各领域开展合作逐渐建立起了一定程度的互信水平，为构建上合组织情感共同体奠定了共同的信任情感基础。总体来看，在构建上合组织命运共同体的各主要维度上上合组织均已积累了一定的共同价值、共同安全、共同利益和共同情感基础。

第一节　构建上合组织价值共同体的基础

共同价值是构建上合组织价值共同体进而形成上合组织命运共同体的重要基础。上合组织共同价值源自成员国的共同实践，并遵循"自下而上"的生成路径不断得以完善与发展。目前，以"上海精神"为核心价值，上合组织已初步形成了包括主权观、合作观、发展观和国际观在内的一套较为完整的价值体系。在价值扩散方面，上合组织主要"基于多边互动的社会化模式"推动组织共同价值向成员国国内扩散并产生了积极的内化效应。整体来看，"上海精神"已较为成功地内化为组织成员国的核心价值与行为准则，并成为成员国之间弥合分歧与汇聚认同的核心要素，为上合组织命运共同体的构建奠定了一定的共同价值基础。下文将分为三个部分较为详细地考察上合组织共同价值的生成过程，全面阐述上合组织共同价值的主要内容，以及在此基础上深入分析成员国对上合组织共同价值的积极认同。

一　上合组织共同价值的生成过程

上合组织共同价值产生的基础和历史进程在于成员国的共同实践活动。苏联解体后，"上海五国"在传统安全领域开展的卓有成效的地区合作，为上合组织共同价值的形成与确立奠定了基础。上合组织成立后，根据时代的发展，以"上海精神"为核心上合组织逐渐完善了共同价值体系。总体来看，上合组织共同价值生成与发展遵循"自下而上"的路径。这种路径的主要特征在于，在上合组织成员国中并不存在明显的价值倡导者，组织内大国和中小国家均是组织共同价值生成的积极参与者。这种生成路径对于上合组织维持自身价值的稳定性具有十分重要的意义。

上合组织的共同价值是基于成员国共同的实践活动形成的关于组织发展和成员国行为的共有认知、理解、判断或抉择，其贯穿于上合组织的组织架构、制度安排与组织象征等各构成要素之中，并与组织的宗旨、原则、规范、发展理念和决策程序等之间具有不可分割的联系。上合组织共同价值与规范的生成与发展呈现自身独特的发展演变过程，使其与西方国际组织共同规范的演变历程具有明显的不同。很大程度上基于西方国际组织的建立与发展的经验，西方学者创建了国际规范变迁的"生命周期理论"。该理论认为，较为成功的国际规范的演进往往会经历"规范形成""规范普及"和"规范内化"三个主要阶段。根据在国际规范社会化进程中扮演的角色差异，相关行为体可以被划分为"规范倡导者"和"规范追随者"两种基本类型。前者包括国际组织、社会运动和国家等，它们往往扮演规范制定者的角色。而"规范追随者"则是国际规范社会化的主要对象，在规范内化进程中处于被动地位，其通过社会学习、效仿等途径逐渐接受新的国际规范。[1] 毫无疑问，上合组织的共同价值经历了形成、发展与完善的过程，并在一定时期内表现出相对稳定性。不过，与西方国际组织价值与规范"自上而下"的构建轨迹形成鲜明对比的是，上合组织共同价值的生成与发展并没有遵循"形成—普及—内化"的线性演变路径。而且，在上合组织成员国中，并不存在规范倡导者与规范追随者之间泾渭分明的角色界限。事实上，不论在共同价值生成的路径选择上，还是在成员国在价值生成中扮演的角色等方面，上合组织均具有其自身的独特性。

上合组织的共同价值总体上呈现"自下而上"的生成路径。在"上海五国"（中国、俄罗斯、哈萨克斯坦、吉尔吉斯斯坦、塔吉克斯坦）于传统安全领域开展的具体实践过程中，上合组织的共同价值初具雏形。苏联解体后，中俄哈吉塔五国就未完成的中苏边境问题谈判继续开展下去，主要包括在边境地区缩减武装力量和边界划分。在彼此密集的互动过程中，"上海五国"之间逐渐建立起了平等、互信、相互尊重等基本价值，并坚持通过对话方式凝聚各方共识与解决彼此的关切问题。如五国

---

[1] 潘亚玲：《国际规范的生命周期与安全化理论——以艾滋病被安全化为国际威胁为例》，《欧洲研究》2007 年第 4 期。

开展了总共 22 轮谈判最终就边境地区相互裁减军事力量问题达成共识。①为了体现国家之间的平等地位，"上海五国"在此期间做了一系列精心的安排。如首次元首会晤及《关于在边境地区加强军事领域信任的协定》签署地点选择上海，充分顾及了俄哈吉塔四国的主权国家地位。②与此同时，在政治安全和军事安全领域，"上海五国"逐渐从不信任转变为彼此信任。边界划分议题的协商过程和最终结果，均体现了中国对哈萨克斯坦、吉尔吉斯斯坦和塔吉克斯坦的核心关切给予了最大限度的照顾。中国在与哈萨克斯坦的边界谈判中收回了 22% 的争议地区，在对吉尔吉斯斯坦和塔吉克斯坦的边界谈判中，中国分别收回 32% 和 4% 的争议地区。③这种结果对于独立不久且对中国抱有怀疑情绪的哈吉塔三国而言，基本上打消了三国有关中国是"扩张性国家"的猜测，不仅使三国逐渐从担忧恐惧转为信任中国，而且五国间积累了良好的互动经验。总体来看，"上海五国"时期形成的基本价值为上合组织共同价值的确立奠定了必要基础。

上合组织成立后，"上海精神"被确立为组织的核心价值观，以此为基础，上合组织的共同价值体系不断完善与发展。上合组织成立之初，原"上海五国"加乌兹别克斯坦总共六国，将地区国家以往在合作中积累的共同价值确立为"上海精神"。以"互信、互利、平等、协商、尊重多样文明、谋求共同发展"为基本内容的"上海精神"，不仅是对"上海五国"地区合作精神的高度凝练，而且被确立为上合组织各成员国之间相处的基本准则。④此后，随着成员国实践形式与内容的日益拓展与深化，上合组织的共同价值不断得以巩固和完善，并根据时代的发展不断赋予"上海精神"新的内涵。到目前为止，上合组织业已形成了涵盖主权观，以及涉及政治、安全、经贸和人文合作等领域的合作观、国际观等在内的一整套价值体系。从上合组织价值体系的生成过程来看，上合组织共同价值区别于西方国际组织的显著特征在于其"自下而上"的生

---

① 邢广程、孙壮志主编：《上海合作组织研究》，长春出版社 2007 年版，第 4 页。
② 赵华胜：《上海合作组织：评析和展望》，时事出版社 2012 年版，第 35 页。
③ 林珉璟、刘江永：《上海合作组织的形成及其动因》，《国际政治科学》2009 年第 1 期。
④ 《"上海合作组织"成立宣言》，2001 年 6 月 22 日，https://www.fmprc.gov.cn/web/gjhdq_676201/gjhdqzz_681964/lhg_683094/zywj_683106/t4636.shtml。

成路径：在成员国共同参与组织具体实践的过程中经过各方反复平等协商，以不断缩小甚至消除成员国之间的分歧，逐渐形成成员国共享的关于组织的原则、规则、规范与决策程序等，并经过提炼与各方同意后最终上升为组织层面的共享价值。因此，上合组织的共同价值并非某一成员国自我价值的延伸。在上合组织价值体系中，并不存在占据绝对支配地位的成员国。换言之，上合组织自下而上的价值形成路径，亦可视为一种基于共识的价值构建路径。上合组织确定、巩固与发展共同价值的方式与过程，不仅能够有效规避组织共同价值被某个或某些成员国主导的风险，而且能够有效降低成员国破坏组织共同价值的风险。

尽管上合组织共同价值的生成与发展有赖所有成员国的协同努力，不过，作为上合组织内的两个大国，中俄在其中发挥的引领作用也不可否认，中俄战略协作与战略互信是上合组织共同价值能够长期维持稳定的重要保障。自1989年至1996年，中俄（苏）两国在政治安全和军事安全领域信任措施的建立，对于其他中小成员国具有积极的示范效应。在政治安全领域，两国元首和外长的密集互动逐渐推动了两国关系实现正常化，并建立起政治安全信任。1991年中苏发表《中苏联合公报》，1994年中俄双方就构筑面向21世纪的新型伙伴关系达成共识。1996年，中俄建立战略协作伙伴关系标志着两国在政治安全领域互信的确立。在军事安全领域，中俄通过双边条约和国防部门高级官员之间的频繁交流，提升了两国军事意图的透明度。从1989年两国关系实现正常化后，中俄两国至少每年进行一次军事高层人员交流。与此同时，两国在1996年签署协定之前进行了大约17次以上的边界裁军谈判，反复确认双方关于边界地区裁军的意图和要求。① 地区大国间互信的建立增强了上合组织成员国的向心力和凝聚力。中俄两国继1996年建立战略协作伙伴关系后，2001年，两国签署《中俄睦邻友好合作条约》，2011年建立平等信任、相互支持、共同繁荣、世代友好的全面战略协作伙伴关系，2019年提升为中俄新时代全面战略协作伙伴关系。由此可见，在上合组织成员国中，不论中俄关系的发展速度还是中俄关系的发展成效，均领先于其他成员国的双边关系。中俄两国之间的战略协作对于维持上合组织共同价值的

---

① 林珉璟、刘江永：《上海合作组织的形成及其动因》，《国际政治科学》2009年第1期。

稳定与发展具有无可替代的重要意义。

二 上合组织共同价值的主要内容

根据上合组织历次峰会宣言、联合公报和新闻公报等在内的一系列官方文件及其精神，并结合上合组织成员国在各领域近20年的共同实践经验可以发现，上合组织已形成了由四种基本价值观构成的一整套较为完整的价值观体系，它们分别可以提炼为上合组织的"主权观""合作观""发展观"和"国际观"。这"四观"之间环环相扣，呈同心圆状由内向外延展。其中，"主权观"是上合组织价值体系的基石，是其他价值观形成的前提与基础。"合作观"与"发展观"涉及成员国各领域合作与发展的基本价值取向，而"国际观"是上合组织在地区与国际重大问题上的基本原则与立场。

首先，主权观是上合组织其他价值观产生的基础，在组织价值和规范体系中居于核心地位。如在中亚各国领导人的思维中，主权具有至高无上的地位，其不仅是寻求国家认同的重要因素，而且广泛地表明了他们处理政治权力的方式。[①] 上合组织共享的主权观具有以下三层含义。第一，成员国之间相互尊重主权、独立、领土完整及边界不可破坏，互不干涉内政，互不使用武力或以武力相威胁。第二，成员国尊重彼此之间的差异性。成员国在历史文化、政治体制、发展道路和综合国力等方面存在较大的差异，自成立以来始终是上合组织的基本特征。在上合组织框架内，各国自主选择社会制度和发展道路的权利应当得到维护，各国推动各自国内经济社会发展、改善人民生活的实践应当受到尊重。在主权观的引领下，成员国之间在各领域、各层次的互动中充分尊重彼此的差异性，并在此基础上寻求合作共识。第三，成员国之间遵守和平、和睦的相处之道。成员国不分大小、强弱、贫富，都是上合组织中的平等参与者，理应平等参与组织事务的决策，享受组织赋予的各项权利，履行上合组织的基本义务，不能以大压小、以强凌弱和以富欺贫。上合组织在制度安排与决策程序等方面，均充分体现了成员国之间的平等地位。

---

① Roy Allison, "Virtual Regionalism, Regional Structures and Regime Security in Central Asia", *Central Asian Survey*, Vol. 27, No. 2, 2008, p. 186.

如上合组织宪章第十六条规定："本组织各机构的决议以不举行投票的协商方式通过，如在协商过程中无任一成员国反对（协商一致），决议被视为通过。"这对于在上合组织框架内寻求建立新型国际关系具有不同凡响的意义。整体来看，尽管成员国对主权原则的维护与恪守，很大程度上制约了上合组织直接介入地区或成员国国内冲突的意愿，但主权观已经在各成员国中产生了较高程度的内化并备受各国珍视。

其次，上合组织的合作观是成员国开展各领域合作的基本价值遵循。各成员国在主权平等的基础上，在多边和双边层面同时开展政治、安全、经贸、金融、投资、交通、能源、农业、人文等领域的务实合作。随着成员国合作领域的不断拓展与合作成效的日益深化，上合组织在合作方式、合作原则和合作目标等方面，已初步确立了自身的合作观。第一，在合作方式上坚持平等协商。为了保障平等协商方式的有效落实，上合组织建立起了涵盖国家元首会议、政府首脑（总理）会议和部长级会议等不同层级的会晤机制，以为成员国间的合作提供机制保障。第二，在合作原则上坚持互利共赢。上合组织成员国之间的合作摒弃了"零和博弈"的旧思维，秉持互利共赢的基本原则。第三，在合作目标上坚持促进成员国的共同发展，且成员国在各领域的合作不针对第三国。成员国共同发展是上合组织地区合作要实现的基本目标，并被写入"上海精神"中。与此同时，上合组织的合作观在与具体的合作领域相结合的过程中，分别培育了上合组织在各种功能性领域开展合作的具体理念，如在安全合作领域，共同、综合、合作、可持续的安全观是成员国开展安全合作的价值指引。在人文交流领域，开放包容和互学互鉴的文明观，旨在促进成员国之间文明交流、文明互鉴和文明共存。此外，上合组织的合作观对上合组织政治、安全、经济与人文等领域相关规范的形成与发展具有直接或间接的影响。如《上海合作组织反恐怖主义公约》《上海合作组织成员国边防合作协定》《上海合作组织成员国政府间科技合作协定》等具体领域的合作规范，均是对上合组织合作观的具体落实。总之，上合组织合作观的确立与巩固，提升了上合组织国际实践的合法性与制度化水平。

再次，上合组织坚持共同、综合、可持续、创新的发展观。不论是制定发展战略、阶段性发展规划还是深化各领域的合作，上合组织的发展都紧紧围绕世界形势和时代变化的内在要求，在发展前提、目标和动力等方面初步构建起了自身的发展观。第一,上合组织发展的基本前提在于尊重成员国自主选择的发展道路。上合组织充分尊重各成员国独立自主选择发展道路以及各国发展道路的多样性。成员国之间发展道路的差异不应被当作干涉他国内政的借口,且社会发展的具体模式不能成为"输出品"。① 因此,上合组织的发展是成员国自主发展与组织整体发展的有机统一。这种有机统一在当前主要表现为谋求成员国发展战略的有效对接。第二,上合组织发展的主要目标在于促进成员国共同发展。上合组织开展多边区域合作始终与成员国的长远利益和根本利益保持一致,为所有成员国创造共同发展的机遇,且发展成果由成员国共享。第三,在发展动力方面,以创新驱动促进区域经济发展越来越成为各成员国的共享理念。促进成员国发展方式向创新型转变,最终有望将上合组织地区打造成为一个协调、绿色和开放的经济体。第四,坚持综合发展观。上合组织的发展涵盖政治、安全、经贸和人文等领域,且向基础设施、农业、能源、旅游、环境保护等具体议题日益拓展。综合发展的理念不仅使成员国的发展更加均衡、立体与多元,而且使上合组织逐渐成长为综合性国际组织。此外,上合组织的发展具有开放性特征。上合组织秉持对外开放原则,致力于积极发展与其他国际组织和国家的交往、对话和合作,并通过吸收新成员、深化与观察员国和对话伙伴的发展等方式,不断拓宽上合组织的发展空间。

最后,上合组织的国际观是成员国在地区与国际问题上共同持有的基本原则与立场。自成立以来,成员国在涉及阿富汗、伊朗、叙利亚、乌克兰等国际和地区重大问题上相互支持和密切合作,不断加强在地区和国际事务中的磋商与协调行动。在此方面,成员国签署了《上海合作组织成员国外交部协作议定书》,建立了国际问题磋商机制,通过了《上海合作组织关于应对威胁本地区和平、安全与稳定事态的政治外交措施及机制条例》等。在此过程中,上合组织形成了较为一贯的国际观。具体而言,上合组织的国际观具有以下四方面的主要内容。第一,上合组

---

① 《上海合作组织成员国政府首脑(总理)理事会会议联合公报》,2006 年 9 月 15 日,https://www.fmprc.gov.cn/web/gjhdq_676201/gjhdqzz_681964/lhg_683094/zywj_683106/t272021.shtml。

织是国际秩序的维护者。成员国始终维护以联合国为核心的国际体系，主张国际关系应建立在包括《联合国宪章》宗旨和原则在内的国际法基础之上，倡导加强联合国在国际事务中的主导作用。第二，上合组织致力于促进地区乃至世界的安全、稳定与发展。面对"三股势力"、地区冲突与危机、毒品走私、环境治理和传染病等复杂的跨国挑战，各成员国在多边主义、相互协作、遵循国际法准则的基础上予以协作应对。第三，政治外交手段是解决国际和地区冲突的唯一出路。各成员国坚持不以意识形态、集团和对抗方式，解决国际和地区发展中的重大问题。① 在解决国际问题上遵循国际法准则，并坚持运用国际法处理各种国际事务的原则。反对进行武力干预或强行推动"政权更迭"，不赞成单边制裁的行为。第四，致力于推动国际秩序朝着更加公正合理的方向发展。各成员国认为，公正合理的世界秩序应建立在巩固互信、睦邻、建立真正的伙伴关系、不谋求垄断和主导国际事务的基础上，上合组织倡导建立新型国际关系，抵御以美国为首的西方国家以人权或民主为由干预成员国内部事务，促进国际关系民主化，以积极探索建立公正合理的地区与全球政治经济新秩序。

三 上合组织共同价值的认同程度

上合组织业已形成的由主权观、合作观、发展观和国际观构成的价值体系，不仅符合成员国的国内主流价值，而且与上合组织地区的文化结构具有较高程度的契合。上合组织共同价值的各组成部分均始终恪守国家边界神圣性的原则，在强化不干涉内政原则在国际关系中基础性地位的同时，致力于维护成员国国内政权的稳定。与此同时，上合组织的价值与规范体系强调国家在经济政策、政治发展和冲突管理中扮演的关键角色，而不寻求在推动国内民主化和国际安全合作之间建立某种形式的关联。这符合冷战结束以来上合组织大部分成员国国内所遵循的主流价值。如对中亚成员国而言，在实现国家独立后其均将维护国家主权独

---

① 《上海合作组织成员国元首理事会第十次会议宣言（全文）》，2010年6月11日，https://www.fmprc.gov.cn/web/gjhdq_676201/gjhdqzz_681964/lhg_683094/zywj_683106/t708188.shtml。

立和政权生存作为国家的首要目标。2003—2005年蔓延至中亚地区的"颜色革命"和以美国为首的西方国家在该地区推进民主化改造的努力及其产生的消极政治后果，无疑使中亚成员国选择对西方民主价值观保持一定的距离。与此形成鲜明对比的是，上合组织的价值体系不仅与成员国国内价值并行不悖，而且为各国融入地区与国际社会提供了共同的价值基础。诚如斯蒂芬·阿里斯（Stephen Aris）所指出的，上合组织的规范着重强调不干涉内政和多极世界的原则，在一定程度上可以平衡西方世界的指责和干涉。① 同时，上合组织的价值体系与组织覆盖地区的政治文化氛围、政治发展理念与道路、国家治理体系的运作模式等具有较高程度的契合度，这无疑为上合组织的共同价值被成员国成功内化提供了积极的助推作用。

在价值扩散方面，经"自下而上"构建形成的上合组织价值体系通过"基于多边互动的社会化模式"向成员国国内扩散并产生了积极的内化效应。② 与"关键国家"或"关键组织"在规范输出中减少规范碎片、吸纳规范追随者过程中发挥的引领作用不同，在上合组织的价值与规范扩散过程中，并不存在明显的规范传播者。上合组织也并未使用"强制""说服"等手段以实现其社会化的目标，而是主要将基于各成员国共同参与而形成的"呈现性权力"作为推动上合组织价值内化的主要手段或途径。规范性权力往往通过话语、影响、意义、规范、知识等因素发挥作用，从而表现为一种改造人心智的力量。③ 对上合组织而言，其价值规范往往经过国家元首会议、政府首脑（总理）会议和部长级会议等不同层级的会晤机制平等协商而形成，并通过历次会议发表的宣言、公报与声明等形式不断强化，已内化为成员国的基本价值取向和开展外交实践所遵循的行为逻辑。④ 换言之，复杂的峰会文本协商、

---

① Stephen Aris, *Eurasian Regionalism: The Shanghai Cooperation Organization*, London: Palgrave Macmillan, 2011, pp. 138–142.

② David Lewis, "Who's Socialising Whom? Regional Organisations and Contested Norms in Central Asia", *Europe-Asia Studies*, Vol. 64, No. 7, 2012, p. 1220.

③ 曾向红：《遏制、整合与塑造：美国中亚政策二十年》，兰州大学出版社2014年版，第118页。

④ David Lewis, "Who's Socialising Whom? Regional Organisations and Contested Norms in Central Asia", *Europe-Asia Studies*, Vol. 64, No. 7, 2012, p. 1226.

精心挑选文本语言与不同形式的组织官方宣传等，使"呈现性权力"在培育成员国对上合组织共同价值的认同过程中扮演了突出的作用。上合组织业已形成的价值与规范体系以及在此基础上生成的价值型认同，不仅增进了成员国之间的政治互信，而且有利于成员国之间聚同化异，并在一些重要的地区和国际事务中达成共识。更重要的是，上合组织的价值体系当被成员国共同遵循的时候便成为成员国共享且明显有别于西方国家主导的国际组织的一种集体表征或"共享观念"，这种共享的特征赋予了组织成员国一种相应的社会认同，同时激励成员国以符合组织理念的方式行动。

构建上合组织命运共同体就是要推动从上合组织的共同价值到上合组织价值共同体的转化。共同价值的存在仅仅是价值共同体形成的前提条件，而一个价值共同体形成的关键在于相关行为体是否形成了对共同价值的"共有理解"。从上文分析综合来看，上合组织的共同价值体系无疑已经初具雏形。在上合组织发布的不同层级的官方文件中，上合组织的主权观、合作观、发展观和国际观均有较为清晰的体现，这为上合组织命运共同体的构建奠定了一定的共同价值基础。在成员国对共同价值的共有理解方面，至少可以肯定的是，上合组织的共同价值在各成员国官方层面已经得到了一定程度的内化，并成为各成员国政府的共同价值遵循。由于主观互证涉及主体间的彼此认知乃至成员国心理，尽管对于成员国是否都认为上合组织的其他成员都相信其他成员已经内化了组织的共同价值很难直接观测到，不过，对组织共同价值的共有理解往往通过成员国之间的互动行为表现出来。据此，从成员国彼此的行为中我们可以大体判断，成员国对上合组织共同价值的共有理解依然较为有限。具体体现为，在成员国的互动中存在不少与上合组织共同价值相背离的现象，如中印和印巴在边界问题上时常发生冲突甚至有时剑拔弩张，这与上合组织的国际观不相符。此外，中国与印度在"一带一路"及互联互通等问题上产生的严重分歧令人担忧，印度不仅不参加"一带一路"建设而且对中巴经济走廊明确表示反对，这与上合组织的合作观、发展观等格格不入。尽管如此，但总体来看，构建上合组织命运共同体具有一定的共同价值基础。

第二节　构建上合组织安全共同体的基础

构建安全共同体是构建上合组织命运共同体的构成部分，也是上合组织安全合作发展到一定阶段后成员国提出的深化组织安全合作的重大举措。上合组织安全共同体的成功构建需要成员国基于共同的安全威胁认知形成对安全理念的共有认知，并具备一系列安全合作的法律和制度作为保障。从发展历程来看，上合组织成员国之间的安全合作以非传统安全合作为主，经历了起步、发展和深化三个主要阶段。从主要内容来看，上合组织成员国之间的安全合作已形成了战略合作、情报合作、防务合作、司法合作和执法合作五大合作领域。总体来看，上合组织安全合作实践的发展和合作内容的不断拓展，为上合组织命运共同体的构建提供了共享的安全理念、较为全面的法律体系和日益健全的机制保障。鉴于此，本节内容共分为三个部分，依次分别就上合组织安全合作的大体历程、安全合作的基本内容和安全合作的主要成效开展较为深入和全面的阐述。

一　上合组织安全合作的演变过程

安全合作始终是上合组织形成与发展的重要驱动力量。上合组织成立后，地区安全合作的重心从传统安全领域转变为非传统安全领域，并被作为上合组织多边合作的优先发展方向得以长期维持与不断巩固。纵观上合组织安全合作的发展历程，根据合作的广度和深度，上合组织成员国安全合作大体经历了起步（2001—2006 年）、发展（2006—2017 年）与深化（2017 年至今）三个阶段。上合组织安全合作的起步阶段是成员国各自调整国内安全政策并在此基础上形成安全合作共识的过程。此后的十多年期间，上合组织安全合作规划、内容与实践等方面均有了长足发展。随着首次扩员成功，上合组织安全合作也相应进入了深化阶段，为构建上合组织命运共同体提供了契机。

第一阶段，2001—2006 年是上合组织安全合作的起步阶段。这一时期，尽管在上合组织框架内已经开展联合军演等安全合作项目，如"演习 – 01"中吉联合反恐军事演习（2001）、"联合 – 2003"联合反恐军事演习与"和平使命-2005"中俄联合军事演习等,不过,除此之外,由于上合组织的制度建设刚刚起步,成员国之间的安全合作很大程度上停留在政策协商层面。通过不同级别的反复协调,各成员国在安全政策协调方面取得了一系列显著的成果,具体包括:签署《打击恐怖主义、分裂主义和极端主义上海公约》,该公约形成了对"三股势力"内涵的统一认识,规定了成员国合作打击"三股势力"的范围和形式及成员国在其中应承担的责任与义务;起草与签署《上海合作组织成员国关于地区反恐怖机构的协定》,并根据该协定成立塔什干地区反恐怖主义机构;明确了成员国安全合作的主要任务,即打击恐怖主义、分裂主义、极端主义、非法贩运毒品、非法贩卖武器、非法移民和其他犯罪活动,并就相关领域的合作签订了合作协议,如2004年签署的《上海合作组织成员国关于合作打击非法贩运麻醉药品、精神药物及其前体的协议》。各成员国之所以能够有效开展安全政策协商并取得显著成效,主要原因在于各国面临着共同的安全威胁。20世纪90年代以来,在中亚地区,"乌兹别克斯坦伊斯兰运动""阿克罗米亚"和"伊扎布特"等恐怖组织的发展均进入活跃期,给中亚国家安全与稳定带来了严重威胁。与此同时,中国"东突"势力以宗教极端思想为指导,以恐怖主义为手段,以分裂国家为目的,对民众生命财产、社会稳定和国家统一构成了严重威胁。据悉,自1990年至2001年,"东突"势力在中国新疆制造了200余起暴力恐怖事件,造成各民族群众、基层干部、宗教人士等162人丧生,440多人受伤。[①] 各国面临共同的安全威胁,是上合组织开展多边安全合作的基础。

第二阶段,2006—2017年是上合组织安全合作的快速发展阶段。与前一阶段相比,这一阶段的突出特征在于上合组织安全合作从共识开始转向地区实践,具体体现在以下三个方面。第一,根据国际与地区极端主义的最新发展态势,以三年为一个周期,成员国共同制定并实施打击"三股势力"的阶段性合作纲要。2007年,成员国元首理事会批准的《上海合作组织成员国打击恐怖主义、分裂主义和极端主义2007年至2009年合作纲要》是上合组织内第一份打击"三股势力"的阶段性合作

---

① 《"东突"恐怖势力难脱罪责》,2002年1月21日,http://www.people.com.cn/GB/shizheng/3586/20020121/652705.html。

计划。自此至今，成员国已实现了四个周期性合作纲要的有效落实。第二，通过举行反恐联合军事演习提高了成员国反恐协作能力。截至 2017 年年底，上合组织共举行"和平使命""天山反恐""协作"等系列联合军演十余次。演习参与者涵盖上合组织所有成员国，且参演人数、军种、装备、演习内容等都在不断更新，以应对恐怖主义发展过程中不断出现的新情况。如"厦门－2015"和"厦门－2017"上合组织网络反恐联合演习，是成员国积极应对网络恐怖主义蔓延的体现，增进了成员国联合应对网络恐怖主义的能力。第三，上合组织安全合作的领域日益拓展。截至 2017 年，除打击"三股势力"外，成员国安全合作实践越来越呈现多元化趋势，已深入金融、能源、信息、粮食、边界和网络安全等多个领域。如在信息安全合作方面，随着成员国在信息安全领域面临的具有军事政治、犯罪和恐怖主义性质的威胁日益突出，信息安全合作成为上合组织安全合作的重要内容。自 2009 年签署《上海合作组织成员国保障国际信息安全政府间合作协定》以来，成员国加快落实协定内容。2015 年 1 月，上合组织以组织成员国名义将《信息安全国际行为准则》修订稿作为联合国正式文件散发，这为上合组织的安全合作迈出了关键一步。与此同时，成员国还致力于构建信息安全综合保障体系。此外，自 2006 年以来，随着安全合作领域扩大和合作实践的深化，上合组织的安全理念、安全合作法律体系和机制等也日益完善和成熟。

第三阶段，2017 年至今可视为上合组织安全合作的深化阶段。印度和巴基斯坦的正式加入不仅使上合组织的安全合作地域范围从中亚扩大至南亚，而且推动成员国的安全合作进入了新的发展阶段。扩员后，安全合作在上合组织地区合作中的优先发展地位，不仅没有受到冲击反而有进一步加强的趋势。在 2017 年 6 月的阿斯塔纳峰会上，各成员国元首在批准印度和巴基斯坦正式加入上合组织的同时，发表了关于共同打击国际恐怖主义的联合声明。该声明指出："随着恐怖组织日趋活跃，全球安全威胁上升，上合组织地区面临更加严峻形势。"① 基于此，各成员国

---

① 《上海合作组织成员国元首关于共同打击国际恐怖主义的声明（全文）》，2017 年 6 月 19 日，https://www.fmprc.gov.cn/web/gjhdq_676201/gjhdqzz_681964/lhg_683094/zywj_683106/t1469144.shtml。

元首强调进一步加强国际反恐合作具有重要的意义。2019年，各国元首批准了《上海合作组织成员国打击恐怖主义、分裂主义和极端主义2019年至2021年合作纲要》，就下一个三年的安全合作达成新的共识。他们指出，打击非法种植、生产、贩运和扩散麻醉药品、精神药物及其前体是上合组织亟须完成的优先任务。① 事实上，印度和巴基斯坦寻求加入上合组织受到成员国安全合作可能带来的预期收益的强烈激励。如对印度而言，在上合组织框架内提升阿富汗国内恐怖主义的治理能力，进而防止该国沦为恐怖主义和极端主义的聚集地带，对于维护印度国家安全和加强印度与中亚国家的联系均具有十分重要的战略意义。② 同时，巴基斯坦国内恐怖主义长期未能得到有效根除。一方面，上合组织扩员导致成员国安全需求偏好更趋多元化；另一方面，扩员也对上合组织为成员国提供安全类公共物品的能力提出了考验。因此，整体来看，随着组织扩员及组织内外部环境的变化，上合组织进入了安全合作的深化阶段。③ 由此可见，构建上合组织命运共同体是上合组织进入新的发展阶段后推动成员国深化安全合作的重要举措。

二　上合组织安全合作的主要内容

经过近20年的发展，随着上合组织各领域合作实践的深入发展，成员国之间安全合作的范围与内容也在不断拓展和深化。截至目前，上合组织安全合作的具体内容主要涵盖安全战略合作、情报合作、防务合作、司法合作和执法合作等。这些不同领域的安全合作不仅相互之间具有密切的联系，而且朝着立体化、精细化和专业化的方向推进。上合组织安全合作形式的日益丰富和安全合作内容的不断充实，为上合组织命运共同体的构建奠定了较为坚实的安全合作基础。

---

① 《上海合作组织成员国元首理事会会议新闻公报（全文）》，2019年6月15日，https：//www.fmprc.gov.cn/web/gjhdq_676201/gjhdqzz_681964/lhg_683094/zywj_683106/t1672491.shtml。

② 杨恕、李亮：《寻求合作共赢：上合组织吸纳印度的挑战与机遇》，《外交评论》2018年第1期。

③ 陈小鼎、王翠梅：《扩员后上合组织深化安全合作的路径选择》，《世界经济与政治》2019年第3期。

第一，上合组织的安全战略合作从成员国发展的整体出发，基于成员国的共同安全利益通过开展多种形式的国际合作，以促使上合组织地区的安全利益实现最大化。目前，在上合组织框架内，成员国之间的安全战略合作主要涉及全球安全战略协作、地区安全战略合作及成员国在具体议题上的战略合作。首先，维持和加强全球战略稳定是上合组织在安全领域最高层级的合作内容和目标追求。成员国全球战略协调的主要任务在于防止大规模杀伤性武器的扩散，防范某一国家或少数国家集团单方面和不受限制地部署反导系统，确保外空活动的安全，以及消除核武器扩散的威胁等。如就防止核武器扩散而言，自2002年各成员国呼吁建立中亚无核武器区以来，经过各方长期的战略对话，2009年3月21日《中亚无核武器区条约》终于正式生效。2014年5月6日，中国、法国、俄罗斯、英国、美国在纽约共同签署《中亚无核武器区条约》议定书，该议定书的签署是上合组织为维护地区安全和加强全球核不扩散体系作出的重大贡献。其次，制定并实施地区安全战略是上合组织战略合作的主要内容，主要体现为通过平等协商的方式制定上合组织安全领域的中长期战略规划。尽管上合组织目前尚无发布独立的涉及安全战略合作的文件，不过，包括《上海合作组织中期发展战略规划》《上海合作组织至2025年发展战略》等均含有成员国安全战略合作的内容。最后，针对突出的共同安全威胁制定并实施具体议题领域的战略，包括及时制定综合应对阿富汗毒品威胁的国际战略、能源合作战略等。如已经完成的《2011—2016年上海合作组织成员国禁毒战略》加强了成员国的务实合作，缓解了毒品威胁对上合组织所在地区产生的消极影响。在此基础上，成员国共同制定的《2017—2022年上海合作组织成员国禁毒战略》，是当前上合组织安全合作的指导战略。除多边层面的战略合作外，成员国在双边层面同样进行安全战略合作，如中俄两国在双边安全合作方面的合作更加自信、务实，具有全面性和战略性。①

第二，由于情报信息在非传统安全合作过程中具有至关重要的作用，情报合作成为上合组织成员国应对地区安全挑战的一种主要方式。上合组织不仅在情报合作方面具有较为坚实的法律基础，而且建立了常设的

---

① 李勇慧：《上合组织框架下的中俄战略协作》，《光明日报》2018年5月31日第12版。

情报机构。其中,地区反恐怖机构是上合组织情报协作的主要机构,承担着成员国之间双边和多边层面的情报信息交流与交换等重要职能。在法律基础方面,《上海合作组织成员国关于地区反恐怖机构的协定》《上海合作组织反恐怖主义公约》等文件,对成员国情报合作的内容、形式和方式等作了较为详细的规定。如《上海合作组织反恐怖主义公约》第十二条就情报提供方式、情报转交限制、情报用途限制及情报保密等内容做了明确规定。① 通过制定成员国情报部门联合行动的措施,上合组织对毒品走私、跨国犯罪和"三股势力"等领域出现的新挑战和新威胁进行快速反应。自运转以来,上合组织成员国情报部门和地区反恐怖主义机构执行委员会通过联合行动,在情报合作方面取得了显著的成效。如上合组织前任秘书长拉希德·阿利莫夫指出,上合组织发现了 2319 个含有号召进行宗教极端主义和恐怖主义活动内容的网站和计算机服务站,阻止或禁止了 33646 起含有恐怖主义和极端主义内容的影视摄影材料和文学作品在组织成员国境内播放,起诉了 536 件刑事案件,追究了 283 人的刑事责任、515 人的行政责任。仅 2011—2015 年,在地区反恐怖机构的协调下,上合组织发现了 600 个藏匿武器的仓库和密室,没收了 3249 个自制爆炸装置、9837 件武器、435564 个弹药和 52144 公斤爆炸物。② 近些年,鉴于网络恐怖主义活动持续蔓延,成员国将情报合作的重点方向放在防范与制止网络恐怖主义上,致力于切断恐怖分子网络非法融资渠道,打击恐怖组织的网络招募行为,以及阻止恐怖主义在互联网散布极端主义思想等。为了提高成员国情报合作的效率,上合组织在地区反恐机构内建立了打击网络恐怖主义的协作机制,并成立了专门应对网络恐怖主义的联合工作组。

第三,防务安全合作是上合组织安全合作的重要领域,自成立以来,上合组织逐步建立起了成员国国防部长、军队总参谋部代表和国防部负责国际军事合作部门领导之间的定期会议机制,为彼此加强边境地区军

---

① 兰立宏:《上海合作组织成员国反恐融资情报国际合作研究》,《情报杂志》2018 年第 7 期。

② [塔]拉希德·阿利莫夫:《上海合作组织的创建、发展和前景》,王宪举、胡昊、许涛译,人民出版社 2018 年版,第 38—39 页。

事信任、预防边界纠纷等提供了合作平台。不过，相对于成员国国防部长会晤机制而言，由于防务合作涉及一些敏感问题，成员国军队总参谋部长定期会晤机制建立的时间较晚。直到2011年4月，上合组织成员国第一次军队总参谋长会议在上海召开，此后在成员国轮流举行。目前，上合组织防务合作的主要形式包括举办联合反恐军事演习、举办防务安全论坛和举行军事文化交流等。2005年以来，防务安全论坛成为上合组织在防务安全领域加强交流与合作的一种有效途径，参加者大多是来自上合组织成员国和观察员国的中高级军官。2014年举办的"和平号角"上合组织军乐节增进了各成员国的军事文化交流，有力促进了各成员国军队的相互了解，成为上合组织防务合作的新内容。随着成员国防务合作形式与内容的不断拓展，且经过长时间的政策协调，2015年7月成员国签署的《上合组织成员国边防合作协定》是上合组织防务安全合作取得的重要成果，旨在加强外部边界安全，成员国就进一步打击地区毒品和武器走私、贩卖人口、防止恐怖组织人员和极端分裂分子渗透等达成诸多共识。同时，上合组织成员国国防部以两年为一个阶段，联合制定阶段性合作计划。2019年4月，在上合组织成员国第16次国防部长会议上，各国国防部长通过了2020—2021年上合组织国防部合作计划，并签署了上合组织成员国联合军事演习协定的修正补充议定书。2018年，成立上合组织成员国国防部长会议专家工作组，不断完善上合组织军事领域合作。除成员国之间的防务合作外，上合组织成员国防务部门与集体安全条约组织等其他国际组织保持合作关系。整体而言，上合组织防务合作的步伐正在加快，成员国在这方面的合作空间较大。

第四，在司法合作方面，上合组织司法合作的协商平台包括各国最高法院院长会议、总检察长会议和司法部长会议，依次分别于2006年、2002年和2013年正式启动。2014年12月，成员国签署了《上海合作组织成员国海关执法合作议定书》，该议定书进一步完善了成员国海关合作的条约法律基础，提升了海关合作水平。2015年8月18日，在杜尚别举行的上合组织成员国司法部长第三次会议上，各国签署了《上合组织成员国司法部门间合作协议》，为进一步加强成员国之间的司法合作奠定了基本的合作框架。2017年以来，为继续保障公民、企业主体和有关机构访问上合组织成员国法律信息库，各成员国正在商定成立司法鉴定专家工作组和法律服务联合工作组。根据合作级别的差异，上合组织司法合作的主要内容在不同层次上有不同的表现：最高法院院长会议的基本任务在于促进成员国在安全等领域的经常性司法合作与协调，加强成员国在法院裁判、仲裁裁决承认和执行方面的合作等；总检察长会议的主要职责是推进司法协助、人员培训和边界地区检察机关之间的合作等；司法部长会议主要负责成员国在司法协助、司法鉴定、执行司法判决和司法文书等领域的交流合作等。① 上合组织关于司法合作的法律条约的不断完善，为组织框架内的执法合作奠定了基础。在执法合作方面，上合组织紧密围绕打击地区"三股势力"这一核心问题，一方面推动各方建立和完善边防合作机制，及时交换情报信息，加强边防查控，举行成员国执法安全部门联合反恐演习，以确保成员国边境安全。另一方面，上合组织积极开展国际执法合作，包括向阿富汗执法、司法机关提供国际援助，与相关国际组织建立联系以构建广泛的执法合作网络。②

三 构建上合组织安全共同体的基础

由上文可见，成员国安全合作实践内容的广度和深度均在日益拓展。在此基础上，上合组织安全合作理念日益成熟，安全合作法律体系逐渐完善，安全合作机制日益健全，这为上合组织安全共同体的构建进而为上合组织命运共同体的构建提供了理念、法律和机制保障。

第一，成员国安全合作理念日益成熟，为上合组织命运共同体的构建奠定了共享的安全合作理念。上合组织成立不久，各成员国就致力于以新的安全合作理念指导地区安全合作。2002年1月，上合组织成员国外长在联合声明中倡导树立以互信、互利、平等、协作为原则的新型安全观，以推动地区冲突问题的解决。③ 此后十多年间，尽管由于受各种复杂的国际与地区安全因素的影响，上合组织所主张的安全合作理念并未

---

① 阳军：《上海合作组织的安全合作》，《俄罗斯学刊》2017年第3期。
② 孙渤：《上合组织地区反恐怖机构在执法安全合作领域的主要成果、经验与展望》，《人民公安报》2019年3月15日第2版。
③ 《上海合作组织成员国外长联合声明》，2002年1月7日，https：//www.fmprc.gov.cn/web/gjhdq_676201/gjhdqzz_681964/lhg_683094/zywj_683106/t10641.shtml。

完全转变为现实，但在上合组织安全合作进程中，该理念无疑发挥了不可替代的理念引领作用，并激励成员国向新安全观指明的方向不懈前进。直到 2012 年，各成员国元首仍然坚定认为，在国际关系中应推广互信、互利、平等、协作的新安全观，在世界上建立尊重所有国家利益的、不可分割的安全空间。① 自 2014 年亚洲新安全观提出以来，以"平等、共同、综合、合作、可持续安全"为主要内容的新安全观被写入上合组织官方文件中，并成为上合组织安全合作的最新指南。② 作为将安全列为优先发展方向的地区组织，上合组织为践行亚洲新安全观提供了重要的平台。上合组织命运共同体提出以来，亚洲新安全观为上合组织命运共同体的构建奠定了共同的安全合作理念，主要体现在五个方面。第一，在上合组织安全合作进程中，各成员国均有平等参与组织安全事务的权利及维护地区安全的责任，任何成员国不应垄断地区安全事务，侵害他国正当权益。第二，上合组织框架内的安全合作在尊重成员国安全利益和安全诉求等具有差异性的基础上，保障每一个国家的安全。第三，紧密结合地区安全问题的发展动向，统筹维护上合组织地区传统领域和非传统领域安全。第四，通过扩大合作领域、创新合作方式等途径，用对话方式保障各成员国和上合组织地区的安全。第五，坚持发展与安全并重，协调处理好区域内发展与安全的关系，通过促进共同发展实现上合组织地区的长久安全。成员国在开展安全合作实践的基础上形成的新安全观，对于构建上合组织安全共同体具有重要的现实意义。

第二，上合组织涉及安全合作的法律逐渐完善，为上合组织命运共同体的构建提供了安全合作的法律保障。2001 年签署的《打击恐怖主义、分裂主义和极端主义上海公约》在上合组织打击"三股势力"法律体系中占据核心地位。由于该公约的签署，上合组织实际上成为第一个在最短时间内制定、在公约中用法律确定并在实践中对"恐怖主义""分裂主义"和"极端主义"具有统一的立法和法律界定的国际组织，同时排除

---

① 《上海合作组织成员国元首关于构建持久和平、共同繁荣地区的宣言》，2012 年 6 月 7 日，https://www.fmprc.gov.cn/web/gjhdq_676201/gjhdqzz_681964/lhg_683094/zywj_683106/t939154.shtml。

② 习近平：《积极树立亚洲安全观　共创安全合作新局面》，《人民日报》2014 年 5 月 22 日第 2 版。

了"三股势力"被随意解释的可能性。① 在此基础上，随着成员国安全合作逐渐深入，成员国逐步签署了《上海合作组织反恐怖主义公约》《上海合作组织反极端主义公约》，使上合组织安全合作的法律基础更加坚实。除这些纲领性文件，在涉及"三股势力"、边境安全、毒品走私、有组织犯罪、国际信息安全和传染病等具体的非传统安全合作议题上，上合组织还制定了专门性法律，使成员国间的安全合作有章可循。② 与此同时，上合组织还与独联体执行委员会、独联体成员国反恐中心、集体安全条约组织秘书处、欧亚打击犯罪收入合法化和资助恐怖主义小组及国际刑警组织等，建立了具有法律性质的关系，为开展国际安全合作提供了广泛的法律支撑。

第三，上合组织安全合作机制日益健全，为上合组织命运共同体的构建奠定了机制保障。为了解决共同应对新威胁和新挑战的迫切问题，上合组织建立了涵盖多层级和多部门的定期会晤机制。③ 根据这些机制的功能差异，上合组织的安全合作机制可以分为五种主要类型。一是战略规划合作机制，主要由上合组织元首理事会和安全会议秘书会议承担。元首理事会是上合组织的最高决策机构，负责上合组织安全合作的战略性问题的决策。安全会议秘书会议是上合组织安全合作的协调和磋商机制，于2004年6月建立，并于同年在乌兹别克斯坦塔什干举行首次例行会议，此后每年轮流在成员国举办。该机构主要负责研判上合组织地区安全形势的变化，协调成员国之间的安全合作行动，跟踪安全合作协定的执行情况，制定安全合作的纲领性文件等。④ 二是情报合作机制，主要由地区反恐怖机构、各国情报部门和联合工作组等构成。地区反恐怖机构2004年1月开始运行，是协调成员国情报合作的主要机构。上合组织地区反恐机构的功能具有综合性，其在情报合作方面的主要职责在于搜集和分析成员国向地区反恐怖机构提供的有关打击"三股势力"的情报，

---

① ［塔］拉希德·阿利莫夫：《上海合作组织的创建、发展和前景》，王宪举、胡昊、许涛译，人民出版社2018年版，第29页。
② 阳军：《上海合作组织的安全合作》，《俄罗斯学刊》2017年第3期。
③ 阳军：《上海合作组织的安全合作》，《俄罗斯学刊》2017年第3期。
④ 《上合组织安秘会》，2012年4月8日，http://www.mps.gov.cn/n2253534/n2253535/c4141580/content.html。

建立地区反恐机构数据库，根据成员国情报部门的合作为其提供相关情报，以及开展成员国情报部门间的联合行动等。此外，由成员国情报部门专家和地区反恐怖机构执委会代表组成的联合工作组，主要针对网络恐怖主义开展工作。三是防务合作机制，主要由国防部长会议、总参谋长会议构成。国防部长会议的主要任务是明确在安全合作中各成员国国防部所具有的职责，筹划联合反恐行动，筹备与组织联合军演等。总参谋长会议旨在加强各成员国在联合军演和反恐等军事项目上的沟通，规划成员国防务合作的具体形式和内容，讨论关涉地区利益的热点问题。[①]四是司法合作机制，主要由最高法院院长会议和总检察长会议构成。五是执法合作机制，主要包括公安内务部长会议、边防部门领导人会议和禁毒部门负责人会议等，这些部门就各自负责领域发现的安全问题开展具体的行动。

第三节　构建上合组织利益共同体的基础

上合组织利益共同体是上合组织命运共同体的题中应有之义。构建上合组织命运共同体就是要在成员国共同利益的基础上，推动上合组织逐步向利益共同体转变，进而将上合组织打造成为互利共赢的国际合作典范。因此，成员国的共同利益是构建上合组织命运共同体的另一重要基础。厚植成员国之间的共同利益基础，对于构建上合组织命运共同体具有十分重要的意义。在上合组织政治、安全和人文交流与合作等多边合作领域中，成员国之间均存在较为广泛的共同利益。不过，与其他领域内成员国的共同利益而言，经贸合作领域无疑是成员国利益最集中的领域，而且在经贸领域内协调成员国之间利益及汇聚共同利益面临的复杂程度相对于其他领域往往更高。也正因为如此，经贸合作领域是构建上合组织利益共同体进而构建上合组织命运共同体的主要场域。基于以上考虑，本书对构建上合组织命运共同体利益基础的分析主要聚焦在上合组织成员国多边经贸合作领域，通过考察成员国共同利益的演变过程、成员国实现共同利益的具体领域，以及成员国共同利益需求的实现效果

---

① 阳军：《上海合作组织的安全合作》，《俄罗斯学刊》2017年第3期。

等,较为系统地分析构建上合组织命运共同体的共同利益基础。

一 成员国共同利益的发展演变过程

从成员国经贸合作领域来看,上合组织命运共同体是成员国多边经贸合作发展到一定阶段后,中国政府为进一步深化成员国之间的互利合作而提出的重大发展理念。因此,深刻把握成员国共同利益的演变过程无疑有助于明晰当下构建上合组织命运共同体的共同利益基础。

成员国的共同利益既是成员国在彼此互动中自然形成的,也掺杂不少人为构建因素的推动。尽管上合组织是一个缘起于解决安全问题的国际组织,且将非传统安全合作始终置于组织发展的优先地位,不过,建立地区多边经贸合作平台以扩大各国共同利益的构想,在上合组织成立之前就已经凝聚并成为有关各方的一种基本共识。早在1998年7月举行的"上海五国"第三次元首峰会期间,五国之间的多边经贸合作首次被置于与安全合作同等重要的地位,并被列为中俄哈吉塔五国的主要议事日程予以讨论。不仅如此,此次峰会还以五国外交部长的名义发布了阿拉木图联合声明,该声明明确提出了五国开展地区经贸合作的初步设想。这意味着"上海五国"的合作领域开始从安全合作逐渐向经贸合作等领域拓展,并逐步扩大共同利益的交汇点。此后,"上海五国"关于地区经贸合作的构想逐渐得以具体化,且中俄哈吉塔均表现出较为强烈的意愿,以推动多边经贸合作从构想向机制化的方向发展。1999年8月,在第四次五国元首峰会期间,中俄哈吉塔提出了建立五国经济部门之间的定期会晤与磋商机制的建议;2000年7月,在第五次五国元首峰会上,中俄哈吉塔便开始尝试优先在部分领域开展合作,一致强调在经贸合作领域优先开展能源合作,并首次提出开展水资源合作与环境保护等问题。① 从以上发展历程可以发现,上合组织多边合作的拓展在"上海五国"时期就已经发生,且遵循从安全领域向经济领域"逆向外溢"的扩散路径。② 总体来看,"上海五国"关于地区经贸合作的基本设想及其推动其逐步实

---

① 赵华胜:《上海合作组织:评析和展望》,时事出版社2012年版,第39—44页。
② 冯峥、薛理泰:《逆向"外溢":上海合作组织的安全合作与扩散》,《西安交通大学学报》(社会科学版)2019年第2期。

现的努力，不仅有助于巩固与发展五国在安全合作领域业已取得的重要成果，而且为上合组织的成立及地区多边经贸合作的深化奠定了必要的思想基础。

上合组织成立后，为了在"上海五国"的基础上进一步扩大成员国的共同利益基础，上合组织成员国开始着手规划与制定开展经贸合作的相关文件。不过，成员国之间的经贸合作不仅涉及的问题比较具体，而且有效协调成员国之间的利益面临的复杂程度相对较高，因此，成员国在经贸政策协调方面经历了相当长的一段时间。《"上海合作组织"成立宣言》指出："将在'上海合作组织'框架内启动贸易和投资便利化谈判进程，制定长期多边经贸合作纲要，并签署有关文件。"为此，经过成员国一年多的谈判与协商，2001年9月，成员国政府总理签署了上合组织框架内第一个涉及地区经济合作的具有纲领性质的文件——《"上海合作组织"成员国政府间关于开展区域经济合作基本目标和方向及启动贸易和投资便利化进程的备忘录》。该备忘录确立了成员国开展区域经济合作的基本目标、实现贸易和投资便利化的途径、重点合作领域、推行经贸合作的机制及其职责等。在该文件的基础上，上合组织成员国着手制定多边经贸合作纲要。为了便于协商，上合组织于2002年建立了经贸部长会晤机制和交通部长会晤机制两个机制化平台。经过两年多的共同平等协商，2003年9月，成员国总理批准了《上海合作组织成员国多边经贸合作纲要》。这一合作纲要规划了组织多边经贸合作的近期、中期和远期三个阶段的实现目标。首先，近期目标是推动成员国间贸易投资便利化，为开展大规模经贸合作创造有利的条件；其次，上合组织经贸合作所要实现的中期目标是到2010年之前形成稳定的、可预见和透明的贸易规则和程序，并在相关文件规定的领域内开展大规模多边经贸合作；最后，上合组织经贸合作的长期发展目标是到2020年之前逐步实现成员国之间货物、资本、服务和技术的自由流动。① 为了推动合作纲要有效落实，2004年9月，成员国总理批准了《〈上海合作组织成员国多边经贸合作纲要〉落实措施计划》。至此，上合组织多边经贸合作的基本框架

---

① 刘华芹：《上海合作组织区域经济合作成效卓著的十年》，载吴恩远、吴宏伟主编《上海合作组织发展报告（2011）》，社会科学文献出版社2011年版，第12—13页。

基本确立。尽管如此,直到上合组织成立五周年之际,成员国间经贸合作构想的相当部分仍然停留在文件层面,具体落实的经贸合作项目并不多。

2006年至2010年期间,上合组织一方面加快制定和完善成员国间经贸合作的相关文件,另一方面逐渐推动相关文件得以行之有效地落实。经贸合作文件的落实无疑是一项烦琐且耗时的工作。2006年,上合组织在经贸部长会议、经贸高官委员会会议和各专业工作组会议上,研究了落实多边经贸合作纲要措施计划的具体步骤,确定能源、交通、电信领域为近期优先合作领域,并确定了组织框架内的首批示范项目。2007年,在上合组织框架内开展经济合作已具备一定的法律基础和组织机制,且多边经贸合作纲要及其措施计划的落实工作已经启动。与此同时,成员国签署了《上海合作组织银行联合体与实业家委员会合作协议》。为了给推动落实示范性项目提供必要的资金支持,上合组织开始酝酿建立发展基金。2011年,上合组织通过了旨在促进成员国社会经济发展的长期经贸合作纲要和实施计划,实业家委员会和银行间联合体的活动步入务实阶段。由此可见,在上合组织成立近10年后,上合组织基本上达到了《上海合作组织成员国多边经贸合作纲要》制定的阶段性预期目标,不仅成员国之间开展经贸合作的框架逐渐完善,而且成员国之间已经具备开展大规模多边经贸合作的现实条件,且已经有部分项目落地。如在跨境交通基础设施建设方面,2006年7月,上合组织框架内的第一条原油运输管道正式投入运营;2009年12月,"中国—中亚"天然气管道正式投入使用,其也成为全世界最长的天然气管道。从经贸合作的具体领域来看,成员国之间的合作已涵盖海关、质检、电子商务、投资促进、交通运输、通信以及人力资源培训等。不过,值得注意的是,2008年美国金融危机对上合组织框架内的经贸合作构成了较为严重的冲击,导致成员国之间的贸易总额较之前有了明显的下降,成员国国内通货膨胀率普遍有所上升。

2010年至2017年上合组织首次实现成功扩员这段时期,是上合组织成员国利益交融与互利共赢格局形成的关键时期,为上合组织构建利益共同体进而构建命运共同体奠定了共同的利益基础。2011年11月,各成员国总理审议并通过了《上海合作组织秘书处关于〈上合组织成员国多边经贸合作纲要〉实施情况的报告（2010年12月至2011年11月）》，并签署了《上海合作组织银行联合体中期发展战略（2012—2016年）》。这意味着在经历金融危机的冲击后，上合组织开始对成员国之间实现共同利益的阶段性进展进行查缺补漏。整体来看，经历了全球金融危机后，上合组织成员国国内经济自2010年以来开始逐渐复苏，为上合组织框架内的经贸合作注入了内生动力。截至2011年，除中国外，上合组织成员国与其他成员国的贸易额占各国对外贸易总额的比重均在10%以上，其中部分成员国的对外贸易对上合组织成员国的依赖性更强。其中，乌兹别克斯坦和吉尔吉斯斯坦2011年与上合组织成员国的贸易额占当年本国对外贸易总额的比重分别为48.4%和57.8%。① 与此同时，上合组织成员国已经相互成为名列前茅的贸易伙伴。尤其对中亚中小成员国而言，俄罗斯与中国已稳定居于中亚四国贸易伙伴的前三位。自2013年中国"一带一路"倡议提出后，上合组织与"一带一路"建设在理念上彼此契合，且"一带一路"建设为上合组织区域经济合作赋予了新的发展机遇。上合组织成员国（此时不包括印度和巴基斯坦）很大程度上将"一带一路"建设视为本国和本地区发展的巨大机遇，并努力对接成员国的发展战略与"一带一路"建设，由此使上合组织的发展与"一带一路"建设呈现协同发展的良性发展态势。② 中国与上合组织成员国共建"丝绸之路经济带"主要围绕有效实现发展战略对接这一主线展开，并以"五通"作为重点合作领域和优先建设内容。在此基础上致力于实现"丝绸之路经济带"与中亚既有的区域合作机制特别是欧亚经济联盟的全面衔接。从合作的整体效果来看，上合组织成员国在构建利益共同体层面取得了有目共睹的成就，合作成果涉及多领域和多层次，呈现从以点带面与从线到面逐步走向区域大合作的发展态势。③

从构建上合组织命运共同体的视角来看，上合组织成员国致力于实

---

① 刘华芹、王猎：《不断深化的上海合作组织区域经济合作》，载李进峰、吴宏伟主编《上海合作组织发展报告（2012）》，社会科学文献出版社2012年版，第107—108页。

② 韩璐：《上海合作组织与"一带一路"建设的协同发展》，《国际问题研究》2019年第2期。

③ 曾向红：《"通"中之重："丝绸之路经济带"建设在中亚》，《当代世界》2019年第2期。

现共同利益的发展历程，事实上也是组织成员国逐步构建利益共同体的过程。成员国近20年的共同努力使组织成员国之间初步形成了利益交融与合作共赢的格局，进而促使上合组织从一个较为松散的利益共同体日益向更为紧密的利益共同体方向迈进，这种发展势头从上合组织成立后中国与中亚成员国的贸易额的迅速增长中可见一斑。除正式成员国之间的利益交融格局不断取得新进展外，上合组织还始终致力于扩大与组织观察员国和对话伙伴之间的经贸联系，拓展了涵盖欧亚大陆的伙伴关系网络。在此意义上，组织实现扩员后，上合组织命运共同体的提出是中国政府为进一步深化成员国之间的多边经贸合作而推出的具有战略意义的重大举措。在印度和巴基斯坦已经成为组织正式成员国的背景下，2019年在上合组织成员国经贸部长第十八次会议上，组织成员国审议并通过了新版《上海合作组织成员国多边经贸合作纲要》草案，以作为2020—2035年推动区域经济合作的纲领性文件。与此同时，成员国还通过了《上海合作组织成员国在数字化时代发展偏远和农村地区的合作构想》草案和《上海合作组织经济智库联盟章程》草案，为区域经济合作开辟了新的领域。这些新合作文件的签署和新合作领域的拓展，将为新形势下扩大组织成员国之间的共同利益提供重要保障。

二　成员国共同利益存在的主要领域

从具体领域来看，上合组织成员国之间共同利益的涵盖领域十分广泛，在海关、金融、质检、电子商务、投资、能源、交通运输、人力资源、电信和数字化等各领域，成员国均存在共同利益的交汇点。为了较为详细地展现上合组织成员国之间共同利益的聚合态势，以及成员国为实现共同利益所作的长期努力与取得的成效，本书此部分将重点就成员国在能源领域、交通基础设施建设领域、金融领域和农业领域四个领域开展的互利合作进行较为具体地考察。通过考察可以发现，在上述四个领域，组织成员国之间业已取得的合作成效为构建上合组织命运共同体奠定了一定的共同利益基础，且成员国在这些领域的合作面临较为广阔的发展前景。

第一，由于稳定的能源供应是国家经济发展和国家安全的重要保障，能源领域的共同利益构成上合组织成员国共同利益的重要组成部分。在上合组织成员国中，俄罗斯、哈萨克斯坦和乌兹别克斯坦是重要的油气出口国，而中国、印度和巴基斯坦则是对能源需求量越来越大的消费国家。此外，尽管吉尔吉斯斯坦和塔吉克斯坦两国国内具有较为丰富的水电资源，不过，这两个成员国的石油、天然气和煤炭储量较为贫乏，故吉塔两国化石燃料几乎全部依赖进口。基于成员国之间资源禀赋差异及能源供求格局，上合组织在油气上游勘探与开发投资、油气管道建设与运营、石油天然气和成品油贸易、电力贸易和电网联通等领域具有广阔的合作潜力，因此，上合组织也是构建"能源合作共同体"的不可多得的场域。① 随着成员国政府对能源管控力度的增强，上合组织成员国政府主导的区域能源合作逐渐取代了欧美在俄罗斯中亚地区的能源主导地位，使成员国之间形成了相互依赖的能源供求格局，并由此带动了各国能源出口途径更加多边化等。②

经过近20年的发展，总体来看，上合组织成员国之间的能源合作在多个方面取得显著成效。一是上合组织成员国之间初步形成了能源合作的机制。2006年，上合组织建立并启动了能源工作专门小组，以配合不同层级的会议机制共同开展能源领域的合作。二是能源贸易及大通道建设取得重大进展。其中，比较具有代表性的合作项目包括中国—中亚天然气管道、中哈天然气管道及中俄天然气管道等。中国—中亚天然气管道C线已于2014年6月建成并通气投产，D线正在建设中，整个管道工程建成后将成为世界上最长的跨国天然气管道。中哈天然气管道二期于2013年9月完成并开始运营，截至2016年，该管道累计对华输送过境天然气1730亿立方米。2019年12月，中俄两国第一条天然气能源通道——"西伯利亚力量"中俄东线天然气管道——投产运营，该战略管道的运行进一步密切了两国的共同利益。三是油气田合作开发和参股合作持续深化，中国与俄罗斯、俄罗斯与吉尔吉斯斯坦、哈萨克斯坦与乌兹别克斯坦等双边合作卓有成效。最新的进展是，2019年3月，哈萨克斯坦参议院批准通过了《关于批准哈萨克斯坦与乌兹别克斯坦政府间能

---

① 在此需要说明的是，"能源合作共同体"是习近平主席于2016年1月在沙特阿拉伯媒体发表的文章中首次提出的倡议。

② 王海燕：《上海合作组织成员国能源合作：趋势与问题》，《俄罗斯研究》2010年第3期。

源领域合作框架协议》法案，这将有力地促进双方在油气化工、天然气跨境运输等领域的合作。四是装备及工程服务等方面的合作得到积极推进。[①] 值得注意的是，从上合组织成员国之间能源合作的形式来看，上合组织框架内的能源合作主要以双边合作为主。[②]

由此可见，上合组织成员国在以往能源合作中取得的一系列成果无疑为构建上合组织命运共同体提供了有利的条件。不仅如此，可以预见的是，不论在传统能源领域还是在新能源领域，上合组织成员国在能源领域构建命运共同体具有较为光明的前景。这是因为，上合组织成员国总体能源供给能力和能源消费规模在未来均会有所扩大。如就成员国中的能源出口大国俄罗斯和哈萨克斯坦而言，根据俄罗斯能源部的预测，到2035年，俄煤炭产量将增至5.5亿—6.7亿吨，液化天然气产量将提高4倍，增至1.2亿—1.4亿吨。[③] 另外，尽管哈萨克斯坦在降低GDP能源强度方面已取得一定成绩，但该国经济仍然具有"能源密集型"特点。[④] 此外，根据吉尔吉斯斯坦2019—2024年工业可持续发展战略的规划，吉尔吉斯斯坦政府计划通过实施十多项激励措施以实现到2030年国内发电量增加一倍的目标，即由2015年的109亿千瓦时增加到2030年的199亿千瓦时。[⑤] 除石油、天然气和煤炭等传统能源的需求有一定的增长外，包括水电、核电、风电、太阳能等在内的清洁或可再生能源，已成为上合组织成员国大力发展的领域，并呈现快速增长的势头。在此背景下，清洁能源和可再生能源是上合组织成员能源合作的新增长点，具有较大的合作潜力。除老成员国外，印度正在大力推进清洁能源的长期发展，并

---

① 林益楷、张正刚：《上合组织成员国深化能源领域合作前景分析及措施建议》，《欧亚经济》2018年第4期。

② 孙永祥：《上海合作组织框架内的能源合作》，《国际展望》2011年第5期。

③ 《俄能源部预计，2035年俄煤炭产量将增至5.5—6.7亿吨》，2019年8月26日，http://ru.mofcom.gov.cn/article/jmxw/201908/20190802893750.shtml；《俄罗斯能源部长诺瓦克称俄计划将液化天然气产量提高4倍》，2019年6月21日，http://ru.mofcom.gov.cn/article/jmxw/201906/20190602874966.shtml。

④ 肖斌：《上海合作组织成员国间的能源合作——基于世界能源格局变动下的分析》，载李进峰、吴宏伟、李少捷主编《上海合作组织发展报告（2016）》，社会科学文献出版社2016年版，第88页。

⑤ 《吉尔吉斯斯坦政府计划到2030年将发电量增加一倍》，2019年3月12日，http://kg.mofcom.gov.cn/article/jmxw/201903/20190302842222.shtml。

致力于提高非化石燃料资源在能源结构中的比例。在巴基斯坦，尽管中巴经济走廊建设一定程度上缓解了巴基斯坦能源短缺的危机，不过，受国际能源价格波动及国内发电材料价格升高等因素的影响，当前其国内电力装机总容量已经不能完全满足国内不断增长的电力需求，这使巴基斯坦政府减少石油发电的比重，增加水、天然气和可再生能源的发电比例，进而提高国内电力供应能力。整体来看，上合组织框架内新能源领域的合作，是构建上合组织利益共同体进而构建上合组织命运共同体的重要发展方向。

第二，由于交通基础设施是实现成员国之间互联互通的必要条件，自上合组织成立之初，成员国对于推动在上合组织区域实现国际道路运输便利化及实现地区互联互通就表现出较为强烈的愿望。在 2002 年 11 月召开的上合组织首次交通部长会议上，各成员国将发展区域的交通合作视为上合组织成员国活动的重要组成部分。此后的十多年间，上合组织逐步清除了成员国开展国际道路运输合作的主要障碍，以及解决了部分由于各国法律法规存在差异造成的合作难题。在此基础上，2014 年，成员国签署了《上海合作组织成员国政府间国际道路运输便利化协定》，为上合组织框架内的交通合作建立了基本的合作框架。其中，成员国商定了六条连接中国、哈萨克斯坦、俄罗斯、塔吉克斯坦、乌兹别克斯坦和吉尔吉斯斯坦的国际运输线路，旨在推动形成上合组织成员国道路运输网络，为有关成员国之间开展跨境运输和过境道路运输打下基础，且为内陆成员国利用出海口创造了条件。① 2013 年中国政府提出的"一带一路"倡议为上合组织扩大交通运输领域的合作提供了历史机遇，互联互通由此成为共建"一带一路"的优先发展领域和重要基础。在此背景下，组织成员国达成的一项基本共识是，致力于在上合组织地区打造多式联运的物流中心、公路和铁路等各类交通运输线路，进而形成现代化的地区交通运输网络。与此同时，在成员国交通部长会晤机制的基础上，2018 年，上合组织根据各国共同的合作需要，建立了成员国铁路部门负

---

① 《〈上海合作组织成员国政府间国际道路运输便利化协定〉正式签署 上合组织六国将逐步形成国际道路运输网络》，2014 年 9 月 17 日，http://www.mot.gov.cn/jiaotongyaowen/201510/t20151014_1899396.html。

责人会晤机制。2019年，成员国政府总理批准通过了《上合组织成员国铁路部门协作构想》，制定了上合组织框架内铁路运输领域的合作计划，成为上合组织成员国融入国际链和创造交通运输及物流领域的增值服务的最重要机制。目前，组织成员国正在就建立综合运输管理系统政府间框架协议进行协商。总体来看，随着"一带一路"倡议的持续深入推进，上合组织框架内交通基础设施领域的合作呈现快速增长的势头，包括公路运输、铁路运输、航空运输、管道运输以及物流基地等在内的跨国交通运输系统日益向多元化和立体化的方向发展。①

上合组织地区跨国交通运输网络的日益拓展，已从地理上将组织成员国连接成为不可分割的利益共同体和命运共同体，并为成员国在其他领域深化互利合作进而构建更加紧密的上合组织命运共同体提供了便捷的基础设施条件。② 在此方面，一个较为典型的事例是，2018年2月，乌兹别克斯坦-吉尔吉斯斯坦-中国运输走廊正式运营，该国际公路从中国新疆喀什到乌兹别克斯坦首都塔什干，全长950多公里。受益于中吉乌运输走廊，2018年中乌双边贸易额达62.6亿美元，比上年增长48.4%。③ 当前，不论就上合组织各成员国国内实际情况而言，还是从各国发展国际交通运输合作的意愿来看，将上合组织地区打造成为互联互通国际合作的典范具备较为有利的国内和国际环境。就俄罗斯而言，2014年6月，俄罗斯批准了至2030年俄罗斯交通发展战略，为实现国内交通路线与地区运输路线的对接提供了广阔的发展空间。不仅如此，俄罗斯对于发展地区交通运输网络表现出浓厚的兴趣。俄罗斯总统普京在2019年上合组织峰会期间表示，俄罗斯希望加强与中蒙两国间交通基础设施的互联互通，以最大限度地挖掘中蒙俄相互间过境运输的潜力。

与俄罗斯类似，上合组织中亚成员国同样具备开展国际交通运输合

---

① 付佳伟：《上合组织运输便利化合作：成就、问题与前景》，载李进峰主编《上海合作组织发展报告（2017）》，社会科学文献出版社2017年版，第191—201页。
② 《普京呼吁完善中蒙俄间交通联系》，2019年6月21日，http://ru.mofcom.gov.cn/article/jmxw/201906/20190602874969.shtml。
③ 《中吉乌运输走廊提升中国与中亚区域合作》，2019年11月7日，http://www.sco-ec.gov.cn/article/worldeconomictradesituation/cooperationzone/201911/414065.html。

作的能力与意愿。2014 年以来至今,哈萨克斯坦对交通基础设施领域的投入累计超过 2.4 万亿坚戈。① 在此基础上,哈萨克斯坦还计划到 2025 年前增加投资 200 亿美元,以用于交通物流项目的建设,且愿向新的国际铁路运输物流解决方案开放本国领土。② 近年来,随着国内交通设施的改造与再造,以及与中国、吉尔吉斯斯坦等邻国互联互通的程度加深等,塔吉克斯坦突破了国内交通闭塞的发展瓶颈,为开展国际合作创造了有利的国内条件。吉尔吉斯斯坦也加大对国内大型交通基础设施的投入力度,2019 年计划投资约为 4.88 亿美元。③ 不仅如此,2018 年,吉尔吉斯斯坦与乌兹别克斯坦两国签署《关于修改补充国际公路运输协定的议定书》,以促进两国间实现畅通的过境运输。在这些有利因素的综合影响下,上合组织地区国际道路运输便利化的发展,不仅表现为地区交通路线向欧亚大陆网络化延展的发展趋势,而且通过成员国双边合作,运输线路在地区内呈现出越来越密集的发展态势,为上合组织构建利益共同体进而构建命运共同体奠定了较为坚实的基础。

第三,上合组织框架内多边经贸合作特别是大型项目的实施是实现成员国共同利益不可或缺的方式,其可持续发展自然离不开成员国通过融资的方式予以支持。上合组织成员国之间实现金融一体化不仅可以增加单个成员国自身的经济利益,而且可以扩大并实现成员国的共同利益。④ 有鉴于此,上合组织成立后不久,各成员国便将发展本地区各国银行间合作和金融信贷关系,确立为上合组织经贸合作的重要内容。不过,囿于地区金融合作面临的复杂局面和成员国之间经济发展水平存在较大的差异性,上合组织成员国之间开展金融合作缺乏较为强劲的内生动力,由此导致的结果是,在 2008 年全球金融危机发生前,上合组织成员国金融合作的推进速度较为缓慢。尽管如此,不过,在金融危机发生之前,

---

① 《5 年来哈交通基础设施投入超 2 万亿坚戈》,2019 年 11 月 13 日,http://kz.mofcom.gov.cn/article/jmxw/201911/20191102912638shtml。
② 《哈拟投资 200 亿美元用于交通物流项目建设》,2019 年 10 月 8 日,http://kzmofcomgovcn/article/jmxw/201910/20191002902298.shtml。
③ 《吉尔吉斯斯坦将投资 340 亿索姆建设基础设施》,2018 年 9 月 14 日,http://kg.mofcom.gov.cn/article/jmxw/201809/20180902786999shtml。
④ 张恒龙、袁路芳:《上海合作组织金融一体化的潜在福利收益研究》,《世界经济研究》2016 年第 8 期。

上合组织在金融领域的基本合作框架、合作内容和合作机制等已基本确定，并取得了初步的合作成效，如2006年6月，上合组织银联体成员国签署了6个项目合作协议，涉及总金额超过7.415亿美元，上合组织银联体积极参与了包括中哈马伊纳克水电站在内的多项大型基础设施项目的建设。①

在经历了2008年全球金融危机对成员国和上合组织地区金融市场产生的明显冲击后，加强地区金融合作才真正成为上合组织成员国面临的紧迫任务。面对金融危机给各成员国经济带来的下行压力，2009年以来，上合组织对加强金融合作展现出较以往更为积极和务实的态度，成员国开始从战略高度和重点领域着手，通过加强地区多边金融合作以防范各国金融风险，以及提高地区金融市场的总体稳定。为此，成员国不仅制定了银联体中期发展战略，而且将加强企业与金融界的合作、建立上合组织专门账户和开发银行及建立项目合作融资机制等确立为成员国金融合作的优先方向。此后，上合组织成员国金融合作的主要任务基本围绕上述方向展开，且日益向具体化方向逐渐推进。2014年以来，在乌克兰危机持续发酵和"一带一路"倡议实施的双重刺激下，上合组织金融合作再次获得了较强的发展动力。扩员后的2019年6月，印度基础设施金融公司正式被授予银联体成员行地位，使上合组织金融合作所覆盖的地域范围进一步扩大。

经过近20年的发展，上合组织成员国促进资金融通的共同努力，在共建"一带一路"框架下为区域内成员国构建更加紧密的命运共同体提供多元化、可持续和高质量的融资支持，并由此带动了成员国在双边金融合作、重点领域建设、人员交流与培训以及组织机制建设等方面取得了显著成效，进而为上合组织命运共同体的构建奠定了一定的共同利益基础。② 目前，为上合组织区域合作提供融资和金融服务的主要机构包括上合组织银联体、中国—欧亚经济合作基金、丝路基金、亚投行和金砖国家开发银行，这些机构之间的联系与配合为上合组织利益共同体的构

---

① 肖斌：《上海合作组织》，社会科学文献出版社2019年版，第198页。
② 郭晓琼：《上海合作组织金融合作及中国的利益诉求》，《俄罗斯东欧中亚研究》2015年第2期。

建提供了较为广泛的融资网络。自 2005 年 10 月成立以来，上合组织银联体共为区域内几十个合作项目提供了数百亿美元贷款，涉及基础设施、能源资源、重大产业和民生等多个领域。与此同时，其他融资平台如丝路基金通过股权、债权等方式进行多元化融资，目前已签约涉及中亚、南亚和东南亚等地区的 34 个项目，承诺投资金额约 123 亿美元。① 作为上合组织中经济体量最大的成员国，到 2019 年 3 月，中国国家开发银行对上合国家贷款额达 496 亿美元，向成员行、伙伴行发放贷款 87 亿美元及 100 亿元人民币，专项贷款项下已承诺金额折合 242 亿元人民币，涉及中俄原油贸易、中亚天然气管道建设和塔吉克斯坦国家储蓄银行农业项目等大型项目。② 不过，需要指出的是，由财团提供融资的大量项目主要集中在双边合作领域。③ 上合组织金融合作所取得的另一项重要成就在于，组织框架内项目融资与货币合作取得了较为显著的进展。目前，在上合组织成员国中，中国已与俄罗斯、哈萨克斯坦、塔吉克斯坦、巴基斯坦中央银行或国家银行签署了双边本币互换协议。④ 据此可以预见的是，当前及未来一段时期，成员国金融合作的前景依然较为广阔，各成员国均有加强金融合作的较强愿望，并为此创造有利的国内条件。如俄罗斯金融业总体上已经度过对新经济环境的调整期；哈萨克斯坦自 2020 年 12 月 16 日起允许外国银行在哈萨克斯坦国内开设直接分支机构，上合组织成员国中的俄罗斯和中国等国的金融机构均已进入哈萨克斯坦国内市场。此外，哈萨克斯坦央行于 2019 年首次制定了确定中长期货币政策的《2030 年前货币政策战略》，以提高外国投资者对哈萨克斯坦央行的信任程度。总体来看，在构建上合组织命运共同体的背景下，成员国之间开展金融合作已从倚靠外部因素的刺激转为更加注重培养内生动力。

---

① 《丝路基金董事长：已签约 34 个项目承诺投资金额约 123 亿美元》，2019 年 11 月 10 日，http://kz.mofcom.gov.cn/article/jmxw/201911/20191102911588.shtml。
② 《上合组织银联体理事会第十五次会议召开》，2019 年 6 月 14 日，https://www.yidaiyilu.gov.cn/xwzx/roll/93736.htm。
③ [塔] 拉希德·阿利莫夫：《上海合作组织的创建、发展和前景》，王宪举、胡昊、许涛译，人民出版社 2018 年版，第 72 页。
④ 张恒龙：《上海合作组织金融合作的发展态势与展望》，《海外投资与出口信贷》2018 年第 3 期。

第四，农业合作逐渐成为成员国构建上合组织命运共同体的新场域。2017年，中国农业部、发改委、商务部和外交部联合发布了《共同推进"一带一路"建设农业合作的愿景与行动》（简称《愿景与行动》），为包括上合组织成员国在内的"一带一路"沿线国家之间开展农业合作提供了顶层设计方案和行动纲领，并明确了相关国家开展农业合作的合作原则、框架思路、合作重点和合作机制等。该《愿景与行动》指出："开展农业合作是沿线国家的共同诉求。在'一带一路'倡议下，农业国际合作成为沿线国家共建利益共同体和命运共同体的最佳结合点之一"，且可为"'一带一路'利益共同体、责任共同体和命运共同体的形成提供有力支撑"。① 上合组织成员国不仅是"一带一路"沿线国家，而且有相当部分国家位于"丝绸之路经济带"建设的核心区域，更有上合组织作为较为成熟的合作平台，因此，深化成员国之间的农业合作为构建上合组织命运共同体开辟了新领域。事实上，早在"一带一路"倡议提出之前，农业领域就已经成为上合组织成员国扩大与实现共同利益的主要领域。从2006年起，上合组织已充分意识到成员国开展农业合作的强烈愿望，并由此将成员国之间的农业合作从一般合作提升到优先合作级别。自2010年上合组织首届农业部长会议签署《上海合作组织成员国政府间农业合作协定》以来，成员国之间的农业合作进入务实合作的阶段。2020年之前，成员国已连续实施了三个阶段的农业合作计划。农业是上合组织成员国国民经济发展的重要基础，且组织成员国对于解决国内饥饿和贫困问题、保障粮食安全与营养具有共同的强烈愿望，如作为农业国家的塔吉克斯坦于2018年将实现粮食安全提升至国家发展战略的层面。在此背景下，2018年，成员国签署了《上海合作组织成员国粮食安全合作纲要》，将保障粮食安全置于成员国农业合作的优先地位，粮食安全合作成为上合组织成员国发展农业合作的主要推动力量。②

---

① 《共同推进"一带一路"建设农业合作的愿景与行动》，2017年5月12日，http://jiuban.moa.gov.cn/zwllm/zwdt/201705/t20170512_5604724.htm。
② 肖斌：《粮食安全合作：上海合作组织成员国农业合作的重要动力》，载李进峰主编《上海合作组织发展报告（2019）》，社会科学文献出版社2019年版，第199—214页。

从目前上合组织成员国之间农业合作的发展势头来看，农业领域已经成为成员国在经贸领域推动构建上合组织命运共同体的最具发展前景的领域之一。自成立以来，成员国农业合作的范围不断扩大，目前已涵盖种植业、畜牧业、养蜂业、兽医、育种和良种繁育、土壤改良和农业灌溉、农产品加工与贸易、农业机械制造及农业科研等诸多具体合作议题。而且，成员国农业合作形式日益丰富，具体包括交换农业科研和创新成果，交换农业先进技术和现代工艺，以及制定和实施共同的农业投资项目等13种。与此同时，成员国之间农业贸易总额展现出较为强劲的发展活力和较大的发展潜力。以中国与上合组织成员国为例，自2001年以来，中国与上合组织成员国的农产品贸易总额呈波动式增长趋势，从2001年8.97亿美元增长至2018年的89.12亿美元，上合组织成员国在中国农产品对外贸易总额中所占的比重相应地从3.24%上升至4.13%。[①] 扩员后，受上合组织扩员产生的"稀释效应"的影响，中国与组织成员国之间的农业贸易结构从俄罗斯一家独大逐渐向各成员国均衡的方向发展。

当前，通过双边或多边形式扩大并实现成员国在农业领域的共同利益，已成为各成员国的基本共识和共同利益诉求。2019年，哈萨克斯坦与乌兹别克斯坦农业部长共同签署了《加强农业合作中期路线图》(2019—2024)，将双方的合作拓展至农业科技、生产、认证、贸易、数字化、兽医、畜牧、植物检疫等方面。除加大国家对农业的投资外，哈萨克斯坦政府通过优先方向实行补贴、提供优惠贷款和租赁及实施专门税收政策等措施，不断优化农业合作环境，2014至2019年期间，哈萨克斯坦农业领域累计吸引投资33.6亿美元。[②] 对乌兹别克斯坦而言，自米尔济约耶夫总统上台以来，乌兹别克斯坦相继出台了一系列措施促进国内农业发展，具体包括大力增建农业物流中心、创新农业发展技术、提高农业用地的使用效率，以及扩大吸引外来投资特别是外国对乌直接投

[①] 郑国富：《中国与上海合作组织成员农产品贸易合作：时空特征、竞合关系与前景展望》，《区域与全球发展》2019年第5期。
[②] 《哈农业部：近5年哈农产品产量增长140%》，2019年10月15日，http://kz.mofcom.gov.cn/article/jmxw/201910/20191002904342.shtml。

资。此外，乌兹别克斯坦还制定了《2020 至 2030 年农业发展战略》。除哈乌两国外，其他成员国具有与此类似的合作意愿，如俄罗斯希望尽快启动建设中俄"新粮食陆路走廊"项目，以扩大对华农产品出口规模。总之，农业领域合作不仅为成员国扩大共同利益提供了新的场域，而且也为上合组织构建命运共同体奠定了一定的共同利益基础。

三 构建上合组织利益共同体的基础

从上文分析综合来看，尽管构建上合组织命运共同体于 2018 年才正式提出，不过，一个不容否认的基本事实是，上合组织利益共同体在成员国近 20 年的合作过程中已经初步形成，且为构建更加紧密的上合组织命运共同体奠定了较为坚实的基础。下文将主要从上合组织成员国当前共同具有的现实利益需求、上合组织实现共同利益拥有的现有机制体系及法律保障三个方面，较为详细地分析当前上合组织在构建命运共同体时业已具备的共同利益基础。

第一，上合组织成员国具有深化互利合作的共同的现实利益需要，为上合组织命运共同体的构建提供了有利的条件。以上合组织中亚成员国为例，2017 年以来，中亚成员国及地区政治进程均发生了重大变化，为中亚成员国在上合组织框架内构建更加紧密的命运共同体奠定了一定的基础。在中亚成员国中，吉尔吉斯斯坦、乌兹别克斯坦和哈萨克斯坦均实现了国家最高权力的平稳交接，为各国国内各领域的发展提供了较为稳定的政治环境。随着新一届国家领导人上台及政府成员相应调整，中亚成员国呈现出新的发展活力和强劲的发展势头，各国均将推动经济发展和改善民生作为优先发展任务，并为此制定或更新了国家发展战略或中长期发展规划，包括《哈萨克斯坦—2050 战略》、乌兹别克斯坦《2017—2021 年乌兹别克斯坦五大优先发展方向行动战略》、吉尔吉斯斯坦《2040 年发展战略》和《塔吉克斯坦共和国至 2030 年国家发展战略》。如就吉尔吉斯斯坦而言，该国为推动《2040 年发展战略》在经济社会各领域的实施，通过改善国际形象、强力反腐、引进新技术及推进数字化转型等一系列措施，改善并创造有利的营商环境。2019 年 6 月 7 日，吉尔吉斯斯坦通过 2020—2022 年社会和经济中期发展规划，将确保宏观经济稳定与实现积极发展作为未来两年经济政策的主要目标。① 中亚成员国国内政局相对稳定，也为成员国间关系的改善与地区一体化进程创造了有利的条件。中亚国家间互释善意之举不仅使停滞不前的中亚地区一体化进程重获生机，而且也极大地促进了成员国间关系整体氛围的改变。② 在此背景下，中亚成员国正在就一些阻碍双边关系发展的疑难问题开展积极对话，包括吉尔吉斯斯坦与塔吉克斯坦的边界争端、吉尔吉斯斯坦与乌兹别克斯坦的水资源争端等问题均已取得较为显著的阶段性成果。从更广泛的视角来看，上合组织成员国均将欧亚大陆互联互通和纵深推进视为促进本国发展的机遇，以期深度融入国际社会。作为欧亚地区不可或缺的多边合作机制，各成员国均重视发展与上合组织之间的关系。

与此同时，成员国均在不同程度上面临国内经济发展问题，也需通过在上合组织框架内构建更加紧密的命运共同体予以有效应对。如乌兹别克斯坦由于受近年来劳动人口数量增长较快、国有企业与私营企业结构不合理、出口竞争能力下降及能源效率低下等诸多因素的影响，乌兹别克斯坦国内改革面临不少挑战。③ 此外，自 2017 年以来，吉尔吉斯斯坦面临的经济下行压力增大。据吉尔吉斯斯坦国家统计委员会公布的数据，2017 年吉国内生产总值为 4933.22 亿索姆（约合 71.63 亿美元），同比增长 4.5%。④ 2018 年，吉尔吉斯斯坦国家统计委员会发布的数据显示，吉尔吉斯斯坦国内生产总值约为 5570 亿索姆（约合 81.15 亿美元），同比增长 3.5%，增幅下降 1%。⑤ 与此同时，与 2017 年相比，2018 年吉尔吉斯斯坦外国直接投资减少 27.7%，降至 5.232 亿美元，减幅较大的

---

① "Prime Minister of Kyrgyzstan Approves Forecast of Social and Economic Development", 2019 - 06 - 07, https://newslinekg.com/article/767757/.
② 周明：《乌兹别克斯坦新政府与中亚地区一体化》，《俄罗斯研究》2018 年第 3 期。
③ 赵琪：《透视乌兹别克斯坦经济改革》，2018 年 12 月 26 日，http://ex.cssn.cn/zk/zk_jsxx/zk_zx/201812/t20181226_4800226.shtml。
④ 《吉尔吉斯斯坦 2017 年全年社会经济发展概况》，2018 年 2 月 26 日，http://kg.mofcom.gov.cn/article/ztdy/201802/20180202715044.shtml。
⑤ 《2018 年吉尔吉斯斯坦 GDP 同比增长 3.5%》，2019 年 1 月 21 日，http://kg.mofcom.gov.cn/article/jmxw/201901/20190102828575.shtml。

领域集中在矿业企业、地质勘探、制造业等。① 此外，根据巴基斯坦央行的数据显示，巴基斯坦2018—2019财年国内经济发展较为缓慢，面临一系列亟待破解的阻碍因素，包括三大产业的增速不及预期、政府公共发展支出缩水、外资流入大幅减少以及财政赤字状况继续恶化等。② 除上述成员国外，其他成员国在国内经济发展过程中也面临或多或少的问题。在此背景下，整体而言，尽管西方国家和一些与上合组织关系不佳的国家对构建上合组织命运共同体存在消极认知，不过，上合组织成员国很大程度上仍然将构建上合组织命运共同体视为实现自身利益和推动上合组织发展的重要机遇。俄罗斯战略研究所研究员霍洛德科夫认为，上合组织在推动世界多极化、构建人类命运共同体方面发挥了积极作用。③ 吉尔吉斯斯坦精英普遍认为，上合组织能够在构建人类命运共同体的共识方面发挥特殊作用，既可以建立沟通渠道反映人们的情绪和需求，也可以团结社会力量成为上合组织的可靠支持。④ 由此可见，在上合组织成员国国内政局保持总体稳定且积极谋求国内经济发展的背景下，成员国对于构建上合组织命运共同体的态度整体表现积极，且具有较为强烈的行动意愿。

第二，上合组织实现共同利益的合作机制日益完善和拓展，为构建上合组织命运共同体提供了较为完善的机制保障。截至目前，除每年各举行一次的上合组织成员国元首峰会及政府首脑会晤外，为了实现成员国在各领域的共同利益并寻求新的共同利益增长点，上合组织构建形成了体系较为完善的合作机制，主要包括经贸部长会晤机制、交通部长会晤机制、财长和央行行长会晤机制、科技部长会晤机制和环境部长会晤机制等。具体而言，其一，上合组织经贸部长会晤机制从2002年开始运行，截至2019年年底，成员国已举办18次会议。上合组织经贸部长会晤

---

① 《2018年吉国外国投资流入5.698亿美元》，2019年4月25日，http：//web.siluxgc.com/jejsst/kgNews/20190425/16654.html。
② 《巴基斯坦2018—19财年经济运行情况及2019—20财年经济展望》，2019年11月12日，http：//pk.mofcom.gov.cn/article/ztdy/201911/20191102912321.shtml。
③ 《俄罗斯专家：上合组织将推动世界多极化 推进人类命运共同体建设》，2018年6月7日，http：//baijiahao.baidu.com/s?id=1602577964289514868&wfr=spider&for=pc。
④ 肖斌：《上海合作组织》，社会科学文献出版社2019年版，第118页。

机制的主要职能在于分析成员国经贸合作的现状和前景，制定经贸合作规划，确定、制定和落实经贸合作的具体措施，以及审议经贸合作的相关文件，根据需要研究并成立相应的专业工作组等。在该机制下还设立了高官委员会和七个专业工作组，负责具体的合作事宜。其二，交通部长会晤机制与经贸部长会晤机制同年建立，不过，前者召开会议的次数要明显少于后者。截至2019年年底，成员国共举办了7次交通部长级别的会议。其主要负责起草并制定成员国交通运输领域的合作规划，分析成员国交通运输合作的成效与障碍，确立该领域实施的项目，组织成员国交通领域人员培训和经验交流，以及协调与其他机制之间的关系等。其三，上合组织财长和央行行长会晤机制旨在交流、分析和判断全球及区域宏观经济形势，制定成员国开展双边及多边金融合作的计划，确立成员国金融合作的具体事宜，研究建立上合组织专门账户和推动开发银行有关问题的工作等。由于该机制的建立时间较晚，加之受一些因素的影响，该会晤机制截至2019年年底仅举行了两次会议。其四，成员国科技部长会晤机制建立于2010年5月，截至2019年年底，共举行了5次会晤，其主要职责在于开展联合科学研究，联合组织举行培训班、研讨会和展览等，共同培养人才、建立创新机构、实验室和科学中心，以及通过其他方式开展多边科技合作等。其五，上合组织框架内的农业部长会议，主要负责落实成员国领导人达成的合作共识，并制定、审议成员国政府间农业合作协定等。随着成员国农业合作的广度和深度不断拓展，自2010年10月召开第一次会议以来至2019年年底，成员国农业部长已经举行了5次会晤。此外，一个最新建立的机制是成员国环境部长会晤机制，该机制于2019年9月建立，旨在通过分析上合组织环保合作的现状与前景，制定并落实成员国环保合作规划，以及审议成员国环保合作的落实情况等方式，促进成员国在环保领域的共同发展。

第三，上合组织为实现成员国的共同利益在各领域签署了一系列法律或意向性合作文件，为上合组织命运共同体的构建提供了政策与法律保障。实现成员国共同利益的一个首要条件在于，破除彼此在开展互利合作过程中面临的政策与法律上的阻碍因素。实现上述目标，成员国往往要经历较为复杂且漫长的国内与国际协商过程，且各成员国均要具备一定的开展地区合作的国内基础。而成员国互利合作基础的扩大，需要更新既有的合作协议。整体来看，上合组织成员国为实现共同利益签署的相关文件，主要包括综合性的经贸合作文件与特定领域的合作文件两大类型，后者主要涉及海关合作、交通基础设施合作、金融合作和农业合作等。

第四节　构建上合组织情感共同体的基础

共同情感是上合组织命运共同体的靓丽底色。除共同价值、共同安全和共同利益基础外，上合组织命运共同体的构建离不开成员国共同情感的有力支撑，成员国的情感动机与理性动机的互动构成构建上合组织命运共同体的驱动力量。从上合组织成员国情感的类型来看，在成员国之间及成员国与上合组织的关系中，既蕴含着由长期互动沉积而成的"基调情感现象"，同时也存在应事而异的"状态情感现象"。不过，由于与"状态情感现象"所体现出来的暂时、集中与鲜活生动等情境性特征相比，"基调情感现象"可视为一种附着在行为体间关系之上且相对持久与稳定的情感状态，故"基调情感现象"更容易使成员国之间及其与国际组织之间建立趋于稳定的关系，进而影响成员国之间的共同情感。[①] 鉴于此，本部分将"基调情感现象"作为分析成员国之间及成员国与上合组织情感状态的主要内容。由此来看，在上合组织框架内，相较于其他形式与类型的情感状态，由"信任"与"承认"引发的成员国情感体验在成员国之间及他们与国际组织的关系中无疑占据显著位置。需要指出的是，上合组织成员国共同情感的培育，既依靠国家政治精英主导下的官方情感投入，以及由国家政治精英与政府官僚调控引导下的大众情感交流，同时有赖于各成员国民间自发性的情感交流活动。也正因为成员国共同情感培育的多元化方式，上合组织成员国共同情感涉及的领域也较为广泛，成员国在政治、安全、经济及人文交流与合作等领域的互动及其成效，均或多或少地影响他们之间的情感及他们各自与上合组织的情感状态。

---

① ［加］郝拓德、［美］安德鲁·罗斯：《情感转向：情感的类型及其国际关系影响》，柳思思译，《外交评论》2011 年第 4 期。

一　成员国的承认需求及其基础

上合组织成员国普遍具有寻求其他成员国和上合组织承认的内在情感需求，这是成员国在共同的实践过程中培养共同情感的有利条件。与美国等西方国家很大程度上漠视上合组织成员国的承认需求相比，上合组织不论在话语表达还是在具体行动方面，均对成员国共同的承认需求给予了最大程度的满足。因此，从承认政治的视角来看，上合组织形成的"基于承认的地区合作模式"无疑为构建上合组织命运共同体奠定了成员国间的共同情感基础。

由"承认"引发的成员国积极情感体验已成为上合组织成员国共同情感中的一种重要的"基调性情感现象"，为上合组织命运共同体的构建提供了共同情感基础。由于受到追求荣誉、地位和尊重等心理与情感需要的驱动，国家往往寻求其他国家和国际组织通过特定方式对自身的国家身份予以有效承认，以确立和维持国家的主体性并确保自身身份处于稳定状态所能获得的本体安全感。[①] 亚历山大·温特指出，国家主要追求两种形式的承认——"薄的承认"与"厚的承认"。[②] 这两种承认形式反映在国际关系中，"薄的承认"可视为国家之间彼此承认对方为享有平等主权的国际体系成员，而"厚的承认"是指在"薄的承认"的基础上，行为体业已形成的特殊身份需要受到其他成员国一定程度的尊重，如个体对群体的归属感和对自身特性的维护、国家对大国地位和威望的追求，以及行为体对自身独特性的捍卫等。[③] 因此，国家寻求其他国际行为体承认的主要内容，往往涉及包括国家角色身份、个体身份和类属身份在内的国家身份。不仅如此，在与其他国际行为进行互动的过程中倘若国家的身份遭到其他行为体的漠视或蔑视等，进而危及其国家身份的稳定性

[①] Thomas Lindemann, *Causes of War: The Struggle for Recognition*, Colchester: ECPR press, 2010, pp. 24 – 28; Christopher S. Browning, "Nation Branding, National Self-Esteem, and the Constitution of Subjectivity in Late Modernity", *Foreign Policy Analysis*, Vol. 11, No. 2, 2013, pp. 1 – 6.

[②] Alexander Wendt, "Why a World State is Inevitable: Teleology and the Logic of Anarchy", *European Journal of International Relations*, Vol. 9, No. 4, 2003, pp. 511 – 512.

[③] 曾向红、邹谨键：《反恐与承认：恐怖主义全球治理过程中的价值破碎化》，《当代亚太》2018年第4期。

及动摇其本体安全感,那么,国家往往根据自身遭到蔑视的具体身份类型及特定情境,通过采取积极抗争、消极合作、身份调整与无视等手段与相关国家开展承认斗争。① 由此来看,"为承认而斗争"不仅是理解上合组织成员国对外行为动机的一个重要因素,同时也为我们了解上合组织成员国的情感需求提供了一个视角。

由于上合组织成员国均有相对于他国的较为明确的个体身份,以及在与其他行为体互动过程中相互构建而成的角色身份等,承认需求与承认斗争在上合组织各成员国中均有不同程度的体现。如自冷战结束以来,俄罗斯始终将世界大国身份作为其孜孜以求的国家目标,并通过各种措施致力于维护俄罗斯的国家独立与自身身份的独特性,同时追求成为全球行为体和地区领导者。② 在此方面,为表彰俄罗斯及普京个人对捍卫俄罗斯大国地位做出的卓越努力,2013 年,全世界俄罗斯人民大会将捍卫俄罗斯大国地位奖颁发给普京。此外,自独立以来,哈萨克斯坦与乌兹别克斯坦在相当长的一段时期内为争夺中亚地区领导地位而开展竞争。诸如此类的事例表明,承认需求很大程度上构成上合组织成员国共同的情感需要,甚至在一些成员国中表现得更为突出。以乌兹别克斯坦为例,自独立以来,乌兹别克斯坦寻求其他国际行为体的承认受到诸多因素的驱动。首先,由于乌兹别克斯坦经济结构较为单一,避免经济过度依赖外部是乌兹别克斯坦所强调的国家自主或独立的主要含义。其次,在安全方面,避免塔吉克斯坦和阿富汗动荡局势蔓延至其国内,成为乌兹别克斯坦维护自身自主性的一个重要考虑。再次,在社会方面,"为承认斗争"旨在维护乌兹别克斯坦的传统社会道德。最后,乌兹别克斯坦的承认需求还受到其追求中亚地区大国地位的内在驱动。

在伊斯兰·阿卜杜加尼耶维奇·卡里莫夫执政期间,"为承认而斗争"成为理解乌兹别克斯坦与中国、德国、日本和韩国的关系基本保持稳定而与俄罗斯和美国等国家的关系却较为跌宕起伏的关键因素。尽管

---

① 曾向红:《国际关系中的蔑视与反抗——国家身份类型与承认斗争策略》,《世界经济与政治》2015 年第 5 期。
② 周明、李泽:《俄罗斯军事干预叙利亚危机的情感动机》,《国际安全研究》2016 年第 5 期。

德国和美国在中亚地区均存在促进政治民主化、经济自由化和提升人权等广泛利益，不过与美国相比，德国更愿意承认乌兹别克斯坦的重要性且保持审慎行事，而美国不仅不愿与乌兹别克斯坦进行充分互动，且对待乌兹别克斯坦与其他中亚国家采取了差异化的态度。尽管随着美国在乌兹别克斯坦能源利益的扩大，以及出于对缓解塔吉克斯坦和阿富汗国内动荡局势的考虑，美国曾一度软化对乌兹别克斯坦立场，如克林顿政府对乌兹别克斯坦采取了温和的话语承认。1996年卡里莫夫访美和1997年希拉里访乌，再次表明美国对乌兹别克斯坦重要性的承认。不过，由于乌兹别克斯坦国内改革进程缓慢与时有违反人权的行为，美国国防部和国务院在对乌兹别克斯坦态度上发生了较为明显的分歧。"9·11"事件后，乌兹别克斯坦在人权、审查等领域对美国做了一些退让，不过，在国内改革问题上，乌兹别克斯坦做出的退让比较有限。2002年，美乌尽管签署了战略伙伴关系宣言，两国关系有所缓解，但这仍未能弥合两国间的不信任。"颜色革命"发生后，乌兹别克斯坦对包括美国在内的外国非政府组织加强审查，且要求美国承认乌兹别克斯坦对内政改革做出的努力，但遭到美方拒绝，由此导致卡里莫夫遭到国内外批评。相反，在此情况下，德国依然很大程度上支持卡里莫夫为改革所做的努力。不仅如此，2005年"安集延事件"发生后，尽管德国国内出现了批评卡里莫夫的声音，但德国各政党均保持了相当程度的克制。与此不同的是，美国则对卡里莫夫大加指责，最终导致两国反目成仇，进而促使乌兹别克斯坦将所有美国人员赶出阿什哈巴德军事基地。虽然德国的地位显著性比美国低，但其在很大程度上保持了谨慎，最终沿用了铁尔米兹军事基地。[①]

从国家承认需要及其承认斗争来看，上合组织主导的国际实践之所以能够超越成员国在社会制度、意识形态、发展模式和文明背景等方面的差异，进而树立成员国国际合作的典范，主要原因在于在上合组织框架内形成了"基于承认的地区合作模式"，且在"薄的承认"与"厚的

---

① Bernardo da Silva Relva Teles Fazendeiro, "Keeping Face in the Public Sphere: Recognition, Discretion and Uzbekistan's Relations with the United States and Germany, 1991 – 2006", *Central Asian Survey*, Vol. 34, No. 3, 2015, pp. 341 – 356.

承认"两方面，上合组织成员国对他国的心理与情感诉求尽可能地予以照顾。具体而言，其一，在"薄的承认"方面，如中亚成员国在获得国家独立后，均将捍卫国家主权和政权生存视为首要的国家目标。对此，即使在成员国国内或成员国之间发生严重冲突的态势下，如比较典型的事件包括中亚地区发生的"颜色革命"、吉尔吉斯斯坦2010年骚乱与族群冲突、印度和巴基斯坦在2019年2月底至3月初在克什米尔地区发生的激烈冲突等，上合组织始终恪守不干涉成员国内政的原则和立场。尽管此类冲突对上合组织正常工作议程的顺利开展造成了一定程度的冲击，不过，除了通过联合声明等形式表明组织的原则性立场外，对于成员国双边冲突或有成员国参与的国家间冲突，上合组织并不热衷于将其纳入组织框架内进行讨论。尽管对这一规范的严格遵守制约了上合组织直接介入地区冲突的能力，但也因此体现了上合组织对各成员国主权的充分尊重与承认，并获得各成员国较高程度的认可。其二，在"厚的承认"方面，对于俄罗斯的大国定位、哈萨克斯坦"文明国家"、乌兹别克斯坦"地区领导者和大国合作伙伴"以及中亚成员国"非阿富汗式国家"的集体身份，不论是上合组织还是组织内的成员国均从话语和行为层面予以有效承认。当然，上合组织框架内成员国基于承认产生的共同情感，不仅源自组织内大国的自我克制，也来自中小成员国积极参与组织活动并对大国表现出适当尊重。这同样反映了各成员国基于"承认"原则实现组织团结的地区合作经验。[①] 上合组织成员国"为承认而斗争"所产生的积极效果，有助于培育成员国之间的共同情感。主要原因在于，倘若与成员国重要社会关系相联系的国家身份能受到其他国际行为体的充分尊重，则会引发前者产生较为积极的情感反应。正如阿克塞尔·霍纳特所言，"尽管政治承认的符号不足以为跨国合作创立一个牢固的基础"，不过，"承认国家的文化产品与历史成就"就表明注意到了"跨国信任建立的情感根源"。[②]

---

① 曾向红：《上海合作组织研究的理论创新：现状评估与努力方向》，《俄罗斯东欧中亚研究》2019年第1期。

② Axel Honneth, "Recognition Between States: On the Moral Substrate of International Relations", in Thomas Lindemann and Erik Ringmar, eds., *The International Politics of Recognition*, Boulder: Paradigm, 2011, p. 36.

二 成员国的信任需求及其基础

"信任"或"互信"是成员国彼此之间及对上合组织所持有的另一种基本情感状态,也是构建上合组织命运共同体的另一种重要的情感资源。这里所谓的信任是指"行为体对另一方行为和态度的积极预期",行为体在积极正面情感认同的引导下确信另一方从主观态度上会主动关切和照顾自身的利益。① 对上合组织而言,成员国的情感型信任缘起于中俄哈吉塔五国在传统安全领域开展的合作实践,并明显体现出中国与俄罗斯的相互信任对其他中小成员国对上合组织信任的带动作用。在致力于实现两国关系正常化的背景下,自 1989 年至 1996 年,中俄(苏)两国在政治安全和军事安全领域逐渐从不信任走向彼此信任。具体而言,首先,在政治安全领域,两国元首和外长的密集互动逐渐推动了自 1969 年"珍宝岛事件"后倒退的两国关系实现正常化,并建立起政治安全信任。1991 年中苏发表《中苏联合公报》,1994 年中俄双方就构筑面向 21 世纪的新型伙伴关系达成共识,到 1996 年中俄建立战略协作伙伴关系,标志着两国在政治安全领域互信的确立。其次,在军事安全领域,中俄通过双边条约和国防部门高级官员之间的频繁交流,提升了两国军事意图的透明度。从 1989 年两国关系实现正常化后,中俄每年至少进行一次军事高层人员交流。与此同时,两国在 1996 年签署协定之前进行了大约 17 次以上的边界裁军谈判,反复确认双方关于边界地区裁军的意图和要求。② 在中俄两国建立信任措施的同时,中国与哈萨克斯坦、吉尔吉斯斯坦、塔吉克斯坦三国从 1993 年开始的边界谈判进程,可视为中亚三国与中国探索建立信任的过程。在此过程中,中国对上述三国的核心关切给予了最大限度的照顾。如中国在与哈萨克斯坦的边界谈判中收回了 22% 的争议地区,在对吉尔吉斯斯坦和塔吉克斯坦的边界谈判中,中国分别收回 32% 和 4% 的争议地区。③ 这种结果对于独立不久且对中国抱有怀疑情绪

---

① 王正:《信任的求索:世界政治中的信任问题研究》,北京时代华文书局 2016 年版,第 201 页。
② 林珉璟、刘江永:《上海合作组织的形成及其动因》,《国际政治科学》2009 年第 1 期。
③ 关于上合组织成员国之间建立信任的详细过程参见林珉璟、刘江永《上海合作组织的形成及其动因》,《国际政治科学》2009 年第 1 期。

的哈吉塔三国而言，基本上打消了其有关中国是"扩张性国家"的猜测，从而使其逐渐从担忧恐惧到信任中国。

相对于低级政治领域，国家间在高级政治领域信任的构建往往步履艰难，然而一旦这种信任得以确立，往往更具情感的扩展性与持续性，特别是对于中国与哈萨克斯坦、吉尔吉斯斯坦和塔吉克斯坦这样经历"初次遭遇"的行为体而言，互动初期的情感体验更容易冲击并触及彼此情感世界的深层，从而为上合组织成员国的情感型认同奠定一定的情感基调。对于此，包括国际关系学界在内的社会科学家，通过一些研究已经证明了信任的情感内涵及情感对信任的作用。如亚伦·霍夫曼认为，"信任可能是情绪所产生的一种态度，而不是一种理性计算的结果"。① 国际政治心理学研究者乔纳森·默瑟认为，情绪是信任的基础，信任是一种"情绪信念"，而"情绪信念"则是"对客体内在的、持久特征的概括"。② 上合组织成立后，成员国沿袭了此前在传统安全领域建立起的信任情感，并通过各种具体的合作实践不断予以巩固。如中俄两国不断培育互信水平，逐步发展为互为可信赖的战略伙伴。对其他成员国而言，至 2013 年 9 月中国与吉尔吉斯斯坦的关系提升为战略伙伴关系后，中国与俄、哈、乌、塔、吉均建立了战略伙伴级别的国家间关系，从而实现了中国与上合组织成员国间关系的全面升级。随着乌兹别克斯坦新总统沙夫卡特·米尔济约耶夫于 2016 年年底执政，中亚成员国之间关系的改善取得了重要进展，进一步提升了成员国对上合组织的信任水平。③ 尽管信任与认同彼此并不能相互替代，但两者之间的确存在相互促进的作用。如国际关系学者伊曼纽尔·艾德勒和迈克尔·巴内特认为，处于安全共同体内的行为体之间，通过信任的建立和发展，会不断增进彼此的

---

① Aron M. Hoffman, "A Conceptualization of Trust in International Relations", *European Journal of International Relations*, Vol. 8, No. 3, 2002, p. 382.

② Jonnthan Mercer, "Rationality and Psychology in International Politics", *International Organization*, Vol. 59, No. 1, 2005, p. 95.

③ 张宁：《中亚一体化新趋势及其对上海合作组织的影响》，《国际问题研究》2018 年第 3 期；周明：《乌兹别克斯坦新政府与中亚地区一体化》，《俄罗斯研究》2018 年第 3 期；焦一强、陈烨：《"后卡里莫夫时代"中亚地缘政治新变化——基于乌哈合作的分析视角》，《俄罗斯东欧中亚研究》2018 年第 6 期。

相互认同。① 因此，上合组织成员国之间较高水平的互信及成员国对上合组织的整体信任水平，无疑是激励它们对组织产生情感认同的一个主要因素。

扩员以来，上合组织成员国之间的政治互信有所提升。以中亚成员国为例，中亚成员国政治互信的提升主要得益于哈萨克斯坦与乌兹别克斯坦关系的改善，两国关系的实质性发展不仅改变了中亚成员国之间关系的整体氛围，而且赋予中亚地区一体化进程新的发展动力。② 在此过程中，哈萨克斯坦与乌兹别克斯坦两国高层之间密集的政治互动，在推动两国关系发展及中亚一体化进程方面起到了举足轻重的作用。哈乌两国继 2017 年 3 月、2017 年 10 月举行元首会晤后，2019 年 4 月 14—15 日，托卡耶夫在就任代理总统不满一个月就对乌兹别克斯坦进行首次国事访问，这一活动是对两国元首间政治对话的继承与发展，体现了乌兹别克斯坦及中亚国家在哈萨克斯坦外交中所处的优先位置。与此同时，乌兹别克斯坦将哈萨克斯坦视为亲密的邻居和可靠的战略伙伴。乌兹别克斯坦总统米尔济约耶夫对托卡耶夫访乌表示高度赞赏，并称"在过去的短时期内，两国关系取得了前所未有的成就"。③ 总之，扩员后，利用上合组织的机制平台加强与新老成员国之间的政治对话和信任水平，成为中亚成员国在上合组织框架内的一项重要任务和主要活动，这将有助于上合组织成员国之间政治互信水平的进一步提高。

除继续与中国、俄罗斯巩固政治互信外，中亚成员国积极发展与印度、巴基斯坦之间的双边关系，积极参与中亚—印度多边政治对话框架。一个最新的体现是，2019 年 1 月，印度、中亚五国和阿富汗在乌兹别克斯坦撒马尔罕举行首届"印度—中亚—阿富汗外长会议"，旨在提升区域间合作水平。这一对话框架是中南亚七国尝试合力应对阿富汗局势和发掘国家间经贸合作潜力的一项创举，各方支持将其作为一种机制化平台延续下去。④ 而

---

① ［以］伊曼纽尔·阿德勒、［美］迈克尔·巴涅特主编：《安全共同体》，孙红译，世界知识出版社 2015 年版，第 37—38 页。

② 周明：《乌兹别克斯坦新政府与中亚地区一体化》，《俄罗斯研究》2018 年第 3 期。

③ Shavkat Mirziyoyev, "For Uzbekistan, Kazakhstan Is a Close Neighbor, Reliable and Strategic Partner", 2019 - 04 - 06, https: //mfa. uz/en/press/news/2019/04/18609/.

④ "India Brings Forward Some Initiatives for Central Asia", 2019 - 01 - 14, ttps: //www. inform. kz/en/india - brings - forward - some - initiatives - for - central - asia_a3487674.

对印度来说，以"联通性"为核心全面发展与包括哈萨克斯坦在内的中亚各国的关系是其加入上合组织的一个主要动机。① 不仅如此，扩员后在双边层面，中亚成员国与印度和巴基斯坦之间政治对话的进程明显加快。以哈萨克斯坦为例，近年来，印度和哈萨克斯坦两国间政治对话的内容主要集中在经贸与军事领域。如在经济领域，哈萨克斯坦的主要关切在于希望充分利用哈萨克斯坦—土库曼斯坦—伊朗的铁路线扩大国内商品进入南亚市场的途径。同时，哈萨克斯坦积极支持并参与欧亚经济联盟与印度自由贸易区之间的谈判。② 在安全领域，为加强两国军事领域的交流及共同应对地区恐怖主义威胁，印度和哈萨克斯坦将举行"KAZIND"系列联合军演作为两国军事合作的主要内容。截至2019年6月，该系列军演已举行三次。与此同时，扩员后，上合组织为哈萨克斯坦开展与巴基斯坦之间的政治对话提供了机制平台，两国双边关系在上合组织扩员后有了明显提升。哈萨克斯坦与巴基斯坦之间具有共同的信仰、文化传统和历史遗产，为彼此继续深化政治对话和提高互信水平奠定了基础。2019年2月，哈萨克斯坦驻巴基斯坦大使巴利贝·萨季科夫表示，哈萨克斯坦已起草了一份合作协议，旨在扩大巴基斯坦和哈萨克斯坦之间的双边经济合作。③ 此外，两国在共同利益和合作需求的基础上致力于深化军事层面的交往。

扩员后影响成员国之间互信的诸多因素仍然未得到彻底解决，因此，能否有效巩固上合组织成员国的互信基础是构建上合组织命运共同体必须重视的问题。目前来看，上合组织成员国均有进一步加强彼此互信水平的较为强烈的共同意愿。为避免成员国之间的矛盾与冲突对上合组织的正常运转产生不利影响，上合组织成员国在不同程度上呼吁通过加强组织成员国之间的政治对话，以提高彼此的政治互信水平。其中，哈萨

---

① 杨恕、李亮：《寻求合作共赢：上合组织吸纳印度的挑战与机遇》，《外交评论》2018年第1期。

② "President Arif Alvi Seeks Access of Pakistani Commodities to Kazakhstan's Markets", 2019 - 04 - 11, https://www.inform.kz/en/president - arif - alvi - seeks - access - of - pakistani - commodities - to - kazakhstan - s - markets_a3516033.

③ "Road Map Ready to Intensify Pak-Kazakhstan Bilateral Economic Cooperation: Ambassador Barlybay Sadykov", 2019 - 02 - 01, https://www.inform.kz/en/road - map - ready - to - intensify - pak - kazakhstan - bilateral - economic - cooperation - ambassador - barlybay - sadykov_a3494157.

克斯坦在此方面的态度与立场最为明显。哈萨克斯坦政府认为，上合组织未来发展的战略重点在于加强成员国之间的政治对话与提高彼此互信水平，以增强上合组织的内部凝聚力和向心力。2018年6月，哈萨克斯坦第一任总统纳扎尔巴耶夫在上合组织青岛峰会上强调，由于政治对话与政治互信是组织成员国在各领域开展合作的基础与实现组织目标的重要保证，因此，成员国必须始终遵守《上海合作组织成员国长期睦邻友好合作条约》，确保上合组织地区的安全与发展。未来一个阶段，上合组织应将《〈上海合作组织成员国长期睦邻友好合作条约〉实施纲要（2018—2022年）》作为提高成员国之间政治对话和信任水平的路线图。① 哈萨克斯坦在政治方面对于上合组织的诉求并没有因国家最高权力交接而发生改变，卡瑟姆若马尔特·托卡耶夫就任哈萨克斯坦新总统后，基本继承了前任总统纳扎尔巴耶夫关于建设上合组织的主要观点。在2019年6月比什凯克峰会上，托卡耶夫指出，"国际关系的转变需要多边组织发展新的、更健全的原则。加强信任、对话与合作以确保地区安全与协作，仍是上合组织的关键任务"。②

整体来看，自上合组织成立以来，成员国在政治、经济、安全和人文合作等领域通过开展多边合作逐渐建立起了一定程度的互信水平，为构建上合组织命运共同体奠定了共同的信任型情感基础。扩员以来，尽管影响上合组织成员国互信的因素依然存在，不过，巩固与加强成员国之间的互信已经成为各国的普遍共识，各成员国均为此付出了不少努力。由此可见，构建上合组织命运共同体具备一定程度的互信基础。

---

① "Participation in the Meeting of the SCO Council of Heads of State in an Expanded Format"，2018 – 06 – 10, http：//www. akorda. kz/en/events/international_community/foreign_other_events/participation – in – the – meeting – of – the – sco – council – of – heads – of – state – in – an – expanded – format？q＝Shanghai％20Cooperation％20Organization.

② "Tokayev：SCO Key Task Is to Strengthen Confidence, Dialogue"，2019 – 06 – 14, https：//www. inform. kz/en/tokayev – sco – key – task – is – to – strengthen – confidence – dialogue_a3538027.

第四章

构建上海合作组织命运共同体的主要挑战

由于构建上合组织命运共同体旨在将上合组织打造成为由价值共同体、安全共同体、利益共同体和情感共同体构成的复合性地区共同体，因而上合组织命运共同体构建面临的挑战主要集中在以下四个方面。第一，在构建上合组织命运共同体的价值共同体维度，尽管上合组织的共同价值事实上已初具雏形，但上合组织并未对成员国普遍遵循的共同价值予以完整表述，并在此基础上构建一套结构完整、逻辑清晰的共同价值话语体系。上合组织共同价值话语体系的缺失部分影响成员国对上合组织共同价值的社会化和认同。与此同时，世界范围内逆全球化、单边主义和贸易保护主义等思潮逆流涌动，对上合组织一贯坚持的主权观、合作观、发展观和国际观等构成了明显冲击。第二，在构建上合组织命运共同体的安全共同体维度，成员国各自面临长期和复杂的非传统安全威胁，且各国对非传统安全威胁的主要关切点存在差异，导致上合组织成员国的安全威胁认知和安全利益诉求均趋向进一步多元化的态势，并考验上合组织安全合作的成效。同时，当前上合组织安全合作中呈现出的种种缺陷尚不能完全满足成员国的安全合作需要，使上合组织安全共同体的构建面临不少阻碍因素。第三，在构建上合组织命运共同体的利益共同体维度，受成员国之间经济发展不平衡，组织内主要成员国在上合组织未来发展方向上存在较大分歧，以及制约成员国之间双边关系正常发展的深层次阻碍因素依然存在等诸多因素的影响，上合组织在扩大和实现成员国共同利益方面面临的难度增大。在此背景下，如何汇聚成员国的共同利益与平衡各成员国的自我利益，及有效协调成员国共同发展与上合组织整体发展之间的关系，是构建上合组织利益共同体过程中亟须考虑并有效解决的问题。第四，在构建上合组织命运共同体的情感共同体维度，上合组织框架内的人文交流与合作并未建立起较为完善的长效机制、成员国社会各界别、各领域和各层面尚未形成均衡的交往与交流局面，限制了成员国不同社会群体之间共同情感的培养。不仅如此，在影响成员国之间彼此信任的因素没有完全清除的情况下，上合组织扩员导致成员国信任建立的制约因素有增无减。这些因素的存在对于构建上合组织情感共同体构成了挑战。

第一节　构建上合组织价值共同体面临的挑战

在上合组织命运共同体的价值维度，上合组织当前面临的挑战主要体现在两个方面：一是上合组织共同价值的话语体系存在明显缺失，二是成员国对上合组织共同价值的认同程度总体上还有待提高。就前者而言，共同价值是构建上合组织命运共同体的基础和条件，经过成员国近20年的共同实践历程，以"上海精神"为核心的上合组织共同价值的基本框架已经初步形成。不过，考虑到"上海精神"的核心地位可能会受到一定程度的冲击，且受到成员国在历史文化方面存在较大差异性，以及上合组织共同价值在各成员国中的接受程度不一而同等影响，上合组织的共同价值始终没有在官方层面被正式确立。鉴于共同价值在反击西方国家对上合组织进行污名化及汇聚成员国凝聚力等方面均发挥着重要的作用，明确上合组织的共同价值及其话语体系对于构建上合组织命运共同体具有十分重大的现实意义。就后者而言，在成员国对上合组织共同价值的认同方面，不论就上合组织共同价值被认同的广度还是深度，其均与上合组织命运共同体尚存在一定的距离。上合组织共同价值认同程度较为有限主要体现在各成员国社会各层面而非官方层面。造成这种结果的主要原因在于在成员国官方主导下开展的对上合组织共同价值的认同构建活动，并未通过行之有效的途径深入成员国社会各领域，由此导致上合组织共同价值在各成员国社会层面社会化效果明显低于官方层面。与此同时，外界对于成员国之间所开展的正常地区合作进行恶意揣测与蓄意渲染，这在各成员国的普通民众中造成了一定程度的消极影响。有鉴于此，各成员国应该充分认识到上合组织共同价值在构建上合组织命运共同体过程中的重要意义。

一　共同价值话语体系缺失

话语体系是思想理论体系和知识体系的外在表达形式，它以工具性构架承载特定的思想与价值观念，并以实体性表征表示思维能力。① 话语在不同层面构建了自我、规范与知识等社会关系和知识框架，话语者通过语言符号表达自己的观点、价值观、视角，以及对某事物的认识、看法、与他人的社会关系，定义了社会物品的本质和相关性，构建了一个意义体系。② 因此，上合组织的话语体系与其共同价值之间具有内在的统一性，不仅蕴含着组织成员国特定的认知图式、思维方式与价值观念等，而且塑造成员国与其他行为体对上合组织的认识与理解。正如马克思所指出的："语言是一种实践的、既为别人存在因而也为我自身存在的、现实的意识。语言也和意识一样，只是由于需要，由于和他人交往的迫切需要才产生的。"③ 在此意义上，共同价值及其话语体系是构建上合组织价值共同体进而构建上合组织命运共同体的重要基础和前提条件。上合组织价值共同体的形成，有赖于成员国在对组织共同价值实现较高程度内化的基础上形成对上合组织共同价值的共有理解，同时将其转化为各自的价值导向型行为。自成立以来，"上海精神"展现出超越成员国地域界限和文明差异的理念感召力和强劲生命力，在汇集成员国共识及提高组织凝聚力方面发挥了其他因素无以代替的价值引领作用。正是因为如此，"上海精神"不仅享有内部成员国较高程度的认可，而且获得越来越多外部国际行为体的广泛承认。因此，在上合组织的共同价值中，"上海精神"毋庸置疑占据核心地位，是上合组织的核心价值所在。

不过，整体来看，上合组织在共同价值的主要内容及其话语体系构

---

① 王永贵、刘泰来：《打造中国特色的对外话语体系——学习习近平关于构建中国特色对外话语体系的重要论述》，《马克思主义研究》2015 年第 11 期。
② 孙吉胜：《跨学科视域下的国际政治语言学：方向与议程》，《外交评论》2013 年第 1 期。
③ 《马克思恩格斯选集》（第一卷），人民出版社 2012 年版，第 161 页。

建方面尚存在较为明显的缺失。这种缺失状态的存在不仅与上合组织的发展要求不相匹配，而且制约上合组织命运共同体构建工作的顺利开展。造成这种情境的直接原因在于上合组织共同价值的主要内容尚未在组织层面被予以正式确立，由此导致外界无从知晓上合组织共同价值的具体内涵。除"上海精神"在上合组织成立之初就被各成员国明确规定外，到目前为止，上合组织未能通过行之有效的方式明确自身的共同价值，以对内对外明确传递组织的发展理念。不过，值得指出的是，尽管上合组织并未在相关文件中明文规定其共同价值的主要内容，但这并不意味着上合组织没有形成自身的共同价值。事实上，经过成员国近20年的共同实践过程，上合组织已初步形成了以"上海精神"为核心的一套共同价值体系。如本书第三章所言，根据上合组织历次峰会宣言、联合公报和新闻公报等在内的一系列官方文件及其精神，并结合上合组织成员国在各领域近20年的共同实践经验可以发现，上合组织已形成了由四种基本价值观构成的一套较为完整的价值体系，它们分别可以提炼为上合组织的"主权观""合作观""发展观"和"国际观"，且"四观"彼此之间具有十分密切的联系。对于事实上已经存在的组织共同价值，各成员国政府在不同时期均有相关的论述。2012年6月，恰逢上合组织开启第二个十年征程之际，时任国家主席胡锦涛在接受上合组织成员国媒体联合书面采访时揭示了上合组织共同价值的基本框架。胡锦涛指出，上合组织在探索走新型区域组织合作道路的进程中，创立了以"上海精神"为核心的新安全观、新合作观、新发展观和新文明观。① 在此基础上，根据形势变化及上合组织的发展要求，2018年6月，在上合组织成员国元首理事会第十八次会议上，习近平主席强调各成员国需要在进一步弘扬"上海精神"的基础上，坚持"发展观""安全观""合作观""文明观"和"全球治理观"，为"上海精神"赋予了时代内涵。②

由此可见，上合组织的共同价值业已存在，但其主要内容及其话语

---

① 《以"上海精神"为核心创"新四观"》，2012年6月6日，http://news.sina.com.cn/o/2012-06-06/150124545902.shtml。
② 《弘扬"上海精神" 构建命运共同体——在上海合作组织成员国元首理事会第十八次会议上的讲话》，2018年6月10日，https://www.gov.cn/gongbao/content/2018/content_5301804.htm。

体系尚未在组织层面被正式确立。造成这一现象的原因是多方面的。第一，以"互信、互利、平等、协商、尊重多样文明、谋求共同发展"为内容的"上海精神"，已通过简洁明确的话语概括了上合组织所秉持的基本价值，其对成员国在各领域的多边合作发挥着重要的价值引领作用。那么，在"上海精神"的具体内涵已被确立的前提下再创立上合组织共同价值的话语体系，一方面难免存在赘述之嫌，另一方面有可能冲击或淡化"上海精神"在上合组织中的核心地位。第二，成员国之间的文化差异较大导致各成员国形成对上合组织共同价值的共有理解往往存在一定的难度。在上合组织框架内，基于成员国各自的社会历史发展，印度、巴基斯坦及中亚成员国、俄罗斯、中国分别形成了氛围迥异的佛教文化、伊斯兰文化、东正教文化和儒家文化，并各自展现出较高程度的文化认同。由于成员国处于不同的社会政治文化背景下，针对同一共同价值及其话语表述，处于不同文明或文化中的成员国可能产生不同的理解，进而有可能偏离创建上合组织共同价值的初衷并影响其传播效果。[①] 如有学者曾指出，上合组织面临成员国由历史、文化和价值观等异质性带来的挑战，这些因素的长期存在导致上合组织未能形成成员国一致认可的"共同价值观"。[②] 第三，尽管上合组织的共同价值事实上存在，不过，这些共同价值在成员国中的内化程度存在较大的差异。其中，一些价值观在成员国共同的实践过程中已深入人心，而另一些共同价值受到成员国一定程度的认可，但事实上尚未实现较高程度的社会化。如事实已经证明，成员国在地区及全球重大问题上形成一致的地区与国际秩序观往往面临较大的难度。正是因为上述原因的存在，上合组织共同价值及其话语体系迟迟没有得以正式确立。

尽管在上合组织的共同价值及其话语体系的创立过程中将面临不少阻碍因素，不过，在"上海精神"的基础上对上合组织的共同价值予以有效提炼，赋予其确切的内涵及清晰的话语表述方式并使之逻辑自洽与结构完备，对于当前构建上合组织命运共同体仍具有十分重要的意义。

[①] 孙吉胜、何伟：《国际政治话语的理解、意义生成与接受》，《国际政治研究》2018年第3期。

[②] 李进峰：《上海合作组织扩员：挑战与机遇》，《俄罗斯东欧中亚研究》2015年第6期。

这是因为明确且完整的上合组织共同价值话语体系，可以成为有效反击西方国家对上合组织进行"污名化"甚至"妖魔化"的思想武器。自上合组织成立以来，尽管西方国家承认上合组织在地区公共物品供给方面扮演的重要角色，且上合组织与西方国家之间的关系并未发展到彼此敌视的地步，不过，西方国家对于上合组织的态度总体上表现消极。不论在西方学者还是在西方国家决策者的既有认知图式中，上合组织无不被打上了"清谈馆""反西方集团"和"威权国家俱乐部"等贬抑性印记。不仅如此，美国等西方国家对于上合组织发展壮大对既有国际秩序构成挑战的忌惮情绪有增无减，并因此对上合组织持有日益增强的戒备心理。① 甚至有西方学者基于意识形态偏见审视上合组织认为上合组织以一种"便宜联盟"甚至是一种"麻烦联盟"的形式而存在，离成为真正的地区共同体相距甚远。② 面对西方国家的无端指责与蓄意抹黑，明确上合组织共同价值的话语体系可以有效反击西方国家利用其享有的优势话语地位对上合组织进行诋毁与贬损的行为，进而有助于提升上合组织的国际威望和国际声誉。不仅如此，构建上合组织共同价值的话语体系还有助于提高上合组织话语的国际传播能力，进而促进上合组织所倡导的国际规范的广泛扩散。这是因为国际组织的共同价值往往寓于不同类型的组织规范之中，而国际组织实现自身国际规范社会化的一条有效路径，在于提高话语体系的国际传播能力。因此，国际传播效果影响上合组织的共同价值和共同规范在各成员国和国际社会中的认可程度。与此同时，打造上合组织共同价值的话语体系，也有助于加强上合组织成员国之间的凝聚力。上合组织内部的团结程度，从某种意义上而言，取决于成员国对组织共同价值的认可程度。③ 上合组织整体凝聚力较为有限的问题不仅早在扩员前已成为制约上合组织进一步发展的痼疾，而且在扩员后更受到各方的高度关注与热切期待。面对构建上合组织命运共同体的艰巨

---

① 王晨星：《美国对上海合作组织的最新认知及原因》，《俄罗斯学刊》2018 年第 6 期。
② Nicola P. Contessi, "China, Russia and the Leadership of the SCO: A Tacit Deal Scenario", *China & Eurasia Forum Quarterly*, Vol. 8, No. 4, 2010; Graeme P. Herd, "The Future of the SCO: An Axis of Inconvenience?", http://www.risingpowersglobalresponses.com/wp-content/uploads/2014/02/HerdPaper.pdf.
③ 杨进：《集体身份构建与上海合作组织凝聚力建设》，《俄罗斯学刊》2019 年第 5 期。

使命，上合组织迫切需要通过构建较为完备的共同价值及其话语体系以大幅提升成员国之间的凝聚力。

由上文分析可见，上合组织的共同价值已初具雏形，在此基础上将其转化为内涵明确与结构完整的话语体系既有利好的一面，也存在一些弊端。不过，鉴于共同价值是构建上合组织命运共同体的不可或缺的基础与条件，且在构建上合组织命运共同体的过程中，共同价值在凝聚成员国共识、提高组织凝聚力以及抑制成员国一味追求短视的自我利益方面均具有不容小觑的积极作用，打造上合组织的共同价值仍具有较为重大的现实意义。因此，上合组织当前亟待完成的一项任务在于秉持成员国协商一致的原则，确立上合组织共同价值的主要内容及其话语体系。

二 共同价值认同程度偏低

成员国对上合组织价值认同的主要内容在于上合组织所宣示或践行的具有较高稳定性的价值追求。上合组织的价值往往贯穿于组织宗旨、原则、规范、偏好、理念、思想等观念体系的各个层面，并通过其发布的宣言、公报与声明等形式不断强化。故在此意义上，这里所谓的"价值"可以是包括组织价值观在内的广义上的上合组织的规范体系。事实上，认同问题不仅是国际组织发展进程中均会不同程度遭遇的现实问题，而且是国际组织研究领域始终存在却尚未被充分重视的理论课题。既有研究成果集中对欧盟、东盟的共同价值与身份认同、认同构建和认同过程等问题开展了较丰富的理论与实证研究，不过，就上合组织的认同开展具有一定创新性研究的成果却相对较少。尽管如此，近些年上合组织共同价值的认同现状已引起组织成员国和学术界的广泛关注。中国外交部长王毅在 2017 年上合组织成员国外长非例行会议上指出，上合组织需要"逐步形成成员国各界别、各阶层对'上合大家庭'的归属感和认同感"。[①] 不仅如此，国内外学界对此也颇为关注。如日本中亚问题研究专家认为，在上合组织目标和任务日益拓展的情形下，学术界不仅要研究

---

① 《王毅外长在上海合作组织成员国外长非例行会议上的讲话》，2017 年 9 月 24 日，https：//www.mfa.gov.cn/web/gjhdq_676201/gjhdqzz_681964/lhg_683094/zyjh_683104/201709/t20170924_9388556.shtml。

组织成员国间的技术合作及其政治意愿，而且更重要的是需要对旨在促进成员国之间彼此理解，及有助于塑造积极的组织形象和提升组织认同水平的相关活动予以充分重视。① 事实上，上合组织共同价值认同缺失的状况自组织成立以来始终存在，且目前已经对组织框架内的多边合作以及更广泛的地区合作倡议的平稳实施产生了一定程度的消极影响。尤其在构建上合组织命运共同体的背景下，上合组织共同价值认同缺失等深层次问题倘若得不到及时有效的缓解，无疑将制约成员国构建上合组织命运共同体的共同意愿。

就上合组织的共同价值而言，尽管"上海精神"已较为成功地内化为组织成员国的核心价值与行为准则，并成为成员国之间弥合分歧与汇聚认同的核心要素。不过，成员国对上合组织共同价值的认同程度仍有待提高。上合组织共同价值认同程度依然较为有限的一个主要表现是，上合组织的共同价值在成员国官方层面的认同程度较高而在各国社会层面的认同程度相对较低。主要原因在于，首先，成员国对上合组织共同价值的认同很大程度上源自在成员国政府主导下开展的认同构建活动，且通过成员国官方达成的各种关系契约得以确立，在此基础上被成员国历届政府加以确认与继承。然而，基于官方主导构建的共同价值认同却未能自上而下通过行之有效的方式传递至各国社会层面，进而被不同界别、领域和层次的普通民众所接纳并认可。由此可见，成员国对上合组织共同价值的认同在国家层面与社会层面之间出现了某种程度的裂痕。其次，上合组织的共同价值在各成员国社会层面认同程度不高，除与组织认同构建主体具有密切关系外，还在于作为上合组织层面的共同价值认同的构建与内化与作为独立个体的成员国在各自国内推动组织共同价值的认同延伸至社会各层面，事实上是两种迥然不同的进程。前者基于"多边互动的社会化模式"，而后者很大程度上是以各国政府为关键行为体的单边社会化进程。由于受政府信誉、传播途径、社会群体差异等多种因素的影响，在社会层面，成员国对上合组织共同价值的认同水平往往要低于官方层面。最后，另一个同等重要的原因在于，上合组织构建

---

① Timur Dadabaev, "Shanghai Cooperation Organization (SCO) Regional Identity Formation from the Perspective of the Central Asian States", *Journal of Contemporary China*, Vol. 23, No. 85, 2014, p. 108.

的较为宏大的共同价值话语在缓解成员国普通民众的不安、担忧和猜忌情绪方面发挥的作用较为有限。与这些宏大叙事相比，成员国普通民众更为关心与自身利益具有密切关系的事务。如为了反对哈萨克斯坦政府将外国人租赁国内农用耕地的期限从 10 年提高至 25 年，2016 年 4 月底到 5 月初，在阿拉木图、阿斯塔纳、阿特劳、乌拉尔斯克和巴甫洛达尔等城市发生了针对政府修改土地法的抗议活动。这些抗议爆发的一个主要理由在于担心中国在经济领域对当地实施"更严重的扩张行动"。① 中国与中亚国家间日益依赖的经济关系导致普通民众对中国经济与政治雄心、地区自然资源紧张和中国劳动力涌入的持续担忧。② 这些消极因素的存在直接影响了"上海精神"等组织共同价值在各成员国普通民众中的认同程度。与此同时，外界对于成员国之间开展地区合作的意图进行恶意揣测与大肆渲染，一定程度上引发了普通民众对上合组织的猜疑，进而动摇了他们对上合组织共同价值所持有的态度。如 2016 年 11 月 23 日，总部位于东京的外交学者网站发表了阿塞拜疆外交事务评论家福阿德·沙赫巴佐夫题为《中国加强在塔吉克斯坦的军事和经济存在》的文章。该文章认为，2016 年 9 月，中国提出在塔吉克斯坦与阿富汗边境地区修建 11 座新的边检站和一座新的军事设施，表明继在中亚的"经济扩张"之后，中国开始加强它在该地区的"军事主导"地位。③ 因此，在上述因素的综合影响下，上合组织的共同价值并未在各成员国社会层面形成较为广泛且深层次的认同。

成员国社会各领域、各层面对上合组织共同价值的认同现状，与构建上合组织命运共同体的要求尚存在距离。鉴于此，巩固与提高成员国社会各领域、各阶层对上合组织共同价值的认同程度对于构建上合组织命运共同体而言具有重要的意义。总体而言，不论成员国对上合组织共同价值的认同出于工具理性、价值理性还是情感，均会影响上合组织命

---

① 《美媒：哈萨克斯坦民众抗议 担心中国"租地扩张"》，《环球时报》2016 年 5 月 11 日，http://world.huanqiu.com/exclusive/2016-05/8915642.html。

② Marlene Laruelle, *China's Belt and Road Initiative and Its Impact in Central Asia*, The George Washington University, Central Asia Program, 2018, p. 97.

③ 《日称中国进军中亚在塔吉克斯坦建军事设施令俄不安》，2016 年 12 月 5 日，https://mil.news.sina.com.cn/china/2016-12-05/doc-ifxyiayr9072356.shtml。

运共同体的构建，这主要体现在两个方面。一方面，成员国对上合组织共同价值的认同是构成上合组织"行为体属性"的必要条件。上合组织作为具有一定行为能力的国际行为主体，其对外部世界产生影响的效度很大程度上取决于自身行为体属性的强弱，而成员国对上合组织的认同和上合组织的自我认知，则是衡量上合组织行为体属性的不可或缺的要素。[1] 这类似于迈克尔·A. 霍格对群体实体性与组织认同关系的研究所揭示的那样，即具有较高群体实体性（明确的群体界限、一致的成员标准、严格的共享目标、独特的群体特征）的组织往往更容易获得组织成员的认同。反之亦然，成员国对上合组织共同价值认同程度的提高，无疑有助于夯实上合组织的实体性，进而增强上合组织的行动能力。[2] 另一方面，成员国对上合组织共同价值的认同会影响上合组织发展前景。这是因为成员国对上合组织的共同价值具有较为清晰的认同，对上合组织呈现自我、增强自身可见性和相关性来说是不可或缺的因素。在上合组织内部，成员国较高程度的共同价值认同可以向组织成员国及其国内舆论展现良好的组织面貌，进而为组织政治合法性提供来源；在上合组织外部，向地区和国际行为体展示由成员国认同构建或部分构建的界定明确的组织形象，进而有助于提高上合组织的可信度、认可度和声望。[3] 总之，推动成员国对上合组织的共同价值形成稳固的认同有利于对内对外传递上合组织存续发展的信念，进而有助于为构建上合组织命运共同体汇聚广泛的社会基础。

基于以上分析可以发现，上合组织的共同价值不仅需要在各成员国

---

[1] Uwe Wunderlich, "The EU – A Post-Westphalian Actor in a Neo-Westphalian World?", Paper for Presentation and the UACES Annual/ Research Conference, 2008, pp. 17 – 23, https://www.uaces.org/documents/papers/0801/2008_JUWunderlich.pdf; Stuart Albert, Blake E. Ashforth and Jane E. Dutton, "Organizational Identity and Identification: Charting New Waters and Building New Bridges", *Academy of Management Review*, Vol. 25, No. 1, 2002, pp. 13 – 17; 朱天祥：《地区间主义与欧盟：全球行为体之锻造与实践新途径》，《社会科学》2010 年第 10 期。

[2] Michael A. Hogg, et al., "Uncertainty, Entitativity and Group Identification", *Journal of Experimental Social Psychology*, Vol. 43, No. 1, 2007; 杨晓莉、刘力、李琼、弯美娜：《社会群体的实体性：回顾与展望》，《心理科学进展》2012 年第 8 期；周明：《恐怖组织的群体实体性与国际动员能力——基于"基地"组织与"伊斯兰国"的比较》，《社会科学》2017 年第 9 期。

[3] Andrea Oelsner, "The Institutional Identity of Regional Organizations, Or Mercosur's Identity Crisis", *International Studies Quarterly*, Vol. 57, No. 1, p. 115.

官方层面获得较高程度的认同，而且需要各成员国社会各领域、各界别形成对组织共同价值的广泛认可。由于成员国对上合组织共同价值的认同并不完全受到工具理性思维的支配，而部分源自成员国基于对上合组织理念、规范、目标和道义等因素而对组织产生的认可。在此意义上，一旦成员国对上合组织共同价值的积极认同得以生成，其在效果上往往比基于成本—收益考虑形成的工具型认同更为持久与深沉。因此，在上合组织命运共同体构建过程中需要提高成员国对上合组织共同价值的整体认同程度，并着力夯实上合组织共同价值认同的社会基础。

三　共同价值外部挑战增多

上合组织初步形成的共同价值不仅存在话语体系缺失的显著缺陷，以及其在成员国社会层面的认同尚未培育起来较为深厚的社会根基，而且，上合组织共同价值的感召力受到西方国家泛起的各种社会思潮越来越明显的冲击，由此导致上合组织的共同价值获取国际社会广泛承认的空间被压缩。之所以在此强调外部行为体的承认对于构建上合组织命运共同体所具有的重要意义，是因为倘若上合组织的共同价值获得外部行为体的承认程度越高，那么就越能够激发成员国对上合组织的归属感和成员国彼此之间的"我们感"，进而促使上合组织成为享有较高国际威望和国际影响力的行为体。换言之，成员国对上合组织共同价值的认同与外部行为体对上合组织共同价值的承认之间，尽管两者具有本质上的差异，但也并非完全割裂，而是存在相互作用的关系。从外部来看，上合组织共同价值所倡导的理念均不同程度地受到西方国家话语和行为的冲击。

上合组织备受珍视的主权观受到西方国家干涉话语及干涉行为的侵蚀。自威斯特伐利亚和约签署以来，主权原则成为数百年来国家之间相处所遵循的基本原则，并因此也成为上合组织成员国一致推崇的共同价值。不过，自冷战结束以来尤其是21世纪以来，西方国家通过不断构建或翻新干涉话语，以为其对他国内政进行干预提供合法性。在上合组织成立后不久的2001年12月，"干预与国家主权国际委员会"向世界发布了题为《保护的责任》的研究报告，该报告承认国家负有保护其国内民众免受大规模屠杀、强奸与饥饿等人道主义灾难的首要责任。不过，在当上述悲剧发生的时候，如果当事国缺乏对本国国民予以保护的意愿，或在其保护能力不足以有效应对人道主义危机的情况下，国际社会有责任采取军事干预等在内的必要手段对该国实施保护性干预。① 不可否认的是，"保护的责任"这一概念的产生很大程度上是国际社会对卢旺达种族大屠杀等一系列悲惨事件进行深刻反思的结果，其对于世界人权事业无疑具有积极的促进作用。不过，该报告中所使用的一些术语如"本来可以避免的灾难"等，其内涵与外延并未被清晰地界定，由此导致这一概念成为别有用心的国家干涉他国内政的依据。事实也是如此。西方国家在依据"保护的责任"对他国开展人道主义干预时，并非根据该国的实际情况选择干预或不干预，而往往依据他们对干预成本与预期收益的精心权衡，以及能否顺利获得联合国安理会给予的授权。如面对2011年叙利亚和利比亚两国几乎同时发生的大规模暴行，西方国家根据其秉持的"双重标准"，选择针对利比亚而不是叙利亚实施了粗暴的军事干预。② 总之，不论是20世纪90年代西方国家提出的"干涉的权利"还是21世纪初形成的"保护的责任"，它们在国际政治实践过程中很大程度已偏离了维护人权的初衷，沦为西方国家满足一己私利的概念工具。③ 在上合组织地区，美国等西方国家时常以人权为由对上合组织成员国国内事务大加指责甚至出手干预，对地区和平与稳定造成了短期难以根除的消极影响。

特朗普政府确立的"美国优先"理念及其对这一理念的执意推行对国际合作产生了诸多消极影响，部分削弱了上合组织发展观与合作观的国际吸引力。上合组织的发展观以尊重各国自主选择的发展道路为基本前提，通过鼓励成员国实施创新驱动型经济发展战略，以促进成员国之间的协同发展与综合发展。特别是共建"一带一路"倡议提出以来，上合组织致力于推动自身发展理念深度融入成员国共同实践的各领域和各层面。为此，上合组织致力于逐步实现"一带一路"建设与各国的发展

---

① 李斌：《〈保护的责任〉对"不干涉内政原则"的影响》，《法律科学》（西北政法大学学报）2007年第3期。

② 曾向红、霍杰：《西方国家对"保护的责任"的选择性适用：影响因素与案例分析》，《欧洲研究》2014年第5期。

③ 陈小鼎、王亚琪：《从"干涉的权利"到"保护的责任"——话语权视角下的西方人道主义干涉》，《当代亚太》2014年第3期。

战略相对接，推动上合组织公共产品的供给与成员国的共同需求之间形成较高程度的匹配，以及推动上合组织地区的多边经济合作进一步融入世界经济体系之中。不过，与上合组织的发展理念及其在该理念指导下的地区实践形成鲜明对比的是，自特朗普执政以来，特朗普政府以"美国优先"理念统领对外政策，以美国利益为重，以实力求和平为核心，致力于实现"让美国再次伟大"的竞选承诺。基于此，美国在开展国际合作的过程中将追求本国利益和本国发展置于优先地位，严重背离了共同发展的合作理念。这种基于自我利益决定其对外政策走向的价值取向，虽然在美国历届政府中均有不同程度的体现，但在特朗普政府时期体现得更加有恃无恐。

之所以如此，主要是因为在特朗普看来，以往美国在一些国际事务上的各种投入，并没有获得预期的回报。鉴于此，美国需要有的放矢，进行适度的战略收缩。同时，在处理国际问题方面，特朗普又精于基于成本—收益的工具理性思维。这种以自我利益为中心的理念体现在特朗普政府的中亚的政策上主要表现为，美国在中亚地区对安全的需求已超过其他需求，成为特朗普政府在中亚地区的主要利益。当然，这并不意味着特朗普政府不关心其他领域，而是相比其他领域来说，由于特朗普政府担心恐怖主义的发展对美国本土及其海外利益构成严重威胁，故其更关心中亚地区对美国及其盟友安全的影响。不仅在中亚地区如此，在整个世界范围，美国在安全、经贸和外交等各领域谋求"美国优先"的单边主义行为，已对国际合作中的共同发展理念构成了明显冲击。在此背景下，上合组织所秉持的共同发展观不可避免地受到一定程度的削弱。与上述情形类似的是，上合组织所坚持的以平等协商、互利共赢与共同发展为主要内容的合作观，同样面临来自特朗普政府的挑战。特朗普上台以来，美国开始向"国际义务与合作宣战"，并相继退出跨太平洋伙伴关系协定、巴黎气候协定、联合国教科文组织、联合国人权理事会和伊核协定等国际条约和国际组织。[①] 除此之外，特朗普政府还威胁退出世界贸易组织与北美自由贸易协定，以此要挟相关国家重新就有关议题进行

---

① Thomas G. Weiss, "The United Nations and Sovereignty in the Age of Trump", *Current History*, Vol. 117, No. 795, 2018, pp. 10–15.

谈判，进而谋求最大限度地实现美国利益。

在上合组织的国际观方面，近年来，美国在全球安全、政治和经贸等各领域实施的一系列单边主义行为，对上合组织成员国遵循的共同价值获得外部行为体的广泛承认构成了一定程度的挑战。上合组织成员国共享的国际观在坚持维护既有国际秩序的前提下，致力于改革其中的不合理、不公正的因素。与此同时，上合组织积极倡导通过对话方式解决国际冲突，并积极探索建立公正合理的地区与全球政治经济新秩序。不过，自2008年国际金融危机发生以来，全球层面的价值破碎化与价值冲突已从一种趋势逐渐演变为世界政治现实，由此导致上合组织所坚持的共同价值受到来自全球层面价值冲突的不利影响。此种情形产生的主要原因在于，美国从全球化的主要支持者与推动者，逐渐蜕变为全球化发展的主要阻碍力量。自20世纪中后期以来，美国很大程度上倚靠其建立的国际制度体系有效推动了第二轮全球化进程在世界范围内持续扩展，并在此过程中形成了由美国主导的全球化价值观。该价值观倡导生产要素在世界范围内自由流动，强调开放的市场在构建全球经济体系中所扮演的重要作用。

不过，随着美国在全球化进程中面临收入分配不均衡和就业机会转移的形势愈加严重，美国国内在面对全球化议题时产生了较为激烈的价值冲突，导致特朗普政府在全球层面采取了政治上的民粹主义、经济上的本土主义和国际关系上的新孤立主义。[①] 体现在经贸领域，美国政府在全世界范围内推行贸易保护主义，对全球经济体系的正常平稳运转产生了消极影响。在国际恐怖主义治理方面，尽管美国在全球恐怖主义治理中扮演规范提出者、倡导者和塑造者等积极角色，不过，美国在全球反恐怖主义过程中，不论在话语层面还是行为方面往往秉持"双重标准"，且经常通过采取单边主义行动的方式达到颠覆他国合法政权的目的，以及出于维护美国霸权地位开展反恐行动，这些话语与行动不仅削弱了霸权治理在全球恐怖主义治理中的合法性，而且对既有的国际秩序构成了

---

① 孙天昊、盛斌：《墙还是梯子？——美国在全球化进程中的价值冲突与特朗普政府的选择》，《美国研究》2019年第4期。

严峻挑战。① 由此可见，不论在国际安全、国际政治还是国际经贸领域，美国在全球层面造成的价值破碎与价值混乱一定程度上压缩了上合组织的国际观获得国际承认的空间。

通过上文的分析可见，整体来看，上合组织成员国共享的主权观、发展观、合作观和国际观面临源自外部行为尤其是美国在话语和行为方面越来越多的挑战。当然，这也从一个侧面反映出上合组织成员国所坚持的共同价值具有自身的独特性，其与西方国家持有的价值观之间具有较为显著的区别。总之，作为构建上合组织命运共同体的重要基础，上合组织的共同价值不论在内部成员国认同方面还是外部行为体承认方面均面临不少挑战因素，成为干扰上合组织命运共同体顺利构建的因素。

第二节　构建上合组织安全共同体面临的挑战

上合组织安全共同体是上合组织命运共同体的重要组成部分，而上合组织安全共同体可视为各成员国不仅彼此间形成了对和平变革的可靠预期，即彼此间不诉诸武力，而且各成员国具有较一致的地区安全利益、威胁认知和安全合作理念，并在此基础上形成较成熟的地区安全机制并能够采取协作方式或联合行动应对各方共同面临的安全挑战，最终实现普遍安全。由此可见，上合组织安全共同体的构建需要具备较为完善的安全合作理念、法律、机制及制度等方面的保障。不过，在上合组织命运共同体构建的背景下，上合组织成员国均在不同程度上面临非传统安全威胁，且这些非传统安全威胁整体上呈现多样性、复杂性和长期性的特征。对此，上合组织在安全利益诉求、安全合作法律以及安全合作机制等方面并不能完全为上合组织安全共同体的构建提供有力的保障。首先，尽管组织八个正式成员国的安全利益诉求主要集中在打击"三股势力"、跨国毒品贩运和跨国有组织犯罪，以及防范阿富汗安全风险外溢从而给成员国国内安全带来挑战，不过，各成员国之间在具体的安全需求方面却均有各自的侧重点，由此使成员国的安全利益诉求呈现进一步多元化的趋势。其次，当前上合组织安全合作的现状已不能完全满足地区

---

① 曾向红：《恐怖主义的全球治理：机制及其评估》，《中国社会科学》2017 年第 12 期。

安全形势变化的需要及上合组织命运共同体的构建要求，这是因为上合组织安全合作的法律不健全，安全合作机制的效率和机制之间的关系有待协调等。最后，受欧亚地区互联互通的纵深推进以及欧亚地区战略重要性从地缘安全向地缘经济转向等影响，不论在上合组织成员国的整体认知还是在各国的地区发展规划中，上合组织的安全合作实际上并没有得到成员国足够的重视。

一 成员国安全威胁认知存在差异

共同安全是构建上合组织命运共同体的重要保障，其关乎上合组织命运共同体构建能否持续顺利开展。因此，成员国国内安全形势是上合组织命运共同体构建进程中不可回避且需要重点关注的内容。成员国安全现状及发展趋势不仅对上合组织安全共同体的构建产生直接的影响，而且关乎上合组织价值共同体、利益共同体和情感共同体的构建能否具备有利的安全环境。

就当前的安全形势来看，上合组织中亚成员国面临的安全挑战主要源自阿富汗国内动荡局势以及中亚地区极端分子的跨国流动。在中亚国家与阿富汗边界地区极端势力相互渗透，直接威胁阿富汗稳定和中亚成员国的安全。自2014年7月以来，"伊斯兰国"持续向阿富汗蔓延，其有可能以阿富汗为跳板向中亚国家扩散。[①] 在此背景下，中亚国家与阿富汗边界地带尤其是塔吉克斯坦和阿富汗边境地带已成为极端主义者比较活跃的地域。在阿富汗北部与塔吉克斯坦接壤的四省中，昆都士省和巴达赫尚省是非法武装分子最活跃的省份。此外，塔吉克斯坦与阿富汗边境还是阿富汗毒品进入中亚进而流入欧洲的主要通道。近些年，该地区毒品生产与贩卖情况急剧恶化，根据联合国毒品和犯罪事务办公室和阿富汗毒品联合部编纂的"阿富汗鸦片调查报告"，由于种植面积和生产效率提升，2017年阿富汗鸦片产量预计将达到9000吨，较2016年增长87%。[②] 由于大

[①] 畅红：《"伊斯兰国"在阿富汗的渗透及其前景》，《现代国际关系》2017年第4期。

[②] "Afghanistan Opium Production Jumps 87 Per Cent to Record Level-UN Survey", 2017－11－15, https://www.unodc.org/unodc/en/press/releases/2017/November/afghan－opium－production－jumps－to－record－level－－up－87－per－cent_－survey.html.

部分毒品的产销不在政府有效监管范围内，鸦片产量增加导致流向该地区极端分子的资金相应增多。此外，自 2014 年至 2017 年，从中亚国家前往伊拉克和叙利亚参加"伊斯兰国"的人员在持续增加。据英国伦敦大学国王学院国际激进化和政治暴力研究中心 2015 年年初的统计，中亚五国参加"伊斯兰国"的总人数在 1400 人左右。① 到 2015 年年底，据苏凡组织的调查报告，该地区参加"伊斯兰国"的总人数增加到 2000 人左右。② 2017 年 10 月，据苏凡组织再次统计，中亚五国参加"伊斯兰国"的总人数已超过 4200 人。其中，参加人数最多的是乌兹别克斯坦，有超过 1500 人，塔吉克斯坦在 1300 人左右，吉尔吉斯斯坦和哈萨克斯坦均有超过 500 人参加。在这些人员中，除了被阻止和被驱逐出伊拉克和叙利亚两国的人员外，目前仍有近 100 名来自中亚国家的人员在伊拉克和叙利亚参加战斗，而且至少有 191 人已返回中亚各国。③ 尽管"伊斯兰国"目前已分崩离析，但这些人员的回流将对中亚及周边地区的安全构成长期威胁。

与此同时，中亚国家极端分子的跨国流动增加了域外国家发生恐怖袭击事件的概率。一方面，随着 2017 年伊拉克和叙利亚两国安全部队在各自反恐战场上稳步推进，"伊斯兰国"所谓的"领土"空间严重萎缩，由此导致不少在伊拉克和叙利亚参与战斗的中亚极端分子或回流至各自国家或向北非、欧洲等相邻地区和国家流动。据调查，2017 年 4 月 3 日俄罗斯圣彼得堡地铁连环恐怖袭击事件、2017 年 4 月 7 日瑞典斯德哥尔摩卡车撞人事件等均是受到"伊斯兰国"极端思想影响的中亚国家人员所为。此类恐怖事件的一再发生表明，中亚国家的极端分子和极端组织在中亚地区之外开展的恐怖活动呈现逐渐增多的态势。另一方面，受网络极端思想传播的广泛影响，全球"独狼式"恐怖袭击的发生率也在上升。如 2017 年 11 月 1

---

① Peter R. Neumann, "Foreign Fighter Total in Syria/Iraq Now Exceeds 20,000; Surpasses Afghanistan Conflict in the 1980s", 2015 – 01 – 26, http://icsr.info/2015/01/foreign – fighter – total – syriairaq – now – exceeds – 20000 – surpasses – afghanistan – conflict – 1980s/.

② "Foreign Fighters: An Updated Assessment of the Flow of Foreign Fighters into Syria and Iraq", 2015 – 12 – 08, https://templatelab.com/foreign – fighters – in – syria – update/.

③ "Beyond the Caliphate: Foreign Fighters and the Threat of Returnees", 2017 – 10 – 01, https://thesoufancenter.org/wp – content/uploads/2017/11/Beyond – the – Caliphate – Foreign – Fighters – and – the – Threat – of – Returnees – TSC – Report – October – 2017 – v3.pdf.

日，一名从乌兹别克斯坦移民至美国的男子在纽约曼哈顿实施了一起"独狼式"恐怖袭击，造成 8 人死亡和 11 人受伤。对于此次恐怖袭击，特朗普政府要求国会尽快启动终止多样化抽签项目的程序，以提高移民入境限制进而防止恐怖分子以移民之名进入美国本土。整体来看，中亚恐怖主义活动往往带有较为强烈的宗教色彩，极端分子的行为受到宗教激进主义、民族分裂主义思想的驱动。中亚成员国恐怖袭击事件多发的主要原因在于伊斯兰激进主义、民族分裂主义的滋生与蔓延，经济社会矛盾未能得到及时有效的处理，以及中亚国家在宗教政策上出现的失误与偏差。在此情况下，恐怖主义始终是影响中亚各国安全的重要因素。

  对于加入上合组织时间不久的印度和巴基斯坦而言，两国同样面临越来越严峻的安全威胁。当前在印度国内比较活跃的恐怖组织不仅包括"先知军""伊斯兰学生运动""纳萨尔主义组织"等一批本土恐怖组织，而且一些新老国际恐怖组织如"伊斯兰国"和"基地"组织等近些年也加大了在印度次大陆的活动力度。[①] 如 2014 年 9 月，扎瓦赫里宣布"基地"在印度次大陆建立新的地区分支。该分支冠名"印度次大陆基地组织"，其成立旨在整合散布在印度、孟加拉国和缅甸等国的"穆贾西丁"使之成为一个具有一定凝聚力和影响力的政治—军事实体。[②] "印度次大陆基地组织"的成立是"基地"组织一贯坚持实施分支战略的最新进展，它的成立无疑将对印度和巴基斯坦国内的恐怖活动及反恐怖主义工作造成一定影响。据统计，自 1989 年至 2016 年期间，印度国内因恐怖主义事件造成的死亡人数多达 10 万人。[③] 总体来看，恐怖主义在印度国内不仅造成了大量人员伤亡，而且对其国内政治、经济、社会和文化等领域均产生了广泛而深刻的影响。除对国内面临的安全威胁表现出较高程度的担忧外，印度始终对阿富汗国内动荡局势外溢对其国内产生的隐患保持高度警惕。鉴于上合组织在中亚及阿富汗安全事务中发挥的重要作用，

[①] 安高乐、陈利君、宋海啸：《建构主义视角下的涉印恐怖主义》，《南亚研究》2019 年第 2 期。

[②] 《"基地"组织称已建立印度次大陆分支》，2014 年 9 月 5 日，http://nm.people.com.cn/n/2014/0905/c356220-22219050.html。

[③] Shailendra Deolankar, "Reexamining India's Counter Terrorism Strategy", *Global Journal of Political Science and Administration*, Vol. 4, No. 5, 2016, p. 4.

印度将深化与上合组织成员国的安全合作作为加入上合组织的一个主要目标。① 与印度类似，巴基斯坦国内安全形势也不容乐观。从 2003 年至 2017 年 9 月，巴基斯坦国内因恐怖袭击造成平民、安全部队和恐怖分子在内的人员死亡人数共计 6.26 万人。② 特别是在巴基斯坦俾路支省，受该地区种族压迫、经济发展水平以及政府与社会治理失效等因素的综合影响，民族分裂主义与宗教极端主义势力的活动异常活跃。③

除上文予以重点分析的中亚成员国、印度和巴基斯坦外，中国和俄罗斯同样面临不少非传统安全威胁。上合组织成员国当前面临的共同安全挑战很大程度上决定了成员国共同的安全利益诉求，进而为上合组织安全共同体和命运共同体的构建提供了条件。不过，上合组织成员国面临的非传统安全威胁，也对构建上合组织命运共同体构成了一些挑战。具体而言，这些消极影响主要体现在以下三个方面。第一，尽管成员国面临的共同安全威胁是其开展安全合作的基础，不过，随着组织成员国数量的增多，成员国面临的安全问题相应增加，这意味着上合组织需要进一步深化安全合作。在扩员前，成员国在安全合作领域也存在行动能力不足、团结程度偏低等问题，而在新成员国加入的情况下，上合组织需在既有基础上及时调整安全合作架构，使新老成员国在安全合作领域树立较为强烈的命运共同体感。第二，上合组织成员国的增多相应地增加了上合组织汇聚成员国共同利益与平衡成员国各自利益的难度。上合组织命运共同体的发展壮大除需要受到价值引领、规范塑造与情感投入产生的合力推动外，另一个主要动力源自上合组织能够尽可能满足成员国共同的利益诉求，如此可提高成员国对上合组织命运共同体的认可。从当前成员国参与上合组织事务的实际情况来看，成员国的获益动机在其参与上合组织事务的各种激励因素中仍占据主导地位。尽管各成员国当前均面临非传统安全威胁，不过，各成员国的安全诉求存在较大差异。

---

① 李孝天：《印度对上海合作组织的认知、利益诉求及其影响》，《国际论坛》2019 年第 6 期。

② 涂华忠、林友洪、乔义然：《巴基斯坦恐怖主义研究动向的可视化分析》，《东南亚南亚研究》2017 年第 4 期。

③ 张新平、张立国：《"中巴经济走廊"建设中的俾路支问题》，《和平与发展》2018 年第 5 期。

由此导致的结果是，一方面上合组织在汇聚成员国共同利益方面面临的协调难度增大，另一方面如何有效平衡不同成员国的安全利益诉求，使成员国不至于因为获利不均衡而降低对上合组织命运共同体的认同程度和参与热情，成为影响上合组织命运共同体构建进程与成效的因素。第三，尽管上合组织成立的初衷在于提高地区安全治理的成效，且成员国面临的共同安全威胁使上合组织在地区安全治理中扮演的重要角色进一步凸显，不过，上合组织命运共同体的构建不仅仅体现在安全维度，还涵盖价值、规范、经贸、人文合作与交流等各领域和各层面，因而上合组织命运共同体的构建需要稳定的安全环境予以保障。而就目前各成员国的安全形势来看，上合组织命运共同体的整体构建仍面临来自非传统安全风险的挑战。

二 成员国安全利益诉求更趋多元

在上合组织地区总体安全形势不容乐观的情况下，由于上合组织将成员国间的安全合作始终置于组织发展的优先方向，各成员国也均将上合组织视为化解地区安全威胁进而提高地区安全治理成效可以依靠的主要机制。尽管各成员国均或多或少面临非传统安全带来的威胁，不过，基于成员国维护各自安全利益的现实考虑，不同成员国对上合组织提出的具体安全诉求也不尽相同，致使上合组织协调与满足成员国共同安全利益诉求面临的复杂程度较以往相应上升，这成为制约上合组织命运共同体构建的不利因素。鉴于包括哈萨克斯坦、乌兹别克斯坦、塔吉克斯坦和吉尔吉斯斯坦在内的上合组织中亚成员国在地缘政治、历史文化、政治制度和发展道路等方面具有一定的相似性，故以中亚成员国为例深入分析其各自的安全利益诉求，则更能展现出成员国在安全利益诉求上所具有的显著差异性。

在构建上合组织命运共同体的背景下，对极端主义在国内和地区蔓延带来的潜在安全隐患，成为中亚成员国国家领导人的主要安全担忧。在上合组织框架内，与哈萨克斯坦和乌兹别克斯坦相比，吉尔吉斯斯坦和塔吉克斯坦对这一问题更为关注。吉尔吉斯斯坦总统、总理等政府高级官员均在不同场合表达了他们的安全诉求。如 2018 年 6 月，吉尔吉斯斯坦总统索隆拜·热恩别科夫在青岛峰会上表示，上海合作组织应在维护地区安全与稳定方面发挥更突出的作用,希望成员国进一步协调立场和行动,更好地应对恐怖主义、分裂主义和极端主义"三股势力"对本地区构成的威胁。① 2018年10月,在上合组织成员国政府首脑(总理)理事会第十七次会议上,吉尔吉斯斯坦总理穆哈梅特卡雷·阿布尔加济耶夫表示,上合组织的主要任务之一是确保地区稳定与安全,国际恐怖主义和极端主义势力以史无前例的速度发展,这给上合组织成员国加强反恐合作提供了可能。② 2019年1月,热恩别科夫在听取上合组织成员国元首理事会会议筹备工作汇报时再次表示,加强成员国在打击恐怖主义、极端主义和贩毒领域的合作尤其重要。③ 2019年2月,在参加吉尔吉斯斯坦纪念苏联从阿富汗撤军30周年会议上,热恩别科夫强调维护地区和平与稳定仍是一项紧迫的任务,越来越多的吉尔吉斯斯坦公民倾向于参加各种宗教极端主义活动,有些人成为受雇的恐怖分子,具有恐怖主义活动经历的恐怖分子正在企图加剧该区域的局势,对此必须高度警惕。④

此外,吉尔吉斯斯坦认为,利用信息技术实现犯罪与恐怖活动以及达到政治和军事目标的威胁正在增加。因此,确保信息安全应该是上合组织议程上的一个重要任务。2019年6月在上合组织比什凯克峰会上,热恩别科夫指出:"一般来说,经济犯罪是跨国的。它们与贩毒、走私、洗钱犯罪密切相关。因此,它们危及国家安全。吉尔吉斯斯坦提议在上合组织内建立一个打击经济犯罪的机构。"⑤ 此外,吉尔吉斯斯坦还借助乌哈关系的改善和中亚一体化动力较以往明显增强的有利地区环境,倡议建立中亚五国统一的安全空间。在2018年3月第一次中亚五国元首会

---

① 《吉尔吉斯斯坦总统说上合组织权威与日俱增》,2019年1月12日,http://www.xinhuanet.com/world/2019-01/12/c_1123980373.htm。

② 《综合消息:上合组织成员国总理建议强化该组织框架内多边合作》,2018年10月13日,http://www.xinhuanet.com/world/2018-10/13/c_1123554160.htm。

③ 《吉尔吉斯斯坦总统说上合组织权威与日俱》,2019年1月12日,http://www.xinhuanet.com/world/2019-01/12/c_1123980373.htm。

④ "Jeenbekov: Feat of Afghan War Participants Will Remain Example of Patriotism", 2019-02-16, https://24.kg/english/109388__Jeenbekov_Feat_of_Afghan_war_participants_will_remain_example_of_patriotism/.

⑤ "Agency for Combating Economic Crimes May be Created within SCO", 2019-06-14, https://www.inform.kz/en/agency-for-combating-economic-crimes-may-be-created-within-sco_a3538139.

晤期间，吉尔吉斯斯坦总统热恩别科夫强调，中亚在历史上本是一个各民族相互包容的地区，极端主义从来都不是我们民族所具有的思维方式。面对中亚恐怖主义发展的新动向，"吉支持建立统一的安全空间，支持为保持区域内的和平以及稳定所采取的共同措施"。① 就塔吉克斯坦而言，塔政府支持《2018—2023 年上合组织成员国禁毒战略》及其实施计划。与此同时，塔吉克斯坦还认为需要迫切落实塔方提出的在杜尚别设立上合组织禁毒中心的建议，以协调这方面的行动。另外，塔吉克斯坦政府考虑及时通过"上海合作组织成员国元首对青年的联合呼吁"和"上海合作组织关于防止青年参与破坏性团体活动的行动纲领"。为了巩固国际社会消除以上问题的努力，塔吉克斯坦计划举行"国际和区域反恐合作"高级别会议。② 总之，中亚成员国积极支持上合组织共同打击恐怖主义、极端主义、分裂主义以及非法贩运武器和毒品、网络犯罪和其他类型的跨国有组织犯罪。

消除阿富汗局势对中亚地区的安全威胁是塔吉克斯坦的首要安全关切。在 2018 年上合组织国家元首理事会会议上，塔吉克斯坦总统拉赫蒙指出，鉴于不容乐观的阿富汗局势，拉赫蒙提请上合组织正式成员国和观察员国注意确保世界和平与稳定的问题，并强调须强化在上海合作组织框架内的共同努力以促进地区和平、安全与稳定。③ 2019 年 4 月 17日，在与俄罗斯总统普京讨论中亚地区面临的安全问题时，拉赫蒙指出，"塔吉克斯坦是防止该地区安全威胁扩散的缓冲区"，并呼吁各方和平解决阿富汗问题。④ 2019 年 4 月 17 日，在北京举行的上海合作组织论坛第十四次会议上，塔吉克斯坦总统战略研究中心副主任穆罕马迪祖达提请与会者注意与上合组织国家接壤的阿富汗国内局势。他认为，

---

① 《首次中亚国家元首磋商会议在阿斯塔纳举行》，2018 年 3 月 15 日，https://cis.minsk.by/news/8979/v–astane–prosla–pervaa–konsultativnaa–vstreca–glav–gosudarstv–centralnoj–azii。

② "The Policy and Vision of the Republic of Tajikistan on Strengthening of Cooperation and Development Prospects within the Framework of the SCO", 2019–04–26, http://infoshos.ru/en/?idn=21302.

③ "Participation in the Meeting of the Council of Heads of State of the SCO", 2018–07–10, http://president.tj/en/node/17761.

④ "Putin, Tajik President Discuss Asian Security, Threats Coming From Afghanistan", 2019–04–17, http://tass.com/world/1054196A.

尽管国际社会已采取了各种冲突解决措施，不过，阿富汗目前的局势仍然是不可预测的。塔吉克斯坦对来自叙利亚和其他地区的包括"伊斯兰国"成员在内的武装分子转移到阿富汗北部表示严重关切。鉴于此，他强调，塔吉克斯坦欢迎加强执法机构在安全事项上的协调与合作。为此，上海合作组织有必要扩大对阿富汗的支持力度。[①] 塔吉克斯坦希望上海合作组织—阿富汗联络小组就这些问题取得积极的协商成果。2019年6月，在比什凯克举行的上合组织成员国元首理事会第十九次会议上，拉赫蒙再次谈到了阿富汗局势、该地区日益增长的安全威胁，以及联合打击恐怖主义、极端主义和遏制意识形态蔓延的必要性。[②]

不过，与塔吉克斯坦重点关注阿富汗局势对其国内带来的安全挑战不同，乌兹别克斯坦不仅密切关注阿富汗动荡局势的外溢风险，而且为阿富汗政府和塔利班之间的政治对话创造有利条件，并致力于为阿富汗经济重建、运输、工业、能源和社会基础设施的发展发挥积极作用。这是因为，在地区政策方面，米尔济约耶夫上台后，乌兹别克斯坦实行建设性的对外政策以深化国际合作，并致力于在乌兹别克斯坦周边地区建立稳定和互利友好的"安全带"。[③] 特别是对于邻国阿富汗及其国内政局走向，乌兹别克斯坦给予了特别关注。乌兹别克斯坦在其外交政策表述中认为，一个稳定和繁荣的阿富汗是中亚地区安全的重要保障。基于这种认知，乌兹别克斯坦将进一步扩大与阿富汗的关系，积极参与和平解决阿富汗局势的国际努力。[④] 米尔济约耶夫在阿富汗问题上比前任总统卡里莫夫更为积极和主动，自其执政以来，乌兹别克斯坦明显加大了对阿富汗问题的介入力度。乌兹别克斯坦总统战略与地区间研究所所长弗拉基米尔·诺罗夫于2019年1月1日就任上合组织秘书长，同年1月23

[①] "The Policy and Vision of the Republic of Tajikistan on Strengthening of Cooperation and Development Prospects within the Framework of the SCO", 2019-04-26, http://infoshos.ru/en/?idn=21302.

[②] "Participation in the Meeting of the Council of Heads of State of the Shanghai Cooperation Organization", 2019-07-14, http://president.tj/en/node/20372.

[③] 高寒：《乌兹别克斯坦改革成效初现》，2017年11月19日，http://ex.cssn.cn/gj/gj_gjwtyj/gj_elsdozy/201711/t20171119_3747129.shtml。

[④] "Foreign Policy", Ministry of Foreign Affairs of the Republic of Uzbekistan, https://mfa.uz/en/cooperation/.

日,诺罗夫便将促进阿富汗和平与稳定列为上合组织的优先事项,并希望充分发挥"上合组织—阿富汗联络组"在阿富汗问题上的建设性作用。① 2019年6月,米尔济约耶夫在上合组织比什凯克峰会上更是表示,"地区稳定是由阿富汗局势所决定的"。"上合组织—阿富汗联络组"所擘画的路线图及阿富汗积极参与区域合作对于解决阿富汗问题至关重要。② 这在一定程度上反映了乌兹别克斯坦对促进阿富汗问题和平解决的积极立场。

由上文分析可见,即使在面临地缘政治、历史文化和政治制度相近的情况下,四个中亚成员国在安全利益诉求上也呈现出较为明显的差异。整体来看,吉尔吉斯斯坦尤为关注极端主义对其国内各领域产生的影响,而塔吉克斯坦将消除阿富汗局势产生的安全风险外溢置于其在上合组织框架内的首要关切。就乌兹别克斯坦而言,尽管其与塔吉克斯坦均对阿富汗局势保持高度关注,不过,与塔吉克斯坦有所不同的是,乌兹别克斯坦更希望上合组织在阿富汗和平进程、国内经济重建及地区一体化方面发挥更加积极主动的角色。不仅中亚成员国如此,印度、巴基斯坦、俄罗斯和中国等基于维护各自国家安全的考虑,在上合组织框架内的安全合作偏好并不完全一致。由于共同的安全威胁认知是国家之间形成安全共同体的重要条件,当前上合组织成员国在安全威胁认知层面展现出的较大差异,不论对成员国之间寻求安全利益还是致力于实现安全利益来说均形成了不容小觑的挑战,进而将影响上合组织命运共同体构建的进度与成效。

三 成员国安全合作成效有待深化

上合组织安全共同体需要成员国通过开展安全合作实现。从上文的分析可见,成员国当前及未来一段时期内面临的非传统安全威胁依然不容乐观,而且组织扩员导致成员国的安全利益诉求呈现更加多元化的趋势。在此背景下,上合组织亟须通过深化成员国之间的安全合作予以有

---

① 《上合组织秘书长将促进阿富汗和平与稳定列为优先事项》,2019年1月23日,http://chn.sectsco.org/news/20190123/510050.html。
② "Shavkat Mirziyoyev Unveils Vital Initiatives to Enhance Practical Cooperation in the SCO", 2019-06-14, https://president.uz/en/lists/view/2662.

效应对。不过，上合组织构建安全共同体的现实需要与成员国安全合作的现状之间尚存在一定的距离。上合组织在应对成员国非传统安全方面面临的主要挑战体现在以下多个方面。尽管上合组织已经发布不少涉及安全合作的宣言和法律文件，但具体落实却比较缓慢，不少仍停留在书面或起步阶段。[1] 与此同时，上合组织涉及安全合作的法律体系仍然不完整。一个主要体现是，尽管上合组织早在2001年就签署了《打击恐怖主义、分裂主义和极端主义上海公约》，该公约被视为成员国打击"三股势力"的纲领性文件，并在此基础上签署了反恐怖主义公约和反极端主义公约，不过，经过近20年安全合作实践，上合组织在反分裂主义这一具体议题上并没有形成明确的法律或者具有法律性质的规定，由此导致成员国在反分裂主义方面的合作严重滞后于反恐怖主义和反极端主义。在合作机制方面，在成员国普遍面临非传统安全挑战的情况下，上合组织安全合作机制建设尽管取得了一定成效，不过仍需要完善。如在打击跨国毒品贩运方面，上合组织成员国在禁毒政策制定、减少毒品需求、禁毒执法以及易制毒化学品管制等方面已经建立了涵盖成员国领导人、高官和专家三个层级的禁毒合作机制。不过，当前建立的这些会晤机制缺乏长效的制度架构，导致成员国在开展禁毒合作时难以形成有效的协调。因此，成员国禁毒合作协调机制的缺失已使上合组织在应对地区日益严峻的跨国毒品贩运方面力不从心。这一问题已引起成员国的高度重视，如俄罗斯针对这一问题呼吁建立成员国之间禁毒合作协调机制，中国主张在上合组织框架内建立禁毒常设机构。与此同时，上合组织地区反恐机构存在人员配置与经费投入不足的缺陷，一定程度上限制了地区反恐机构在收集情报等方面发挥的作用。

上合组织反恐法律机制与成员国立法、司法制度的对接也存在问题，导致上合组织制定的安全合作法律条文在部分成员国难以落实。[2] 如就成员国国内反恐立法而言，自20世纪90年代后期以来，上合组织成员国均制定了各自的反恐怖主义法律。不过，成员国反恐法在基础性概念界定、反恐指导原则及国际合作等立法内容上存在较大的差异，部分制约了成

---

[1] 赵华胜：《上海合作组织：评估与发展问题》，《现代国际关系》2005年第5期。
[2] 赵华胜：《上海合作组织：评估与发展问题》，《现代国际关系》2005年第5期。

员国之间的安全合作。如中亚成员国与中国在对恐怖主义的概念界定上存在明显的差异。中亚成员国主要从恐怖活动的实施手段、表现形式和实现目的等方面对恐怖主义进行界定。尽管由宗教因素衍生的恐怖主义在中亚国家存在共性,但各国也存在较为显著的差异。[①] 受国内外环境的影响,吉尔吉斯斯坦和乌兹别克斯坦是中亚宗教极端主义的重灾区,故吉乌两国在恐怖主义概念中均明确将宗教目的与政治目的、意识形态目的并列,共同作为恐怖主义的三个主要目的。如吉尔吉斯斯坦反恐法第一条规定,恐怖主义是"为达危害公共安全、影响国家权力机关通过有利于恐怖分子的决定及恐吓民众之目的而实施的应受刑事处罚的违法行为,以及通过实施表现为以下形式的恐怖袭击以达其他政治的、意识形态的、宗教的目的的行为"。乌兹别克斯坦则更为警惕恐怖主义的宗教目的,将其列居第二。不过,与上述两国相比,哈萨克斯坦和塔吉克斯坦更加强调恐怖主义的政治目的,尽管在恐怖主义的概念界定上存在些许差异,但中亚国家反恐法的共通之处是均将恐怖主义视为一种行为,这也与国际公约中对恐怖主义的界定相吻合。不过,与中亚成员国相比,中国并未明确将"宗教目的"写入反恐法,而更为强调恐怖主义的政治和意识形态目的。如《中华人民共和国反恐怖主义法》第三条规定,"恐怖主义"是"指通过暴力、破坏、恐吓等手段,制造社会恐慌、危害公共安全、侵犯人身财产,或者胁迫国家机关、国际组织,以实现其政治、意识形态等目的的主张和行为"。中国不仅将恐怖主义视为一种行为,而且视为一种主张。这里所谓的"主张"不是指某人未予宣扬、未经实施的恐怖行为"念头"或者"企图",而是指系统地且业已散布的"恐怖主义思想"。之所以如此界定,其目的并非要对"思想"定罪与惩治,而是要防止恐怖主义思想的形成和蔓延,依法打击传播恐怖主义思想的行为。[②] 由此可见,成员国之间在安全合作法律上存在的差异部分影响其在地区层面开展安全合作的成效。

---

① 苏畅:《中亚伊斯兰极端主义的由来及应对》,《现代国际关系》2016 年第 1 期。
② 《多措并举坚决依法打击和防范恐怖活动——公安部反恐专员刘跃进就反恐怖主义法热点问题答记者问》,2016 年 2 月 26 日,http://www.xinhuanet.com/politics/2016 – 02/26/c_1118174553.htm。

在上合组织的安全合作中，成员国之间定期开展的联合军演是提高上合组织应对地区非传统安全威胁的综合能力的主要途径。自上合组织成立以来近20年期间，成员国总共举行"和平使命""天山反恐""协作"等系列联合军演十余次，极大提高了成员国在应对"三股势力"等非传统安全挑战中的协同行动能力，由此也使联合军演成为上合组织框架内的一项富有象征性意义的活动，且受到组织成员国和西方国家的广泛关注。上合组织框架内的联合军演虽对成员国之间联合行动的协作能力很有裨益，不过，面对成员国国内和地区层面出现因非传统安全因素引发的冲突，上合组织实际上所能做的工作比较有限，其对这些冲突的介入更多体现为对成员国提供情报信息，通过联合声明的方式予以外交声援，以及通过统一的声明表明组织在相关事件中的基本立场等。由此可见，上合组织过去没有介入各国国内和地区冲突的意愿，未来介入的可能性也不大。这无疑削弱了上合组织安全合作的成效。[①] 与此同时，纵观上合组织举办的历次联合军事演习可以发现，尽管上合组织举行联合军演的总体次数较多，但由所有成员国参与的军事演习到目前为止仅有一次，即2007年在中国乌鲁木齐和俄罗斯车里雅宾斯克的切巴尔库尔合成训练场举办的"和平使命"军演。除"和平使命-2007"外，成员国双边层面的联合军演也占据了相当部分，甚至个别成员国对于参加组织框架内的联合军演始终保持较低程度的参与热情。如乌兹别克斯坦或出于对西方国家态度的重视，或出于坚守自身"独立""自守"的外交政策原则，往往选择不参与。而上合组织对成员国是否选择参加军演采取自愿的原则，这在一定程度上削弱了成员国安全合作的成效。这也表明，上合组织仍有许多工作要做。整体来看，成员国参与上合组织安全合作更多基于对成本—收益权衡的考虑，较少基于对上合组织的价值、规则或规范的认同而参与安全合作，这不利于上合组织命运共同体构建的顺利开展。

在新的发展形势下，尽管上合组织始终强调并将安全合作置于组织发展的首要地位和优先发展方向，不过，上合组织框架内的安全合作不论在各成员国对组织的认知中还是在各成员国的总体发展战略中，事实

[①] 曾向红、李孝天：《上海合作组织的安全合作及发展前景——以反恐合作为中心的考察》，《外交评论》2018年第1期。

上均未被置于核心地位。如在上合组织成立以来的相当长的时期内，俄罗斯曾一度倾向于提高上合组织对外部世界特别是西方国家的影响力，并将上合组织打造成为有足够能力抵御西方军事与战略压力的国际行为体，使之与集体安全条约组织一起成为维护欧亚地区安全与稳定的关键角色。基于这种考虑，俄罗斯对上合组织安全能力建设体现出较高程度的重视。不过，上合组织的发展并没有遵循俄罗斯的战略构想，大部分组织成员国不仅对上合组织发展成为具有军事联盟性质的国际组织持有较为强烈的排斥心理，而且上合组织没有直接介入成员国内部以及欧亚地区冲突的意愿，由此导致俄罗斯关于上合组织发展的构想几乎难以实现。尽管俄罗斯对于上合组织在建立稳定和可持续的国际体系方面的作用仍充满期待并予以全力支持，但俄罗斯当前似乎更看重上合组织在建立共同、公开和非歧视性的经济伙伴关系和共同发展空间方面发挥的作用，且其对上合组织的重点功能没有明确的界定，俄罗斯很大程度将上合组织视为实现其外交目标的多边平台。不仅俄罗斯如此，其他成员国政府整体上均将上合组织定位为兼具安全与经济合作功能的组织，这与上合组织突出安全合作优先的一贯做法存在较为明显的差异。上合组织的安全功能在各成员国官方认知中至少并不完全被置于优先地位，如印度至少在目前仍将加强与成员国在互联互通领域的合作置于参与组织事务的优先任务。[①] 随着欧亚地区互联互通的纵深推进，以及欧亚地区战略重要性从地缘安全向地缘经济转向的迹象越来越明显，上合组织如何通过有效的方式巩固并深化成员国之间的安全合作，是构建上合组织命运共同体进程中必须认真考虑的问题。

　　除以上存在的问题外，上合组织成员国之间的安全合作还需要在应对网络恐怖主义蔓延、地区生态环境恶化及阿富汗国内动荡局势等方面进一步深化合作。如就地区生态环境安全而言，中亚成员国及中国新疆地区均面临日益严峻的生态安全挑战，尤其是位于中亚地区哈萨克斯坦和乌兹别克斯坦中间的咸海，水域面积已经大幅度萎缩，并由此导致了一系列严重的生态问题。生态安全作为上合组织安全合作的新领域和新

---

　　① 肖斌：《上海合作组织扩员之后的首要职能及其发展》，载李进峰主编《上海合作组织发展报告（2018）》，社会科学文献出版社2018年版，第70页。

议题，需要通过开展国际合作予以应对。总之，组织成员国面临的非传统安全挑战具有综合性、复杂性和长期性，且呈现新旧安全风险并存的局面。尽管如此，上合组织在安全合作法律、合作机制和合作实践层面等仍面临不少困难，这对上合组织构建安全共同体进而构建命运共同体无疑具有诸多消极影响。

第三节　构建上合组织利益共同体面临的挑战

上合组织利益共同体是上合组织命运共同体的重要维度，推动构建上合组织命运共同体的一项主要任务就是要在成员国共同利益的基础上，通过汇聚成员国共识与扩大彼此之间的共同利益，最终将其转化为上合组织利益共同体。通过上一章的考察可以发现，上合组织已初步具备了构建成员国之间更加紧密的利益共同体的基本条件，且彼此间形成了互利共赢与利益交融的格局。尽管如此，成员国在构建上合组织利益共同体过程中仍面临不少挑战因素，这些挑战因素在成员国之间的贸易合作领域主要体现为：在组织框架内通过开展经贸合作扩大成员国共同利益的前景虽然广阔，但其蕴含的潜力仍未通过行之有效的制度化方式得到深入发掘；当前在上合组织框架内实现成员国共同利益主要依靠双边途径，在多边层面汇聚成员国共同利益仍面临比较大的难度。此外，扩员后组织八个正式成员国在经贸领域的诉求进一步具体化、多元化，给上合组织协调与平衡成员国之间的利益关系以及统筹上合组织发展利益与成员国具体利益之间的关系提出了更高的要求。整体而言，造成上述挑战的原因是多方面的。首先，在成员国层面，成员国之间经济发展不平衡很大程度上导致各国在利益认知和利益诉求方面呈现出较为显著的差异。不仅如此，成员国之间关系的复杂性较以往有所增加，有可能给上合组织构建命运共同体带来消极影响。其次，在组织层面，不仅上合组织表决程序已不能完全适应成员国实现共同利益的现实需要，而且印度的加入导致组织内部大国互动模式进入转型与调适时期，因此上合组织在扩员后能否形成新的良性的大国协调方式关乎组织能否在一些涉及重大利益的问题上达成共识。最后，上合组织还身处地区治理机制之间相互竞争的地区环境和世界主要大国地区倡议相互重叠的地缘政治经济环境中，如何协调上合组织与其他地区合作机制尤其是欧亚经济联盟之间的关系，如何避免世界主要行为体在欧亚地区实施的合作倡议升级为大国之间的地缘政治竞争等，是构建上合组织利益共同体必须直面的重要现实问题。下文将分为三个部分就这些问题进行具体分析。

一 成员国共同利益的实现成效不彰

在推进上合组织命运共同体的构建进程中，上合组织框架内经贸合作成效不彰成为制约成员国扩大与实现共同利益的主要阻碍因素。之所以存在这种缺陷，首先是因为成员国之间经济发展不平衡，组织内主要成员国在上合组织未来发展方向上存在较大分歧。其次，上合组织决议表决程序存在不完善的地方，限制了上合组织多边经贸合作推进的效率。最后，在制约上合组织成员国之间双边关系正常发展的深层次阻碍因素依然存在的基础上，上合组织扩员导致影响成员国关系的因素有所增加。受这些因素的共同影响，整体来看，上合组织框架内的多边经贸合作已成为组织发展的短板。

从长远来看，上合组织能否在经贸合作领域取得突破性进展在很大程度上影响成员国对待上合组织的态度，进而影响成员国参与构建上合组织命运共同体的积极性。目前，尽管上合组织成员国之间的经济合作在合作范围、规模和深度等方面都在不断拓展，不过，从上合组织各领域合作取得的整体成效来看，经济领域的合作仍然是上合组织发展的短板。[1] 具体而言，上合组织在推进成员国经贸合作方面存在的不足之处主要表现为以下三点。第一，尽管上合组织成员国经济规模较以往明显扩大，但多边经济合作的潜力尚未充分释放出来。扩员后，上合组织八个成员国领土总面积超过欧亚大陆的五分之三，人口约占世界总人口的一半，国内生产总值占全球20%以上，这意味着上合组织地区蕴含着十分广阔的经济合作空间。然而一个客观事实是，尽管上合组织为成员国之间的多边经

---

[1] 俄联邦总统上海合作组织事务特别代表、俄罗斯外交部亚太合作司司长巴赫蒂亚尔·哈基莫夫在上海合作组织成员国政府首脑（总理）理事会第十六次会议召开前表示，上合组织"经济领域的合作相对成为'短板'，滞后于政治领域的协作"。参见《俄罗斯官员：上海合作组织发展迅速前景广阔》，2017年11月30日，http://news.cri.cn/20171130/79fae0bb‑e647‑840f‑55d2‑6ab2beb94b71.html。

贸合作提供了机制平台，但成员国之间的多边贸易体系并没有形成，而且上合组织地区缺乏统一的贸易规则。如上合组织自贸区作为促进地区经济发展的重要途径而备受关注，但受诸多因素的复杂影响，其建设迟迟没有取得突破性进展。由此导致开展多边经贸合作的各项成本远高于双边，也因此造成上合组织在多边经贸合作中的作用并未得到有效展现。第二，成员国在经贸合作领域签署的协议一些并未落到实处，在某些方面甚至落入了"以文件落实文件"的窠臼。第三，事关上合组织发展的重大项目进展缓慢，上合组织开发银行、上合组织自贸区等重大项目推进缓慢。成立上合组织开发银行是促进其多边合作的重要战略举措，对上合组织的未来发展意义深远。在当前全球经济下行压力加大、贸易保护主义和贸易霸凌主义明显抬头的背景下，加快推进上合组织自贸区建设对于在上合组织各成员国之间建立起更为紧密和深入的经济联系尤为必要。① 然而，自中国提出建立自贸区倡议至今，上合组织在这一问题上仍未取得实质性进展。

造成上合组织框架内经贸合作成效不显著的一个主要原因在于，成员国内部经济发展状况差异较大，由此导致各成员国的认知和利益诉求存在明显差异。特别是中国与俄罗斯在区域经济合作设想方面存在明显的区别。俄罗斯推进区域合作战略的重心在于，通过整合"后苏联空间"形成以欧亚经济联盟为核心的区域合作网络，进而提升自己在对外区域合作谈判中的地位和实力。② 因此，俄罗斯始终致力于以欧亚经济联盟为基本框架推进区域一体化，并以此为中心构建主要面向中国、印度、日本等广大亚洲国家和组织的大欧亚伙伴关系网络。③ 鉴于此，尽管建立上合组织自贸区将使成员国普遍获得收益（预计自贸区建成后可为整个区域 GDP 带来近 1000 亿美元的增长，极大地提升上合组织多边经济合作水平）④，不

---

① 《中国应在上合组织发挥更大作用　加快推进自贸区建设》，2016 年 6 月 22 日，http://world.people.com.cn/GB/n1/2016/0622/c1002-28469754.html。
② 富景筠：《丝绸之路经济带与欧亚经济联盟：如何实现战略对接？》，社会科学文献出版社 2016 年版，第 27 页。
③ 赵华胜：《中国与大欧亚伙伴关系》，《国际问题研究》2017 年第 6 期。
④ 《李克强开启"上合时间"　聚焦区域经济合作》，2016 年 11 月 3 日，http://epaper.21jingji.com/html/2016-11/03/content_49665.htm。

过，出于维护自身利益的需要，以及"考虑到目前欧亚经济联盟的部分成员国还没有加入上合组织"，俄罗斯对于这一从 2011 年提出的倡议的态度并不十分积极。2017 年 12 月，俄罗斯总理梅德韦杰夫仍表示建立上合组织自贸区的过程将比较漫长。① 与此同时，有些国家担心一旦成立这样的自贸区，中国在其中将会占据主导地位。事实上，中亚国家和俄罗斯经济结构相对单一和薄弱，中国更多看到的是经济互补带来的好处，但忽视了前者对互补型经济合作将带来自身经济结构长期固化的担心，而俄罗斯与中亚国家更希望借此机会优化经济结构。② 因此，这些国家对于中国提出的多边区域合作倡议存在抵触情绪。对此，中国在积极推动的同时也不应低估建立自贸区面临的规则制定、融资等多方面的现实困难。

与此同时，上合组织决议表决程序存在不完善的地方，限制了上合组织多边经贸合作推进的效率。上合组织事务的决策坚持协商一致的原则，上合组织宪章第十六条规定："本组织各机构的决议以不举行投票的协商方式通过，如在协商过程中无任一成员国反对（协商一致），决议被视为通过。"该决策原则在尊重国家平等和避免组织框架内的事务不被任何一个大国主导的同时，也使一些具体的合作决议久拖不决，尤其在涉及经贸合作等具体事宜上严格遵循协商一致原则将导致上合组织在经贸合作事宜上的决策效率低下，进而影响关乎上合组织发展的重大项目迟迟难以落地实施。如筹划数年的上合组织发展银行，由于遭遇俄罗斯的消极态度而无法建立。事实上，尤其是涉及经贸合作的协议在现实中往往很难满足所有成员国的利益，因而难以获得成员国的一致同意。由此导致的后果是，在上合组织框架内，短期的双边经贸合作协议比较容易达成，而长期的区域合作协议则很难签署。③ 换言之，在上合组织成员国中部分存在重视短期利益而忽视长远利益的问题。倘若这种情况长此以往，上合组织框架内的经贸合作可能更多地着眼于具体问题，而无法在

---

① 《俄总理表示短期内建立上合组织自贸区的可能性不大》，2017 年 12 月 9 日，https://cn.inform.kz/news/article_a3095103/。

② 赵华胜：《上海合作组织：评析和展望》，时事出版社 2012 年版，第 246—250 页。

③ 王志远、石岚：《上海合作组织经济合作的主要障碍与对策分析》，《新疆师范大学学报》（哲学社会科学版）2013 年第 6 期。

建立长期区域经济合作机制上取得显著的突破。扩员后，随着组织成员国数量的增加，如果上合组织仍在所有领域不加区分地恪守基于协商一致的决策原则，那么上合组织八个成员国在实质性问题上达成共识的难度很可能会进一步加大。

此外，部分成员国之间的紧张关系对上合组织框架内实现共同利益造成了干扰，进而对上合组织命运共同体的构建产生了消极影响。在印度和巴基斯坦成为正式成员国之前，上合组织成员国尤其是中亚成员国之间的复杂关系，已是掣肘上合组织多边经贸合作的一个突出因素。有学者通过对1992—2006年中亚国家高层互访进行分析后认为，中亚国家间双边互访次数明显少于中亚国家与世界其他国家的双边互访数量。中亚五国间的双边互访数量仅占它们与世界各国互访总次数的10%。而在2002—2006年，中亚国家间的互访频率占比更低。互访次数较少且互访率不稳定，很大程度上反映了中亚国家间在官方层面的交流水平比较有限。而另一项更早的研究表明，中亚五国的政治家、安全官员、学者、非政府组织领导、记者和社会科学家除了对哈萨克斯坦和吉尔吉斯斯坦两国关系持积极看法外，对中亚国家其他双边关系均持负面态度。造成这种局面的因素有很多而且持续存在，其中位列前五的依次是领土争端、水资源争端、其他国家的影响、地区领导权之争和交通路线问题。[①] 成员国之间错综复杂的关系不利于多边经贸合作的长期有效开展。总之，虽然中亚国家往往被外界视为一个区域整体，但五国并未形成稳定的深层次的区域认同，这对上合组织通过深化成员国之间的经贸合作进而推动上合组织命运共同体的建设提出了挑战。不过，随着2016年年底米尔济约耶夫当选乌兹别克斯坦总统，乌兹别克斯坦对中亚国家相继开展了一系列释放善意之举，并促使其与其他中亚国家之间的关系得到明显改善，这或许有助于改变中亚成员国之间合作不畅的顽疾。与此同时，受中亚成员国国家间关系改善的激励，中亚地区重燃了地区一体化的希望。尽管中亚成员国间关系得到一定程度的缓解，不过，一些阻碍双边关系长远发展的因素仍未得到有效清除。加之印度和巴基斯坦历史积怨较深，以及印度和中国由领土主权争议仍然存在，故整体来看，上合组织成员

---

① 周明：《影响中亚地区一体化的主要因素探析》，《国际问题研究》2016年第3期。

国之间关系的复杂程度较以往有所上升，成为制约上合组织命运共同体构建的不利因素。

二 成员国双边与多边合作有待协调

成员国在上合组织框架内的合作主要采取双边和多边两种合作形式，处理好双边合作与多边合作的关系使两者之间形成相互配合和相互促进的良性互动模式，是推动上合组织稳健发展、提高上合组织制度效率进而构建上合组织命运共同体的重要保障。一般而言，在国际组织框架内，成员国之间多边合作的效率往往要比双边合作更高，而耗费的成本相对要低。主要原因在于，国际制度运行的一个重要功能在于削减成员国开展合作过程中所耗费的交易成本。不过，在上合组织框架内，尽管上合组织这一多边合作机制是成员国赖以追求共同利益的重要平台，但整体来看，成员国之间的双边合作项目明显多于多边合作项目，多边合作水平因此明显滞后于成员国间的双边合作水平。由此导致的结果是，截至2019年年底，2003年上合组织颁布实施的首部《上海合作组织成员国多边经贸合作纲要》的具体落实工作并没有全部完成，而且面临扩员后新老成员国进一步融合的影响。[①] 即使在双边合作中，上合组织成员国之前贸易合作的开展也受到一些消极因素的影响，如交通运输领域协议的落实时常遭遇一些源自制度层面的制约或人为造成的阻碍。上合组织在多边经贸合作过程中遭遇的困境已引起成员国越来越多的关注，上合组织成员国在此方面已具有基本的共识。需要指出的是，成员国间双边经贸合作的持续发展也能促进彼此间共同利益的实现，不过，对于上合组织这一地区多边合作机制而言，其要实现长远健康发展，必须构建一套较为完善的多边贸易合作体制。

导致上合组织框架内多边合作明显滞后于双边合作的原因是多方面的，总结起来，主要有以下三个方面。第一，上合组织地区缺乏开展多边贸易的制度性安排。为了实现成员国在各领域的共同利益并寻求新的共同利益增长点，上合组织构建形成了体系较为完善的合作机制，主要

---

① 肖斌：《解析新版〈上合组织成员国多边经贸合作纲要〉》，《世界知识》2019年第23期。

包括经贸部长会晤机制、交通部长会晤机制、财长和央行行长会晤机制、科技部长会晤机制和环境部长会晤机制等，为成员国之间的经贸合作提供了不同层级的合作机制。不过，这些由各层级会晤机制构成的上合组织经贸合作机制，很大程度上充当成员国开展贸易对话、化解分歧和凝聚共识的不同层级的平台，其与组织层面的多边贸易的制度性安排具有本质上的差异。一个区域多边贸易体制的形成往往需要具有一定的法律基础，制定共同的贸易规则，建立贸易争端解决机制等。得益于这种多边形式的制度性架构，所有参与其中的成员国的总体收益将不断得到提高。而上合组织在这些方面均存在明显的不足。如在法律保障方面，尽管上合组织为实现成员国的共同利益在各领域签署了一系列法律或意向性合作文件，为成员国之间的经贸合作提供了政策与法律保障，但这些并没有转化为组织层面的制度进而通过法律的形式巩固下来。在贸易规则方面，上合组织地区不仅没有形成统一的贸易规则，而且在贸易秩序方面有时仍存在一定程度的混乱。此外，上合组织框架内尚未设立贸易争端解决机制。在成员国之间利益日益交融、投资持续增长的背景下，建立上合组织国家投资争端和商事争端解决机制具有紧迫性和十分重要的现实意义。①

第二，上合组织框架内多边合作滞后于双边合作还在一定程度上受到上合组织内部权力结构的制约。一般而言，一个区域合作组织中往往会存在一个居于主导地位或在组织内发挥引领作用的核心成员，而其他成员有意或无意地围绕核心成员开展工作，如北大西洋公约组织中的美国、海湾合作委员会中的沙特等均在组织内扮演核心议程设置者的角色。与此不同的是，在上合组织的权力结构中存在中国和俄罗斯两个核心成员。中俄战略协作是上合组织成立的政治基石，而且自组织成立以来，两国均十分重视上合组织的发展且在促进组织发展方面均投入甚多。但两国在对上合组织的认知和优先发展方向等方面存在一定分歧。俄罗斯政治精英很大程度上将上合组织视为多极国际关系体系中的重要角色，在此基础上赋予上合组织推动国际政治格局转型和世界多极化的重要使

---

① 郑学海：《上合组织国家投资、商事争端解决机制的构建》，2019 年 9 月 26 日，https：//m. thepaper. cn/baijiahao_4533646。

命。因此，俄罗斯将上合组织纳入其要完成的战略任务中，即通过上合组织增加俄罗斯的国际影响力和战略分量，同时抵制北约向独联体地区的扩大。在此意义上，俄罗斯对上合组织安全功能的重视程度要高于经济功能。不仅如此，俄罗斯还担心中国主张的合作模式将会巩固中国在上合组织中的经济强势地位，并可能对俄罗斯主导下的原苏联地区的一体化进程造成冲击。① 与此不同的是，对中国而言，上合组织由于是迄今为止唯一以中国城市命名且中国在其中扮演核心议程设置者角色的国际组织，其发展对中国具有不同凡响的象征性意义和实质性意义。② 因此，中国更多是从价值理想和政治理念的视角看待上合组织，更倾向于将上合组织看成一个综合性的地区合作组织。尤其是自"一带一路"倡议提出以来，中国对上合组织在"一带一路"建设中发挥的作用抱有较大的预期。由此可见，这种对于组织未来发展方向认知上隐含的分歧，对成员国之间开展深层次的多边合作构成了一定程度的牵制。上合组织扩员后，由于地区大国印度的加入，上合组织内部的大国互动模式尚面临不确定性，其对组织内成员国实现共同利益的影响还有待进一步观察。

第三，上合组织框架内以双边合作为主的经贸合作方式，部分受到多个地区合作机制之间竞争的影响。事实上，欧亚地区呈现一种治理竞争的局面，即针对同一个地区议题存在由多个治理主体提出的不同治理方案，这些多元化的方案在理念和方法上存在差异。由于这些方案涵盖的议题领域和参与对象存在重叠之处，因此，参与者可以根据自身的需要在这些多元化方案之中进行取舍，从而使多元化方案之间产生替代效应。③ 由此导致的结果是，某一地区合作机制的部分或全部功能有可能受到其他机制的冲击。就上合组织而言，扩员前的上合组织始终将中亚地区视为组织的核心区域，然而现实情况是，四个中亚成员国同时也是独联体成员。在独联体框架外，它们中的部分国家还是欧亚经济联盟（俄罗斯、哈萨克斯坦、吉尔吉斯斯坦）、集体安全条约组织（俄罗

---

① 赵华胜：《上海合作组织：评析和展望》，时事出版社2012年版，第140—157页。
② 赵华胜：《上海合作组织：评析和展望》，时事出版社2012年版，第103—108页。
③ 余博闻：《治理竞争与国际组织变革——理解世界银行的政策创新》，《世界经济与政治》2018年第6期。

斯、哈萨克斯坦、吉尔吉斯斯坦、塔吉克斯坦)等组织的成员国。显然，同一个国家参加数个功能相似的地区性国际组织必然会在一定程度上分散它们的精力和投入，[1] 进而影响这些成员国在上合组织框架内与其他成员国之间的经贸合作。当俄罗斯主导的集安组织与欧亚经济联盟分别致力于推进与中亚成员国在安全与经济领域的合作时，上合组织的发展无疑会受到一定程度的影响。事实上也是如此。欧亚经济联盟自成立以来已发展成为一个合作机制日益健全的地区一体化组织。当前，欧亚经济联盟已取消单一市场中对商品和服务的各种豁免权，并在此基础上致力于逐步统一并且清除各国之间在商品和服务贸易中的非关税壁垒，[2] 其对上合组织成员国的吸引力增强。由于欧亚经济联盟与上合组织的经济功能存在部分重叠，且其在推进地区一体化方面具有某些上合组织并不具备的优势，故其在一定程度上削弱了部分上合组织成员国参与上合组织框架内多边经济合作的意愿。为了协调上合组织与欧亚经济联盟之间的关系，相关国家也正在加大政策协调力度，以使两者成为促进欧亚大陆互联互通和地区一体化的协同推动力量。一个最新的举措是 2018 年 5 月中国与欧亚经济联盟签署了经贸合作协定，不过，协调二者的关系仍任重而道远。

总之，出于多方面的原因，在实现共同利益方面，上合组织各成员国之间大多选择采取双边而非多边的方式开展合作。从理论分析来看，尽管组织框架内双边合作与多边合作可以形成相互配合与彼此促进的关系，但在上合组织的实际运行过程中较多依赖双边合作，无疑会影响到多边合作的进展与成效。由于构建上合组织命运共同体旨在推动将成员国的共同利益转换为利益共同体，进而将上合组织打造成为互利共赢的典范，因此，要保障上合组织命运共同体的顺利建成，需要各成员国在多边基础上构建形成一套较为完善的合作制度，制定实现共同利益的统一规则及形成处理利益冲突的机制，以稳定的制度为实现这种转化提供较为坚实的保障。

---

[1] 莫洪宪：《上海合作组织存在的问题及我国的对策》，《武汉大学学报》(哲学社会科学版) 2005 年第 6 期。

[2] [俄] E. 维诺库罗夫：《欧亚经济联盟：发展现状与初步成果》，封帅译，《俄罗斯研究》2018 年第 6 期。

三 成员国利益诉求呈现多元化趋势

上合组织命运共同体是扩员后中国政府提出的促进组织长远发展的重大地区倡议。上合组织扩员后，随着组织成员国数量的增多，整体来看，成员国在经贸领域的利益诉求进一步多元化。尽管成员国一致认为提升经贸合作的成效是当前及未来一段时期上合组织的当务之急，不过，不同成员国在上合组织经贸合作的重点领域、优先发展方向和具体合作议题上仍存在显著的分歧。因此，如何准确把握成员国的多元利益诉求并在此基础上寻求实现成员国共同利益的有效途径，是构建上合组织命运共同体进程中必须予以考虑的问题。

自成立以来，各成员国以《上海合作组织成员国多边经贸合作纲要》为指导，在区域经济合作方面取得了显著成绩。[1] 不过，上合组织框架内多边经济合作成效不彰已日益成为制约地区合作水平的突出因素。近年来，这一问题引起成员国越来越多的关注。尽管上合组织框架内的区域合作是成员国追求共同利益的重要方式，不过，整体来看，囿于成员国利益诉求多元化、部分成员国经济发展乏力以及部分成员国对于组织未来发展方向存在认知分歧等因素，成员国之间的双边合作项目多于多边合作项目不仅已成为一种客观事实，而且由此导致上合组织框架内多边合作水平明显滞后于成员国间的双边合作水平。[2] 2013年"丝绸之路经济带"倡议提出后，尽管上合组织成为"丝绸之路经济带"建设的多边平台，不过，就目前的实际情况来看，"丝绸之路经济带"倡议在欧亚大陆的实施更多依靠中国与沿线国家的双边合作。这不仅增加了交易成本，而且国家间相互竞争也造成了一些资源浪费。[3] 因此，协调成员国间双边合作与多边合作的关系，使两者之间形成相互协作、彼此促进的良性互动局面，是推动上合组织提高组织制度效率的重要途径。2018年10月，

---

[1] 韩璐：《深化上海合作组织经济合作：机遇、障碍与努力方向》，《国际问题研究》2018年第3期。

[2] 王树春、万青松：《上海合作组织与欧亚经济共同体的关系探析》，《世界经济与政治》2012年第3期。

[3] 凌胜利：《上海合作组织扩员与中国的"一带一路"战略》，《欧亚经济》2017年第5期。

在上合组织成员国政府首脑（总理）理事会第十七次会议上，各成员国一致认为，需进一步发掘上合组织经济合作的潜力，推动地区多边经济合作水平的提高，① 促使上合组织成员国之间的贸易和投资项目从双边层面提升至多边层面。如哈萨克斯坦新总统托卡耶夫于 2019 年 6 月在上合组织比什凯克峰会上强调，在经济增长放缓和世界金融市场不稳定的情况下，应更有效地挖掘上合组织巨大的经济合作潜力。②

自上合组织命运共同体提出以来，成员国的优先诉求在于希望在上合组织框架内实现跨境交通设施的互联互通。就乌兹别克斯坦而言，2019 年 6 月在比什凯克峰会上，米尔济约耶夫总统强调，中亚的稳定和开放为广泛合作和实现重要的区域项目提供了巨大的机会。其中一个项目是中吉乌铁路的建设，这将为地区贸易和投资提供强大的推动力。③ 此外，米尔济约耶夫总统提出了与上合组织合作建设中亚交通运输体系的倡议，该倡议主要涵盖四个方面的内容。第一，在世界银行、亚洲开发银行、伊斯兰开发银行及其他国际金融机构的协助下，制订统一的中亚交通走廊发展战略。第二，在上合组织框架下建立综合运输管理体系。第三，成立中亚国家交通运输理事会，作为解决跨国物流运输问题的权威协调机构。第四，与世界旅游组织共同制订中亚地区旅游枢纽发展方案。乌兹别克斯坦总理阿卜杜拉·阿里波夫于 2018 年 9 月在塔什干举办的"国际交通走廊系统框架下的中亚：战略前景和有待实现的机遇"国际研讨会上，呼吁与会各方对此予以积极支持。④ 哈萨克斯坦认为，在上合组织内实施基础设施领域的重大项目，可以取得经济发展的倍增效应，进而带动上合组织成员国在科技、金融和人力资源等方面的发展。除继续推进 CASA-1000 项目，以扩大哈萨克斯坦向阿富

---

① 丁晓星：《上合组织总理会就多边经济合作发出强音》，2018 年 10 月 15 日，http://www.gov.cn/xinwen/2018-10/15/content_5330845.htm。

② "SCO Needs a Pool of State-of-the-art Technological Parks-Tokayev", 2019-06-14, https://www.inform.kz/en/sco-needs-a-pool-of-state-of-the-art-technological-parks-tokayev_a3538047。

③ "Shavkat Mirziyoyev Unveils Vital Initiatives to Enhance Practical Cooperation in the SCO", 2019-06-14, https://president.uz/en/lists/view/2662。

④ 《乌积极推动中亚交通运输体系发展》，2018 年 9 月 27 日，http://uz.mofcom.gov.cn/article/jmxw/201809/20180902791915.shtml。

汗和巴基斯坦的电力供应外，哈萨克斯坦还提议建设北京—阿斯塔纳—莫斯科—柏林欧亚高铁干线。纳扎尔巴耶夫认为，建设欧亚高铁干线将有助于实现欧亚大陆交通设施的互联互通，加强上合组织与欧亚经济联盟之间的协作进而推进欧亚一体化进程，同时有助于促进上合组织与欧盟关系的发展。①

在实现跨境交通基础设施互联互通方面，吉尔吉斯斯坦尽管与乌兹别克斯坦对上合组织抱有类似的期望，不过，与乌兹别克斯坦有所不同的是，吉尔吉斯斯坦更倾向于或者注重利用自身的地理位置，以增强该国交通线路过境国的角色。2018 年 9 月，热恩别科夫强调，吉尔吉斯斯坦作为一个内陆国家，对完全连接并成功发展东西方贸易的运输路线具有非常浓厚的兴趣，并指出中吉乌铁路项目的建设对于扩大中亚地区的运输走廊具有重要意义。② 2019 年 3 月，吉尔吉斯斯坦副总理热尼什·拉扎科夫表示，吉尔吉斯斯坦当局提议俄罗斯参与中吉乌铁路的建设。③ 2019 年 6 月，在上合组织比什凯克峰会上，热恩别科夫呼吁尽早实施中吉乌铁路建设项目。对于能够创造区域价值链的产业要加大投资力度。④ 与吉尔吉斯斯坦大体相似，对塔吉克斯坦而言，建立一个统一的交通运输系统和有效利用成员国的过境潜力对该区域具有重要意义。在这方面，应优先执行重建和建造公路和铁路的项目，以及建立通往海港的区域运输走廊。在此背景下，塔吉克斯坦认为，2019 年上海合作组织成员国元首理事会若批准上海合作组织成员国铁路局（铁路）在铁路运输领域的构想，将是非常及时的决定。⑤

提升上合组织多边经济合作成效是上合组织成员国普遍的期望，各

---

① 《哈萨克斯坦总统建议上合组织成员国建设欧亚高铁干线》，2018 年 6 月 15 日，http://www.rail-transit.com/xinwen/show.php?itemid=1442。

② 《热恩别科夫：中吉乌铁路的建设具有重要意义》，2018 年 9 月 5 日，http://web.siluxgc.com/jejsst/kgNews/20180905/15094.html。

③ Russia Wants to Participate in Creation of China-Kyrgyzstan-Uzbekistan Railway, 2019-03-04, https://www.azernews.az/region/146668.html.

④ "Kyrgyzstan Insists on Settlements in National Currencies within SCO", 2019-06-14, https://24.kg/english/120702_Kyrgyzstan_insists_on_settlements_in_national_currencies_within_SCO/.

⑤ "Participation in the Meeting of the Council of Heads of State of the Shanghai Cooperation Organization", 2019-06-14, http://president.tj/en/node/20372.

成员国均提出了自身对上合组织的利益诉求。哈萨克斯坦政府认为，上合组织需特别关注加强经济合作问题，使上合组织成员国之间的贸易和投资项目从双边层面提升至多边层面。2018年6月，纳扎尔巴耶夫建议，成员国可从研究共同感兴趣的经济合作项目开始，逐步推进这方面工作，并在多边贸易合作获得充分发展后建立上合组织自贸区。① 就乌兹别克斯坦而言，2019年1月，在会见上合组织秘书长诺罗夫时，米尔济约耶夫对上合组织框架内尚未得到充分开发的巨大经济合作潜力给予了特别的关注，并指出应将维护安全以及发展贸易、经济、投资、交通运输、旅游、农业等领域的合作及地区间合作列为上合组织未来发展的优先事项。② 吉尔吉斯斯坦重视上合组织在促进吉尔吉斯斯坦国内经济发展中所发挥的作用，并在此框架内积极发展与组织成员国之间的双边和多边经济合作。上合组织扩员后，吉尔吉斯斯坦对上合组织在地区多边经济合作中扮演的角色寄予新的期待。2018年10月，在上海合作组织成员国政府首脑（总理）理事会第十七次会议上，吉尔吉斯斯坦总理阿布尔加济耶夫表示，吉尔吉斯斯坦愿完善和推动上合组织框架内的多边合作，在经贸、交通运输以及投资领域加强合作应成为上合组织框架内多边合作的优先方向。③ 与此同时，塔吉克斯坦认为上合组织地区合作的优先领域是建立广泛的贸易、经济和投资伙伴关系，并相互支持，共同实施互利项目。在经济蓬勃发展和电力需求迅速增长的情况下，一项优先事宜是在上海合作组织框架内进一步密切能源合作，实施有利于地区发展的水电项目，进一步推动上合组织成员国一体化进程。④

与此同时，在金融、农业、能源、数字化等领域，组织成员国提出了各自的诉求。第一，在金融领域，哈萨克斯坦建议尽快启动上合组织发展银行和发展基金（专门账户），并在上合组织成员国之间使用本国货

---

① 《哈萨克斯坦总统认为上合组织应进一步加强经济合作》，2017年6月9日，http://www.xinhuanet.com//world/2017-06/09/c_1121118740.htm。

② Mirziyoyev Called Norov's Appointment as SCO Secretary General Historic, 2019-01-04, https://fergana.agency/news/104040/.

③ "Shavkat Mirziyoyev Unveils Vital Initiatives to Enhance Practical Cooperation in the SCO", 2019-06-14, https://president.uz/en/lists/view/2662.

④ "Participation in the Meeting of the Council of Heads of State of the Shanghai Cooperation Organization", 2019-06-14, http://president.tj/en/node/20372.

币结算，以尽可能缓解全球货币市场不稳定对哈萨克斯坦产生的不利影响。纳扎尔巴耶夫于 2018 年 6 月在上合组织青岛峰会上指出，上合组织成员国之间以本国货币结算，是应对全球货币金融体系不稳定的一种有效方式。① 此外，在应对全球性金融风险对中亚国家造成的冲击方面，哈萨克斯坦成立了阿斯塔纳国际金融中心，该中心于 2018 年 7 月正式开业。哈萨克斯坦对此抱有很高的期望，将其视为哈最重大的项目之一。② 吉尔吉斯斯坦建议继续就建立上合组织发展银行问题进行讨论，加快上合组织发展银行建设步伐。与此同时，为确保上合组织内部经济可持续发展，塔吉克斯坦总统拉赫蒙建议，加快解决上合组织银行和上合组织发展基金建设过程中遇到的问题，以及利用亚洲银行和上合组织银行间联合体等机构提供的基础设施投资机会，为联合项目的顺利实施提供融资。③ 第二，在农业领域，包括发展农业部门、生产和加工有机农产品等在内的"绿色"经济是吉尔吉斯斯坦在上合组织内的优先发展领域。④ 乌兹别克斯坦总统米尔济约耶夫于 2019 年 6 月提议制定并引进智慧农业和进行农业创新，批准上合组织"绿色丝绸之路"计划，广泛引进资源节约和生态清洁技术。⑤ 第三，在数字化建设方面，哈萨克斯坦总统托卡耶夫倡议在上合组织框架内建立现代科技园区，这一倡议将有助于切实落实成员国在此次峰会上达成的有关数字化、创新和通信技术领域的合作理念。作为朝这个方向迈出的第一步，托卡耶夫建议在阿斯塔纳国际金融中心

---

① Umida Hashimova, "As SCO Admits New Members, Central Asian Countries Want Greater Focus on Economic Issues", 2018 – 06 – 18, https：//jamestown.org/program/as – sco – admits – new – members – central – asian – countries – want – greater – focus – on – economic – issues/.

② 《总统：阿斯塔纳国际金融中心是独立哈萨克斯坦的新篇章》，2018 年 7 月 5 日，https：//www.inform.kz/cn/article_a3310198。

③ "Participation in the Meeting of the Council of Heads of State of the Shanghai Cooperation Organization", 2019 – 06 – 14, http：//president.tj/en/node/20372.

④ "Kyrgyzstan Insists on Settlements in National Currencies within SCO", 2019 – 06 – 14, https：//24.kg/english/120702_Kyrgyzstan_insists_on_settlements_in_national_currencies_within_SCO/.

⑤ "Shavkat Mirziyoyev Unveils Vital Initiatives to Enhance Practical Cooperation in the SCO", 2019 – 06 – 14, https：//president.uz/en/lists/view/2662.

举办一次组织成员国年轻信息技术专家论坛。① 同时，吉尔吉斯斯坦认为，上合组织成员国有必要在过境运输以及数字经济方面加强合作。②

由上文简要分析可见，成员国对通过提升上合组织多边经贸合作的成效以扩大和实现成员国的共同利益具有较高程度的共识，然而在实现共同利益的重点领域、优先方向和主要议题等方面均存在或多或少的分歧。虽然这些分歧的存在并不必然导致成员国实现共同利益的愿望受阻，但无疑增大了上合组织寻求共同利益与协调成员国之间利益的难度。由于构建上合组织命运共同体旨在实现成员国之间的互利共赢，且最终目标是将上合组织打造成为国际合作的典范，因此，成员国之间利益诉求多元化趋势加剧将影响成员国间利益的分配。

第四节　构建上合组织情感共同体面临的挑战

除受到成员国价值理性（上合组织价值共同体）与工具理性（上合组织安全共同体、上合组织利益共同体）的驱动，上合组织命运共同体还需要成员国通过培育和建立共同的情感予以维系。情感逻辑是成员国推动构建上合组织情感共同体进而构建上合组织命运共同体的行为逻辑，而且共同情感应该是上合组织命运共同体的靓丽底色，是促使成员国形成强烈的共同体意识的不可或缺的心理与情感纽带。由于影响行为体共同情感建立的因素较多，因此，成员国共同情感的培育不仅需要通过扩大上合组织框架内的人文交流与合作，而且需要通过满足成员国的利益诉求与价值诉求，以及提升成员国对上合组织的认同等多种方式予以实现。在此方面，上合组织在各领域的合作实践过程中已经一定程度上满足了成员国的承认情感需要和信任情感需要，并在这两个方面为上合组织命运共同体的构建提供了一定的共同情感基础。不过，从目前的情况来看，由于工具理性仍在成员国行为逻辑中占据主导地位，以及成员国

---

① "SCO Needs a Pool of State-of-the-art Technological Parks-Tokayev", 2019 – 06 – 14, https://www.inform.kz/en/sco – needs – a – pool – of – state – of – the – art – technological – parks – tokayev_a3538047.

② 《综合消息：上合组织成员国总理建议强化该组织框架内多边合作》，2018 年 10 月 13 日，http://www.xinhuanet.com/world/2018 – 10/13/c_1123554160.htm。

在文化、心理、身份和认同等方面呈现明显的差异性，故相对于共同价值、共同安全和共同利益而言，成员国之间建立共同情感往往面临较大的难度，且需要付诸长期的不懈努力才可能实现。尽管上合组织框架内的人文交流与合作是增进成员国相互理解、培育成员国共同心理进而形成成员国共同情感的重要途径，不过，当前上合组织在此方面仍然难以满足成员国扩大人文交流与合作的需要，且当前成员国之间的人文交流与合作或多或少还存在一定问题。与此同时，尽管2017年以来随着成员国之间一系列善意之举，成员国彼此之间的不信任感有所缓解，不过，影响成员国之间相互信任的因素没有完全清除，加之扩员后上合组织又增添了不少影响成员国信任的因素，因此，总体来看，信任赤字的存在成为制约上合组织命运共同体构建的另一消极因素。

一　成员国之间民心相通有待加强

当前，成员国对于扩大上合组织成员国间人文合作与交流的需求比以往更为迫切，人文交流已成为成员国在上合组织框架内关注的重点领域。以中亚成员国为例，中亚成员国在人文合作方面对上合组织的诉求主要包括扩大与上合组织成员国之间的旅游规模。近些年，尽管上合组织成员国的旅游市场进一步扩大，但成员国旅游合作的巨大潜力尚未得到充分挖掘。① 塔吉克斯坦考虑将2019年、2020年和2021年分别设为"农村发展年""旅游年"和"民间工艺品年"，塔吉克斯坦计划与上合组织成员国在这些方面进行密切合作，继续实施《2019—2020年落实〈上海合作组织成员国旅游合作发展纲要〉联合行动计划》。② 就乌兹别克斯坦而言，近年来，旅游服务业成为拉动乌兹别克斯坦经济增长的重点领域。2018年，乌兹别克斯坦服务业超过能源领域跃居乌第一大出口领域，旅游服务出口额达10.42亿美元，同比增长90.5%，当年接待外

---

① Cheng Si, "Tourism to SCO Nations Sees Rapid Expansion", 2019 - 06 - 14, https://www.chinadaily.com.cn/a/201906/14/WS5d02f09da3103dbf14328211.html.

② "The Policy and Vision of the Republic of Tajikistan on Strengthening of Cooperation and Development Prospects within the Framework of the SCO", 2019 - 04 - 26, http://infoshos.ru/en/? idn = 21302.

国游客 440 万人次，增长近 1 倍，成为服务出口的主要增长点。① 受此激励，乌兹别克斯坦将吸引外国游客来乌旅游与扩大出口、吸引投资并列，设定为 2019 年乌兹别克斯坦外交部需要实现的三大主要任务。② 乌兹别克斯坦总统米尔济约耶夫强调，需更加积极地挖掘成员国的历史文化遗产，充分发挥成员国的旅游潜力，并建议每年将成员国中的一个城市设立为上合组织的旅游和文化之都。③

国之交在于民相亲，民相亲在于心相通。上合组织命运共同体的构建需要成员国之间在民心相通的基础上培育彼此之间的亲近感。在此方面，由于公共外交的目标群体是普通大众，以及其具有公开性、灵活性与形式多样性等特征，公共外交成为培育成员国共同情感的重要渠道，尤其在增进成员国普通民众之间的情谊方面发挥着重要的作用。④ 对此，加强上合组织框架内的公共外交已成为成员国的普遍诉求。如尽管中国与中亚成员国在人文交流方面取得了显著成效，不过，影响中国与中亚成员国关系健康发展的一些消极因素依然存在，特别是"中国威胁论"在中亚成员国国内具有一定的市场。如在吉尔吉斯斯坦，由于吉尔吉斯斯坦政府预算透明度比较有限且缺乏完善的监管体制，以及部分人士出于实现自身政治目的的考虑，炒作与恶意散播"对华负债规模居高不下""中国在吉非法移民增多"等与现实极不相符的言论进而渲染"中国威胁论"，这已成为吉尔吉斯斯坦国内一些政客博取民众关注的噱头。⑤ 哈萨克斯坦与中国在各领域合作关系的进一步密切，一定程度上导致"中国威胁论"在哈萨克斯坦民众中持续蔓延，尤其是哈

---

① 《乌兹别克斯坦 2018 年外贸形势浅析》，2019 年 5 月 19 日，http：//uz.mofcom.gov.cn/article/ztdy/201905/20190502864220.shtml。
② 《2019 年乌外交部三大主要任务：出口、游客和投资》，2018 年 12 月 26 日，http：//uz.mofcom.gov.cn/article/jmxw/201812/20181202820997.shtml。
③ "Shavkat Mirziyoyev Unveils Vital Initiatives to Enhance Practical Cooperation in the SCO", 2019 – 06 – 14, https：//president.uz/en/lists/view/2662.
④ 高飞：《公共外交的界定、形成条件及其作用》，《外交评论》2005 年第 3 期。
⑤ 《吉尔吉斯斯坦澄清：不会因债务问题向中国割让领土　驳斥反华论》，2019 年 1 月 11 日，http：//www.chinaru.info/News/redianjujiao/55705.shtml。

萨克斯坦民众强烈反对将国内土地出租给外国人。① 这些因素的存在对成员国之间关系的发展以及成员国普通民众对上合组织的制度与情感认同产生了消极影响。鉴于此，2017年6月，米尔济约耶夫在阿斯塔纳峰会上提议建立上合组织公共外交中心。经过各方一年多的共同努力，2019年1月，上合组织首个公共外交中心在塔什干正式成立。通过举办博览会、保护文化遗产活动及成员国非政府组织会晤等活动，公共外交中心有助于进一步增进成员国间的相互信任。② 此外，乌兹别克斯坦还呼吁在科技、教育、文化和媒体等各领域深化与上合组织成员国之间的人文合作，并扩大成员国间青年和妇女等群体之间的交往与交流。整体而言，由于受经济利益、宗教文化差异和地缘政治利益竞争等因素的影响，面对构建上合组织命运共同体的任务，上合组织框架内公共外交的发展仍存在较大的提升空间。③

与此同时，成员国之间的人文交流与合作也存在不少问题，影响成员国之间共同情感的培育。共同情感是维系上合组织命运共同体的重要纽带和基础，因此成员国之间人文交流与合作进程中存在的缺陷影响上合组织命运共同体构建的整体成效。这种缺憾的一个主要体现是上合组织框架内的人文交流与合作目前仍未建立较为完善的长效交流机制。成员国在深化人文交流与合作进程中尽管举办了丰富多彩与形式多样的活动，不过，上合组织仍需进一步完善人文交流与合作的长效机制。整体来看，成员国之间的人文交流主要体现为举办艺术节、音乐节、青年节、教育周，以及互办"旅游年""文化年""文化日"等丰富多彩的人文交流活动，这一系列活动对夯实上合组织发展的民意基础发挥了重要作用。不仅如此，成员国在探索建立人文合作的长效机制方面已做出了不少努力，如推动建立了网络式统一教育空间（上海合作组织大学），孔子学院、新丝绸之路大学联盟和中亚学院等平台等，不过，这些活动或机制

---

① 《美媒：哈萨克斯坦民众抗议 担心中国"租地扩张"》，2016年5月11日，http://world.huanqiu.com/exclusive/2016-05/8915642.html。
② 《上海合作组织公共外交中心在塔什干建立》，2019年1月30日，http://www.xinhuanet.com//world/2019-01/30/c_1210051008.htm。
③ 李华：《上海合作组织公共外交战略的理论与实践意义》，载李进峰、吴宏伟、李伟主编《上海合作组织发展报告（2015）》，社会科学文献出版社2015年版，第125页。

的主要职能很大程度上在于增进成员国对彼此文化或文明的了解与认知，而对于化解成员国之间存在的一些深层次隔阂发挥的作用较为有限。与此同时，成员国之间的人文合作与交流主要在青年、企业家、学者、艺术家、妇女等群体之间开展，尽管这些特定群体之间的交流与交往对于增进成员国之间的相互了解与信任具有引领作用，不过，这些交流活动对于在构建上合组织命运共同体过程中在各成员国之间建立较为深厚的社会基础仍显得不足。这是因为构建上合组织命运共同体需要在成员国社会各领域、各层面不同群体中形成对上合组织命运共同体理念的广泛认可，以为上合组织命运共同体的构建聚集广泛的民意基础。而成员国社会群体尤其是普通大众仍对上合组织存有偏见或误解，如"中国威胁论"等与现实极为不符的论调在中亚成员国中仍有一定的市场，导致在部分民众中对上合组织产生了负面的社会心理，这对于上合组织情感共同体的构建无疑具有消极影响。

二 成员国之间不信任感仍未缓解

尽管成员国之间的共同情感整体上保持较为稳定的状态，如成员国之间及成员国对上合组织之间由信任、承认和尊重等引发的积极情感体验已经成为上合组织框架内的一种基调情感。不过，特定事件或状况的激发使成员国产生的一些"状态情感现象"对上合组织成员国之间的共同情感构成了挑战。如由于中、俄、印作为上合组织的核心成员国，三国对于上合组织的组织定位和发展方向存在明显分歧，这导致部分成员国对组织的发展前景产生不确定性，并由此产生一些担忧情绪。此外，诸如印巴冲突、中亚成员国国家间矛盾以及中印边界争端等事件时有复发等，冲击了成员国对上合组织的信任，部分消解了成员国的共同情感基础。整体来看，不论在上合组织成员国中的大国之间还是在中小成员国之间，影响彼此信任的因素依然存在，且似乎在短期内难以消除。

上合组织成员国之间的政治对话与信任建立缘起于"上海五国"在边境与军事等传统安全领域开展的合作实践，并明显体现出大国相互信任对中小成员国彼此信任的引领作用。不过，就上合组织中的大国而言，中国、印度和俄罗斯在双边关系中仍存在影响彼此互信的因素。就中印关系而言，尽管中国与印度在重大国际和地区事务中具有广泛的共识，保持良好的合作，且在中印俄三方合作、上合组织、发展中五国、"金砖国家""基础四国"等多边框架内也密切沟通与配合。不过，中国与印度之间也存在着不利于两国关系发展的因素，印度对中国的战略不信任在增强。印度对中国的疑惑除了表现为由领土争议产生的边境冲突外，印度国内对中国在南亚地区推进"一带一路"倡议存在突出疑虑。自2013年中国提出"一带一路"倡议以来，印度国内对这一倡议的观点始终存在较大分歧。有部分印度分析者认为，"一带一路"倡议将给印度经济发展带来机遇。不过，也有许多印度人士认为，"一带一路"是中国试图重塑亚太格局的地缘政治战略，结果会导致中国扩大在南亚地区的影响力，从长远来看是影响印度发展的重大隐患。尽管印度官方并未明确反对"一带一路"倡议，但始终持一种观望甚至警惕的态度。随着"一带一路"倡议所规划的重大项目不断推进，在印度国内，越来越多的观点认为"一带一路"倡议是中国为争夺国际影响力所实施的一种地缘政治战略。有部分印度政界和学界人士甚至认为，中国援建瓜达尔港是中国致力于向印度洋"扩大军事投射能力"的战略举措。在此背景下，作为"一带一路"倡议"旗舰项目"的中巴经济走廊，由于经过印度和巴基斯坦存在争议的克什米尔地区，使印度对该走廊的建设心存不满。尽管中巴经济走廊仅经过巴方控制区，但因为印度与巴基斯坦在克什米尔地区的归属问题上长期存在争议，故印度对中国中巴经济走廊甚至整个"一带一路"倡议均存在较强的抵抗情绪。①

与此同时，在经贸、安全和人文交流等领域均存在影响两国间相互信任的不利因素。在经贸领域，印度与中国贸易逆差较大，且印度国内制造业受到中国产品一定程度的影响，这日益成为中印贸易领域面临的严重问题。在安全领域，中国与印度之间12万平方公里的领土问题是中印关系中最重要、最敏感的问题，也是影响两国战略互信的最大阻碍因素。在人文交流与合作方面，整体而言，中国与印度对彼此国内经济、社会和文化等方面缺乏深入的认知，由此导致中国民众不了解印度的历史和正在发生的变化。同样，许多印度民众也不了解中国的历史、现状

---

① 林民旺：《印度对"一带一路"的认知及中国的政策选择》，《世界经济与政治》2015年第5期。

和未来发展方向,这种社会交往上的隔阂与不畅是影响两国关系的社会基础,进而一定程度上导致两国在政治、安全等其他领域相互不信任。除中印关系外,中国与俄罗斯两国民众对彼此的认知呈现不对称的特征。一项调查研究结果表明,中国受访者对俄罗斯的认知与肯定、对中俄关系和两国经贸合作的支持以及对俄罗斯文化的认知总体上要好于俄罗斯受访者对中国的认知。① 导致这种不对称现象出现的主要原因在于,首先,中国和俄罗斯由于错综复杂的历史问题使两国之间形成了一些刻板认知模式,且由此产生的深层次的隔阂迄今为止没有得到彻底的消除。其次,中国与俄罗斯之间形成的高水平战略协作关系相当程度上受到外部因素的推动,尤其是自2013年乌克兰危机发生以来,俄罗斯面临与美欧关系持续恶化且一时难以摆脱的困境局面,促使俄罗斯的战略重心持续向亚洲偏移。最后,中俄两国由于历史文化方面的显著差异导致两国民众在价值观、国民性格和思维方式等方面存在较大的不同,这对于两国民众之间增进了解带来了不便。② 此外,中俄印三边关系还受到美国的影响。尽管俄罗斯、中国和印度均试图通过各种途径与美国进行接触,但事实上三者在此过程中很难克服彼此之间的不信任。③

不仅上合组织框架内的大国之间存在影响彼此信任的因素,扩员后,影响中小成员国之间政治互信的诸多因素仍然未得到彻底解决,如吉尔吉斯斯坦与塔吉克斯坦之间的领土争端、乌兹别克斯坦与塔吉克斯坦之间的水资源争端等。不仅如此,扩员后影响成员国之间的政治互信的因素有所增加。有学者认为,"完成首次扩容后的上合组织内部出现的差异性,无论从质量上还是数量上看,都是与此前不可同日而语的"。因此,能否有效巩固上合组织政治基础是各成员国必须重视的问题。④ 为避免成员国之间的矛盾与冲突对上合组织的正常运转产生不利影响,中亚成员

---

① 钮菊生、马景阳:《民心相通:新时代中俄关系的民意基础》,《当代世界与社会主义》2019年第5期。
② 钮菊生、马景阳:《民心相通:新时代中俄关系的民意基础》,《当代世界与社会主义》2019年第5期。
③ Harsh V. Pant. "Feasibility of the Russia-China-India 'Strategic Triangle': Assessment of Theoretical and Empirical Issues", *International Studies*, Vol. 43, No. 1, 2006, pp. 69 – 70.
④ 许涛:《青岛峰会后的上海合作组织:新职能、新使命与新挑战》,《俄罗斯学刊》2018年第6期。

国在不同程度上呼吁通过加强组织成员国之间的政治对话，以提高彼此的政治互信水平。其中，哈萨克斯坦在此方面的态度与立场最为明显。哈萨克斯坦政府认为，上合组织未来发展的战略重点是加强成员国之间的政治对话与提高彼此互信水平，以增强上合组织的内部凝聚力和向心力。2018 年 6 月，哈萨克斯坦第一任总统纳扎尔巴耶夫在上合组织青岛峰会上强调，由于政治对话与政治互信是组织成员国在各领域开展合作的基础与实现组织目标的重要保证，因此，成员国必须始终遵守《上海合作组织成员国长期睦邻友好合作条约》，确保上合组织地区的安全与发展。未来一个阶段，上合组织应将《〈上海合作组织成员国长期睦邻友好合作条约〉实施纲要（2018—2022 年）》，作为提高成员国之间政治对话和信任水平的路线图。① 哈萨克斯坦在政治方面对于上合组织的诉求并没有因国家最高权力交接而发生改变，卡瑟姆若马尔特·托卡耶夫任哈萨克斯坦新总统后，基本继承了前任总统纳扎尔巴耶夫关于建设上合组织的主要观点。在 2019 年 6 月比什凯克峰会上，托卡耶夫指出，"国际关系的转变需要多边组织发展新的、更健全的原则。加强信任、对话与合作以确保地区安全与协作，仍是上合组织的关键任务"。同时，托卡耶夫强调扩大和巩固与欧亚地区主要国际组织的全面关系，对于提升上合组织的国际竞争力至关重要。②

---

① "Participation in the Meeting of the SCO Council of Heads of State in an Expanded Format", 2018 - 06 - 10, http：//www. akorda. kz/en/events/international_community/foreign_other_events/participation - in - the - meeting - of - the - sco - council - of - heads - of - state - in - an - expanded - format? q = Shanghai%20Cooperation%20Organization.

② "Tokayev：SCO Key Task Is to Strengthen Confidence, Dialogue", 2019 - 06 - 14, https：//www. inform. kz/en/tokayev - sco - key - task - is - to - strengthen - confidence - dialogue_a3538027.

第五章

构建上海合作组织命运共同体的基本路径

上合组织命运共同体的构建是一项复杂艰巨的长期任务。由于上合组织命运共同体主要由价值共同体、安全共同体、利益共同体和情感共同体构成,因此上合组织命运共同体构建路径既需要从整体予以科学谋划,同时又需要为上合组织命运共同体的次共同体构建拟定有针对性和前瞻性的路径。本书认为,上合组织命运共同体的四个构成部分——价值共同体、安全共同体、利益共同体和情感共同体——之间具有相互作用的关系,但它们向命运共同体的演变并非遵循线性发展轨迹,即沿着"价值共同体—安全共同体—利益共同体—情感共同体—命运共同体"的预定路径发展。事实上,任一次共同体的发展均将促进其他次共同体及上合组织命运共同体的发展。根据目前上合组织的现实发展情况基本可以判断,上合组织在价值共同体、安全共同体、利益共同体和情感共同体四个维度均为上合组织命运共同体的构建奠定了一定的基础,同时各自也面临一些挑战。鉴于此,首先,在构建上合组织价值共同体的路径选择方面,第一,成员国需要打造上合组织共同价值的话语体系;第二,提高成员国对上合组织共同价值的内部认同;第三,抵御外界对上合组织共同价值的冲击。其次,在构建上合组织安全共同体的路径选择方面,第一,上合组织应该塑造成员国的共同威胁认知;第二,汇聚成员国的共同安全利益;第三,努力深化上合组织安全合作。再次,在构建上合组织利益共同体方面,第一,上合组织需要通过有效措施提高成员国实现共同利益的成效;第二,推动成员国实现共同利益的方式从以双边为主向以多边为主转变，提高上合组织多边合作的成效；第三，寻求并扩大成员国之间的共同利益。最后，在构建上合组织情感共同体方面，第一，上合组织需通过多元化措施培育成员国之间的共同情感；第二，成员国之间对彼此的合理情感需要予以充分关照。以上四个方面的构建路径之间相互作用，共同构成了构建上合组织命运共同体的整合性路径。

第一节　构建上合组织价值共同体的基本路径

在构建上合组织价值共同体进而构建上合组织命运共同体的过程中，上合组织面临的主要挑战主要体现在上合组织共同价值话语体系不完整、共同价值认同程度偏低以及外部因素对组织共同价值形成冲击等。首先，上合组织共同价值事实上存在但在组织层面并没有被有效提炼并形成完整的共同价值体系，是构建上合组织价值共同体进而构建上合组织命运共同体进程中面临的一项重要挑战。为使上合组织命运共同体的构建具有较为坚实的共同价值，成员国需要在协商一致原则的指引下以"上海精神"为核心努力构建一套上合组织共同价值的话语体系。其次，针对以"上海精神"为核心的组织共同价值在各成员国社会化水平整体偏低的情况，上合组织应推动成员国对上合组织共同价值的认同从国家层面逐渐向社会层面延伸，以逐步扩大上合组织认同的社会基础，形成成员国各界别、各阶层对上合组织共同价值的归属感和认同感。最后，针对上合组织共同价值遭遇来自外部行为体的污名话语或危险话语冲击的不利局面，上合组织应该加强自身的呈现能力建设，通过在地区事务中践行上合组织共同价值等方式提高组织共同价值在国际社会的显著性和承认水平，并抵御西方各种社会思潮对上合组织共同价值带来的冲击。

一　打造上合组织共同价值的话语体系

上合组织共同价值话语体系在构建上合组织命运共同体过程中发挥的主要作用在于以下三个方面。第一，较为完善的话语体系可为构建上合组织命运共同体提供价值引领。之所以如此，主要原因在于，一方面，完善的共同价值话语体系可以赋予上合组织命运共同体以丰富的价值内涵。构建上合组织命运共同体本身包含了引导地区合作的基本价值理念，这些价值理念体现了成员国追求持久和平、普遍安全、共同繁荣、开放包容和清洁美丽世界的美好憧憬，以及建立公正合理的地区秩序的夙愿。另一方面，共同价值可以为成员国构建更加紧密的命运共同体提供价值遵循和理念指引。在此方面，成员国基于相互尊重与互不干涉内政的主权观，基于互利共赢和共同发展的发展观，基于共同、综合、可持续、创新的合作观，以及基于追求国际关系民主化和探索建立公正合理的地区与全球政治经济新秩序的国际观等，可为上合组织命运共同体的构建提供全方位的价值指引。第二，打造上合组织共同价值的话语体系可借此提高成员国对上合组织命运共同体的认同程度，上合组织命运共同体能否顺利构建完成在某种意义上取决于成员国对上合组织所秉持的共同价值的认可程度。不过，整体来看，当前成员国对上合组织命运共同体的认可很大程度上基于上合组织能够满足成员国的具体利益诉求，而不是基于以"上海精神"为核心的上合组织共同价值。因此，构建上合组织共同价值体系并促使成员国对该价值体系实现较高程度的内化有利于提高成员国对上合组织命运共同体理念的认同。第三，打造上合组织共同价值话语体系可以有效反击外部行为体尤其是西方国家对上合组织的污名话语。如前文所述，自上合组织成立以来，西方国家始终用充满意识形态偏见的眼光看待上合组织的发展，并将上合组织污名化为"清谈馆""东方北约""威权国家俱乐部"等。由于西方国家在国际话语体系中占据主导地位，西方国家对上合组织的污名话语部分塑造了国际社会对上合组织的认知，进而严重损害了上合组织的国际声望和国际形象。构建上合组织命运共同体为打造上合组织共同价值的话语体系并有力回击西方国家对上合组织污名化的企图提供了绝佳的机遇。

由此可见，打造上合组织共同价值话语体系不仅能够丰富上合组织命运共同体的价值内涵，而且可以为成员国构建上合组织命运共同体提供清晰的价值引领，同时还可以借此有效抵御和消解西方国家针对上合组织形成的污名话语，进而改善上合组织的国际形象和提高组织的国际威望。因此，在"上海精神"的基础上提炼并形成上合组织共同价值的话语体系不仅具有必要性，而且具有可行性。之所以具备较高程度的可行性，是因为经过成员国近20年在各领域的共同实践，"上海精神"已经在各成员国中实现了较高程度的社会化，成为成员国在上合组织框架内的行动指南。不仅如此,"上海精神"中包含的"互信、互利、平等、协商、尊重多样文明、谋求共同发展"的理念已经融入成员国在政治、安全、经贸和人文交流与合作的各领域共同实践过程中。在"上海精神"与成员国特定合作领域相结合的过程中,上合组织形成了在各领域开展具体合作的价值与规范。这些基于成员国在各领域共同实践产生的价值与规范,不仅继承了"上海精神"的价值内涵,而且丰富并拓展了"上海精神"的既有内涵,并根据成员国共同实践的需要赋予了"上海精神"以时代内涵与意义。不过,上合组织在官方层面并没有实现"上海精神"与成员国在各领域合作中获得的价值与规范之间较高程度的整合,并形成结构完整、逻辑清晰和表述明确的上合组织共同价值话语体系,由此导致上合组织话语体系严重滞后于上合组织的发展,且与构建上合组织命运共同体的要求相距甚远。当然,需要强调的是,打造上合组织共同价值的话语体系并不是要否定"上海精神"的价值蕴含,或者构造一套全新的话语体系取代"上海精神"在上合组织价值体系中的核心地位,而是在既有"上海精神"的基础上赋予其时代内涵。

在打造上合组织共同价值具备较高程度可行性的情况下,成员国需要在平等协商的基础上精心拟定上合组织共同价值的话语表述,以在上合组织共同价值与成员国国内主流价值观实现较高程度匹配的基础上,彰显上合组织共同价值的独特性与普遍性。为此,各成员国需要在以下四个方面做出不懈努力。第一,上合组织共同价值并非由某一种单一价值构成,而是由不同要素构成的共同价值体系。因此,成员国需要在确立上合组织共同价值的主要构成要素的基础上,明确每个构成部分的具体含义,形成成员国对上合组织共同价值内涵的共有理解。第二,在打造上合组织共同价值的过程中,成员国需要解决的主要问题在于如何处理好"上海精神"与上合组织共同价值之间的关系,使二者不至于彼此冲突。不仅如此,"上海精神"与上合组织共同价值之间形成有效互补的关系,使二者相得益彰共同成为引领上合组织发展和上合组织命运共同体构建的核心价值。第三,在上合组织共同价值的内涵及其与"上海精神"的关系得以有效协调之后,还需要通过明确的语言文字表达出来。上合组织共同价值的语言文字表述需要做到语义明确无歧义,在此基础上尽可能使文字表述更显简洁、优美和工整。与此同时,不仅要在官方层面确立汉语和俄文版的上合组织共同价值表述，而且需要成员国制定本国语言的上合组织共同价值表达。第四，在上合组织共同价值确立后，成员国需要通过行之有效的途径促进上合组织共同价值的广泛传播，使之为各成员国民众所了解。除以上具体措施外，还值得注意的是，由于上合组织实现扩员的时日尚短，印度和巴基斯坦对于"上海精神"的社会化程度尚有待提高，以及这两个新成员国对上合组织在各领域形成的具体价值与规范的内化程度不高，因此，上合组织还需要着力促进以"上海精神"为核心的上合组织共同价值在新成员国官方和社会各层面的扩散。

二 提高上合组织共同价值的内部认同

成员国对上合组织共同价值的认同是上合组织认同的重要组成部分，因此，提高成员国对上合组织共同价值的认同是提升上合组织整体认同水平的重要途径。当前，成员国对上合组织的整体认同水平仍有待提高。如有学者指出，尽管上合组织尝试利用"去殖民化"和"反帝国主义"等"反干涉"议程致力于集体认同的构建，但这是一种基于对外部威胁进行被动式回应而产生的认同构建方式，而且这种认同内容没有被清晰界定。同时，由于成员国民众之间因缺乏了解而产生的心理隔阂、中国的地区影响力日益上升带来的猜忌，以及成员国对上合组织发展方向缺乏共识等，上合组织在构建基于内部成员的价值观或组织的内生型认同方面面临不少挑战。[1] 也有学者指出，集体认同在上合组织框架内不仅缺乏历史基础，而且面临成员国历史、文化和价值观等异质性带来的挑战。这些因素的长期存在导致上合组织未能形成成员国一致认可的"共同价值观"。[2] 与此同时，在中亚地区制度重叠并由此产生的治理竞争的制度环境下，上合组织往往被中亚国家视为开展地区合作的选项之一而非全部，该地区存在的其他经济与安全合作机制为中亚国家寻求安全保障和经济发展提供了可替代性选择，从而削弱了上合组织的合作效率和成员

---

[1] Timur Dadabaev, "Shanghai Cooperation Organization (SCO) Regional Identity Formation from the Perspective of the Central Asian States", *Journal of Contemporary China*, Vol. 23, No. 85, 2014, p. 108.

[2] 李进峰:《上海合作组织扩员：挑战与机遇》,《俄罗斯东欧中亚研究》2015 年第 6 期。

国的认同水平。因此，整体而言，由于受成员国历史发展、异质性、利益与价值多元化、认同维持的社会基础薄弱及中亚地区机制复杂性等诸多因素的交互影响，成员国对上合组织的整体认同水平始终徘徊在较低水平且缺乏获得提升的动力，由此形成的"认同赤字"已成为构建上合组织命运共同体的瓶颈。基于这些认知，对于如何构建行之有效的路径以缓解并提升成员国对上合组织的认同水平，既有研究成果从成员国层面、组织层面及上合组织所处的制度环境等方面提出了不同的具体路径。不过，这些路径基本上并未突破基于国家、上合组织及其所处的制度环境三个层面的分析框架。

因此，从上合组织共同价值入手致力于提高成员国对上合组织及上合组织命运共同体理念的认同是一条现实可行的认同构建路径。鉴于以"上海精神"为核心的上合组织共同价值在成员国社会层面的认同程度较低，故上合组织应推动成员国对上合组织共同价值的认同从国家层面逐渐向社会层面延伸，以逐步扩大上合组织认同的社会基础，形成成员国各界别、各阶层对上合组织的归属感和认同感。为此，不仅需要各成员国通过自上而下的方式推动上合组织所构建的认同在各自国内实现较高程度的社会化，而且需要成员国社会间培育更加紧密的关系，以促进不同社会群体之间的价值共享。具体而言，第一，在明晰成员国对上合组织共同价值认同的主要内容、叙事话语和呈现方式的基础上，需结合各成员国的历史文化传统、国内主流意识形态、政治传播方式，准确评估社会可接受限度。第二，在遵循上合组织共同价值的基础上，各成员国需要构建一套各自关于上合组织的界定清晰的话语体系。第三，充分利用上合组织峰会在成员国轮流举办、成员国担任上合组织轮值主席国、上合组织高级别会晤、组织联合军演以及上合组织在各成员国实施的重大项目等特定情境，通过形式多样和内容丰富的活动扩大上合组织共同价值在各成员国社会层面的影响力。此外，对于社会层面对上合组织持有的猜忌、怀疑等负面社会文化心理，各成员国还需有针对性地制定行之有效的社会化方式，通过扩大上合组织共同价值的扩散范围以逐渐消解不同群体的消极和负面情绪。

与此同时，上合组织还需要培育成员国之间的友好关系，为上合组织共同价值的内化提供有利的条件，以提高成员国对组织共同价值的认同，进而提高上合组织的整体认同水平。上合组织需要为成员国间关系的改善提供协商平台，通过促进各成员国之间的良性互动以夯实成员国之间关系的基础，培育并提升它们对上合组织共同价值的认同。在此方面，上合组织应该在坚持不干涉他国内政原则的前提下，探索并建立成员国之间的冲突调解机制。上合组织对成员国内部及彼此之间的冲突一向采取不讨论、不干预的做法，不过，中亚成员国之间的矛盾、印巴双方之间的历史积怨与现实冲突、中印之间在边界问题上的摩擦等，均在不同程度上影响上合组织的正常运行，进而危及成员国对上合组织共同价值的认同。鉴于此，上合组织应该对如何处理与应对成员国之间的冲突进行研究，积极探索在上合组织框架内建立成员国冲突调解机制，以管控上合组织内部冲突，并促进组织内部成员国之间关系的良性发展。

三 抵御上合组织共同价值的外部冲击

上合组织的共同价值在构建上合组织命运共同体的进程中还发挥着抵御外界思潮冲击进而提高国际社会对上合组织命运共同体承认的重要作用。这是因为，为了促使上合组织行稳致远，上合组织命运共同体不仅需要获得内部行为体的认同，而且还要追求其他主权国家、其他国际组织等国际社会行为体给予的必要的认可。不过，即便某些外部行为体对上合组织的认可程度较高，但这并不完全等同于对上合组织命运共同体的认同。这是因为，外部行为体显然被内部行为体视为"外群体"。尽管他们对上合组织的理念、制度和行为等方面的认可是国际组织身份生成与维持不可或缺的因素，但外部行为体往往难以产生与居于"内群体"的行为体形成一致心理共鸣的"我们感"。对"内群体"与"外群体"的有意区分是组织内部行为体自我范畴化的结果，这种自我范畴化的结果反过来进一步强化了内群体成员之间的相似性，同时扩大了与外群体成员之间的相异性。① 在此意义上，外部行为体对上合组织命运共同体的认可可视为一种"承认"，与成员国对上合组织命运共同体的"认同"在内涵上具有本质上的区别。上合组织向国际社会展示由组织认同构建或

---

① ［澳］迈克尔·A·豪格、［英］多米尼克·阿布拉姆斯：《社会认同过程》，高明华译，中国人民大学出版社 2011 年版，第 27 页。

部分构建的界定明确的组织形象,有助于提高组织在国际社会中的可信度、认可度和声望。[①] 而上合组织由此获得外部行为体的承认能够满足其追求尊重、荣誉、声誉、地位等需要,进而使组织成为受到尊重和享有自豪感的国际行为体。[②] 换言之,上合组织命运共同体的认同与外部行为体对其的承认之间并非完全割裂而是相互作用的。一般情况下,如果上合组织命运共同体拥有广泛且较高程度的外部承认,由于其能够满足内部成员的归属需求并激发成员国的"我们感",因而其对上合组织命运共同体的认同程度相对较高。而如果上合组织命运共同体能够获得内部成员国较高程度的认同,那么上合组织命运共同体则更容易获得外部行为体的承认。

由于价值共同体是上合组织命运共同体的重要基础,使上合组织命运共同体获得国际社会广泛承认的一条有效路径是促使上合组织的共同价值获得国际社会的广泛承认,以抵御外部思潮对上合组织共同价值构成的挑战。自美国新任总统特朗普上台执政以来,逆全球化、贸易保护主义、贸易霸凌主义、民粹主义等思潮逆势袭来,对既有的国际秩序造成了显著且深远的影响。在国际社会各种社会思潮沉渣泛起的大背景下,上合组织成员国所坚持的共同价值由于其明显有别于西方价值观而成为国际政治中的一股清流。尽管如此,上合组织一贯坚持的主权观、合作观、发展观和国际观也难以完全抵御这些思潮的冲击。为了在波诡云谲的世界中保持自身共同价值的显著性和独特性,以及提高上合组织共同价值在国际社会的承认度,并抵御西方各种社会思潮的消极影响,成员国在构建上合组织命运共同体的进程中应强化共同价值在国际社会的广泛扩散。当然,提高上合组织共同价值在国际社会的接受度和承认度,绝非与西方国家开展意识形态之争,而是旨在通过巩固上合组织的共同价值以为上合组织命运共同体的构建奠定坚实的价值指引。

为此,上合组织应该在以下几个方面做出努力。第一,通过清晰的

[①] Andrea Oelsner, "The Institutional Identity of Regional Organizations, Or Mercosur's Identity Crisis", *International Studies Quarterly*, Vol. 57, No. 1, 2013, p. 115.

[②] Richard Ned Lebow, *A Cultural Theory of International Relations*, Cambridge: Cambridge University Press, 2008, p. 63;曾向红:《国际关系中的蔑视与反抗——国家身份类型与承认斗争策略》,《世界经济与政治》2015 年第 5 期。

话语向外界传播上合组织成员国所坚持的共同价值。在此方面，上合组织需要通过建立信息发布平台、扩大在世界主流媒体的声音等途径加强对自身呈现性能力的建设，以提高自身共同价值话语的国际传播能力。第二，针对西方国家对上合组织的污名话语或危险话语，成员国需要构建一套关于上合组织叙事话语的"竞争框架"，以消解西方国家关于上合组织的不实言论对上合组织发展和上合组织命运共同体构建产生的消极影响，并抵御西方社会尤其是美国政府的"美国优先"等思潮对上合组织成员国开展国际合作造成的干扰。第三，为提高国际社会对上合组织共同价值及上合组织命运共同体理念的承认水平，上合组织还需要致力于不断提高组织在国际社会中的可信度、认可度和声望。一方面，上合组织应继续秉持对外开放和国际合作的理念，奉行不结盟、不针对其他国家和组织及对外开放原则，深化上合组织与观察员国、对话伙伴国以及包括联合国开发计划署、亚太经合组织、欧洲联盟在内的其他国际组织之间的关系，同时积极参与地区和国际事务，不断提升上合组织的国际影响力。另一方面，上合组织所处的制度环境明显呈现机制复杂与机制竞争的态势，一定程度上削弱了成员国对上合组织的认同。鉴于此，在地区层面，上合组织需要在进一步明确自身定位的基础上，在凸显自身的特征与存在价值的同时，通过有效途径协调地区不同国际组织之间的关系。第四，增强上合组织对地区热点问题的应对能力，提高外部行为体对上合组织国际观的承认。自成立以来，尽管上合组织在地区事务中扮演的角色和发挥的作用与日俱增，不过，阿富汗问题及在上合组织周边发生的乌克兰危机等冲突，以及中亚成员国中有可能再次发生的"颜色革命"等潜在冲突因素，对上合组织的对外行动能力提出了更高的要求。不仅如此，各成员国普遍希望上合组织增强在地区事务中扮演的积极角色。鉴于此，上合组织在坚持不干涉他国内政的基础上，需要积极利用自身的制度优势和协调能力，在自身国际观的指引下，通过一系列富有成效的实际行动践行自身的共同价值使其具有顽强的生命力。

第二节　构建上合组织安全共同体的基本路径

通过上一章的考察发现，构建上合组织安全共同体面临的挑战主要体现在由成员国面临不同的安全形势导致各国在威胁认知方面存在较大差异，扩员后成员国安全利益诉求多元化趋势进一步加剧，以及上合组织既有的安全合作成效尚不能完全满足成员国的安全利益诉求等。面对这些挑战，各成员国需要在秉持"上海精神"的基础上拟定有针对性和可行性的路径与对策，以推进上合组织安全共同体构建。首先，由于成员国对威胁的认知是影响上合组织安全共同体构建的重要因素，一方面，上合组织需要通过在组织内部建立综合性的安全信息共享机制，以减少成员国之间在威胁认知方面面临的信息不对称的问题。另一方面，上合组织需要加强成员国社会各层面对彼此及地区安全形势的了解与认知，以为上合组织安全共同体的建设奠定广泛的社会基础。其次，针对成员国安全利益诉求多元化趋势加剧的情况，第一，上合组织需要在对接新老成员国的利益诉求与重视中小成员国主要安全诉求的基础上，进一步提炼成员国在安全领域的共同利益，进而明确在构建上合组织命运共同体的进程中上合组织安全合作的重点和优先方向。第二，上合组织应积极发挥"上海合作组织—阿富汗联络组"作用，通过促进有关各方扩大政治对话、加大对阿富汗经济重建的支持力度以及制定维护地区稳定的有效措施等途径来促进阿富汗和平与重建进程。第三，深化上合组织与地区其他安全机制之间的合作关系，使多种安全合作机制之间形成对成员国安全需求和地区安全公共产品的互补性供给。最后，在上合组织安全合作成效方面，第一，提高成员国对上合组织安全合作理念的认同是将上合组织打造成为安危共担的典范的必要路径。第二，在巩固与完善既有安全合作机制的基础上探索建立新的安全合作机制，以为上合组织安全共同体的构建提供更加坚实的制度保障。第三，通过一系列措施提高上合组织在应对非传统安全威胁方面的行动能力。

一　塑造成员国共同威胁认知

威胁认知是影响成员国构建上合组织安全共同体的重要因素。上合组织成员国的威胁认知是各国基于以往的经历、内在的价值取向和不同的利益需求等方面所感受到的威胁，是成员国对其所处的客观环境形成的一种主观心理认知。① 受各种复杂因素的影响，上合组织成员国各自在经历与经验、内在的价值取向和利益需求等方面存在一定的差异，导致各国的威胁认知存在较大差异。通过前一章对组织成员国各自面临的安全形势以及成员国安全利益诉求的考察可以发现，尽管上合组织成员国均面临非传统安全威胁，不过，各成员国对各自面临的非传统安全威胁的关注点却不尽相同。由于吉尔吉斯斯坦国内长期受到宗教极端主义势力的侵扰，故其当前及未来一段时间内将极端势力视为本国最大的安全威胁。与此不同的是，塔吉克斯坦因与阿富汗接壤，阿富汗局势动荡不安以及阿塔边境地区长期以来是恐怖分子实现跨国扩散的聚集地，因此，在塔吉克斯坦政府决策者的认知中，阿富汗的安全与稳定在很大程度上会影响塔吉克斯坦乃至整个中亚地区的安全环境。基于此，塔吉克斯坦将自身的安危与阿富汗安全紧密联系在一起。与吉尔吉斯斯坦和塔吉克斯坦的重点关注领域不同，尽管乌兹别克斯坦同样关注阿富汗安全局势对本国及地区产生的外溢风险，不过，该国也将阿富汗国内和平进程与国内重建视为自身扩大地区影响力的一种机遇。哈萨克斯坦由于国内安全秩序相对较好，故其在安全威胁认知上比其他中亚成员国更为模糊，且越来越重视上合组织框架的经济合作。通过对中亚成员国的安全形势及主要关切的简要梳理可以发现，上合组织成员国在面对共同的非传统安全威胁过程中表现出来的威胁认知存在一定的差异，进而影响成员国在上合组织框架内构建安全共同体的成效。为此，上合组织应该采取切实措施促使成员国形成较为一致的威胁认知。

为了推动形成成员国较为相近的威胁认知，上合组织需要建立综合性的安全信息共享机制，以减少成员国之间在威胁认知方面面临的信息不对称的问题，并促使成员国之间形成较为均衡的安全威胁认知格局。这是因为，在上合组织地区非传统安全和传统安全威胁相互交织的情况下，尽管各成员国在安全方面的关注点不同，但上合组织成员国面临的安全问题往往彼此之间存在密切关联且跨越国界，对各国的经济社会发展造成了严重危害，故应对非传统安全挑战需要各成员国在全面认知对

---

① 杨恕、王术森：《议题性质、威胁认知、共同利益与"可合作安全"》，《国际安全研究》2018年第2期，第3页。

其他成员国及地区面临的安全威胁的基础上合力应对。鉴于此,上合组织成员国需要在既有机制的基础上建立并完善安全信息共享平台,这些需要共享的信息主要包括成员国政府对各国特定时间段内面临的非传统安全形势的评估、上合组织对各成员国特定时期安全形势的评估以及其他权威性机构对上合组织安全形势的评估等。与此同时,信息共享平台的建立需要组建由各成员国专业技术人员组成的团队,以专门负责该平台的运行和维护。上合组织之所以需要这种综合性信息共享机制,是因为上合组织成员国尽管通过各层级的定期或不定期会晤机制相互通报各国及地区面临的安全形势,不过,截至目前,上合组织在官方层面并没有制定并发布成员国年度或特定时间段内的安全形势评估报告,这不仅不利于上合组织提高在国际社会的影响力,而且一定程度上造成成员国之间对彼此安全形势及安全关切缺乏深入的了解。此外,虽然上合组织地区反恐怖机构自成立以来在成员国情报信息收集、分析与共享方面已经做了大量的工作,不过,这些情报信息主要集中在成员国打击"三股势力"、跨国毒品走私等方面,而对于各成员国及地区整体安全环境缺乏深入、专业和全面的分析研究,难以塑造成员国的安全威胁认知。

与此同时,需要加强成员国社会各层面对彼此及地区安全形势的了解与认知,以为上合组织安全共同体的建设奠定广泛的社会基础。在此方面,上合组织有必要在各成员国学术界成立并定期举办上合组织成员国安全合作论坛,该论坛以学术交流为主要内容,可在成员国之间轮流举办,以增进成员国学术界在上合组织地区安全问题方面的交流与合作。这是因为在上合组织层面,2004年建立的上合组织成员国安全会议秘书会议机制已成为组织框架内安全合作的协调和磋商机制,承担着研究、分析上合组织成员国所在地区安全形势等任务。尽管上合组织在官方层面已经建立类似的交流机制,不过,在学术界尚未建立类似的交流与合作机制。此外,该机制的建立与运行可以使我们更全面深入地了解其他成员国对于构建上合组织命运共同体的认知、态度与立场等,进而有针对性地拟定相应的政策。不仅如此,各成员国学者可借此增进对彼此经济社会各方面的认识,合作解决一些涉及上合组织命运共同体构建的重大理论课题等。在此方面,目前已经存在的一些国际学术论坛如"东亚安全论坛"等可以为上合组织成员国学术界安全论坛的成立与运行提供一定的经验与启示。不仅学术界需要对各成员国及地区的安全形势具有一定程度的掌握，上合组织同样需要通过行之有效的方式促使成员国企业家、留学生等各类社会群体扩大对地区安全形势的认知，以为上合组织安全共同体和命运共同体的构建奠定广泛的社会基础，并对地区面临的安全威胁形成较为一致的认知，进而为成员国之间的安全合作提供有利的条件。

二 汇聚成员国共同安全利益

在汇聚成员国的共同安全利益方面，上合组织需要重点在以下三个方面做出努力。第一，上合组织需要进一步提炼成员国在安全领域的共同利益，进而明确在构建上合组织命运共同体的进程中上合组织安全合作的重点和优先方向。第二，上合组织应积极发挥"上海合作组织—阿富汗联络组"的作用，通过多种途径促进阿富汗和平与重建进程。第三，上合组织需深化上合组织与地区其他安全机制之间的合作，形成对成员国安全需求和地区安全公共产品的互补性供给。

第一，上合组织需要在对接新老成员国的利益诉求与重视中小成员国主要安全诉求的基础上，进一步提炼成员国在安全领域的共同利益，进而明确在构建上合组织命运共同体的进程中上合组织安全合作的重点和优先方向。之所以需要汇聚成员国的共同安全利益，主要是因为上合组织扩员在成员国安全合作领域带来了三个亟待解决的问题，这些问题有可能给上合组织命运共同体的构建造成消极影响。具体而言，一是扩员后成员国安全利益需求更加多元化，使上合组织面临如何对接新老成员国安全利益的现实问题。二是上合组织扩员后成员国数量的增多导致各国安全利益诉求多元化趋势较扩员前有所增加，上合组织在汇聚成员国共同的安全利益方面仍承受不少压力。三是上合组织如何尽可能满足中小成员国的安全关切，防止其产生被边缘化的担忧。尽管组织内中小成员国对于上合组织扩员乐见其成，并在很大程度上将印度和巴基斯坦转变为组织正式成员国视为自身和上合组织发展面临的难得机遇，不过，由于中亚地区长期以来是上合组织的核心地区，而上合组织扩员将其涵盖地域从中亚地区拓展至南亚地区，不可避免将使中亚中小成员国产生自身被边缘化的担忧。毋庸讳言，中亚国家加入上合组织的一个重要原因，是希望上合组织能够满足它们在安全等方面的利益需求。它们希望通过上合组织有效维护本国国家安全与政治稳定，并在此基础上加强与成员国尤其是与中国的互利合作以促进自身发展。鉴于此，在构建上合组织命运共同体的过程中，上合组织需要密切跟踪各成员国安全利益诉求的变化，在此基础上在印度和巴基斯坦的安全利益诉求与老成员国的安全利益诉求之间实现有效整合，以明确上合组织安全共同体构建的重点领域和优先方向。

第二，上合组织应积极发挥"上海合作组织—阿富汗联络组"的作用，通过促进有关各方扩大政治对话、加大对阿富汗经济重建的支持力度以及制定维护地区稳定的有效措施等途径促进阿富汗和平与重建进程。由于阿富汗局势对上合组织成员国的安全具有直接和重要的影响，且阿富汗是联通中亚成员国和印度、巴基斯坦的地理枢纽，故阿富汗问题是新老成员国均普遍高度关注的问题，因此上合组织需要提高自身对阿富汗问题的综合应对能力。总体来看，当前阿富汗国内和平曙光再现的同时，其国内风险和挑战也在积聚。首先，阿富汗安全形势仍然不容乐观，国内暴力事件近两年有所增加。其次，阿富汗当局和塔利班之间的和平谈判进程曲折复杂，美国、阿富汗当局、塔利班之间的谈判尚未取得突破性进展。① 最后，阿富汗国内面临的经济重建任务繁重。阿富汗国内局势长期动荡使该国国内各领域的发展均受到严重影响。在内生动力不足的情况下，国际社会的援建成为短期内推动阿富汗恢复经济生产的主要动力。在此背景下，由于阿富汗是上合组织的观察员国，以及阿富汗的安全稳定与地区安全稳定之间具有密切的相关性，故作为以地区安全以己任的地区合作组织，上合组织需要强化在阿富汗问题上扮演的角色，充分利用"上海合作组织—阿富汗联络组"这一工作机制，积极为政治解决阿富汗问题贡献"上合智慧"。在构建上合组织命运共同体的过程中，上合组织需要加大力度维护阿富汗稳定，在为阿富汗创造有利的外部安全环境的同时，致力于逐步提升阿富汗的自主防卫能力。同时，当前有关各方已经开展了多轮政治与安全对话，上合组织借此有利时机需为各方之间的政治对话提供积极的支持和磋商平台。此外，上合组织需

---

① 朱永彪：《美国撤军计划搅乱阿富汗局势》，《世界知识》2019年第7期。

加强与联合国等国际社会行为体之间在阿富汗问题上的协调与配合，形成推动阿富汗问题和平解决的合力。

第三，深化上合组织与地区其他安全机制之间的合作，形成对成员国安全需求和地区安全公共产品的互补性供给。① 在地区层面上已经体现出来的不同安全合作机制之间的竞争是影响上合组织安全类公共产品供给的一个主要因素。这是因为在上合组织地区还存在集体安全条约组织、欧安组织及独联体反恐怖中心等国际组织或跨国机构，其通过各自的途径和方式向地区国家供给安全类公共产品。如自中亚国家独立以来，欧安组织逐渐加大介入中亚地区事务的力度，并为中亚地区安全合作做出了不少贡献。② 欧安组织在促进中亚地区安全与稳定方面实施的主要措施包括化解中亚国家之间的边界争端、促进中亚国家间和平解决水资源争端、打击恐怖主义和开展武器管理与控制相关活动等，通过"软介入"的方式为中亚国家提供安全类公共物品。通过一系列措施，欧安组织将其"合作安全"与"综合安全"等理念融入中亚地区安全治理中，极大地拓展了地区安全的内涵，使地区安全的内涵不仅包括主权与领土安全等传统安全，还涵盖环境安全、人的安全等新兴领域。③ 据此可见，由于欧安组织、集体安全条约组织以及独联体反恐怖中心等均与上合组织的安全功能有一定的重叠，加之这些组织与上合组织拥有多个共同的成员国，因此在中亚地区呈现安全机制之间相互竞争的态势，这在一定程度上削弱了上合组织对地区安全类公共产品的供给能力和供给效率。鉴于此，在地区安全类公共产品的供给方面，上合组织需要厘清自身与这些既有地区安全合作机制之间在提供安全公共产品方面的异同，并在此基础上明确自身的制度优势与独特性，不仅要促使上合组织的安全类公共物品供给与成员国的安全需求之间形成较高程度的匹配，而且需要有意识地突破传统安全合作本身所具有的局限性，加大对涉及成员国普通民

---

① 陈小鼎、王翠梅：《扩员后上合组织深化安全合作的路径选择》，《世界经济与政治》2019年第3期。
② Pál Dunay, "The OSCEs of Central Asia", *Central Asian Survey*, Vol. 36, No. 3, 2017, pp. 300–312.
③ 杨恕、蒋海蛟：《欧安组织在中亚的活动及评价》，《新疆师范大学学报》（哲学社会科学版）2015年第2期。

众安全事务的投入力度。与此同时，上合组织还需通过有效途径协调地区不同国际组织之间的关系，使其彼此之间形成对地区安全类公共产品的互补性供给，共同促进欧亚地区的安全与稳定。

三 提高成员国安全合作成效

为了提高成员国安全合作的成效进而促进上合组织安全共同体的构建，上合组织不仅需要成员国形成并遵循较为一致的安全合作理念以提高成员国对上合组织安全合作理念的认同，而且在巩固与完善既有安全合作机制的基础上，成员国应探索建立新的安全合作机制。与此同时，上合组织需要提高自身在应对非传统安全威胁方面的行动能力。

第一，上合组织安全共同体的构建需要成员国形成并遵循较为一致的安全合作理念，提高成员国对上合组织安全合作理念的认同是将上合组织打造成为安危共担的典范的必要路径。客观而言，成员国参与上合组织框架内的安全合作很大程度上出于对成本—收益权衡的工具理性动机，而价值理性对成员国参与安全合作所发挥的激励作用比较有限，成员国较少基于对组织安全合作理念、价值或规范的认同而参与地区安全合作，这不利于上合组织命运共同体构建的持续开展。因此，上合组织应以共享的安全理念引导上合组织安全共同体的建设，为此上合组织需要在以下两个方面做出努力。第一，通过各种不同的方式向成员国阐明"亚洲安全观"的具体内涵。中国在上合组织框架内强调并号召以共同、综合、合作、可持续的安全观指导上合组织安全合作，即尊重和保障每一个国家的安全（共同安全）、统筹维护传统领域和非传统领域安全（综合安全）、通过对话合作促进各国和地区安全（合作安全）以及发展和安全并重以实现持久安全（可持续安全）。尽管中国政府对这些安全观的具体内涵在不同的多边外交场合曾多次予以较为全面的阐述，不过在上合组织框架内，亚洲安全观得到较为详细阐述的次数并不多，由此导致成员国对亚洲安全观的理解并不是很到位。第二，推动共同、综合、合作、可持续的安全观在各成员国中实现较高程度的内化。由于亚洲新安全观是中国政府面向亚洲所有国家提出的一种安全理念，以及其已经构成中国外交话语体系的一部分，尽管中国力倡成员国在上合组织安全合作中树立亚洲新安全观，不过，该合作理念并没有被正式确定为上合组织的安全理念。因此，需要通过有效措施推动亚洲新安全观在各成员国实现较高程度的内化，并在官方层面通过各种形式予以正式确认。

第二，在巩固与完善既有安全合作机制的基础上，探索建立新的安全合作机制，以为上合组织安全共同体的构建提供更加坚实的制度保障。在创新安全合作机制方面，上合组织需要逐步探索在组织框架内建立成员国间冲突调解机制的可能性。上合组织对成员国内部及彼此之间的冲突一向采取不讨论、不干预的做法，如对2010年吉尔吉斯斯坦的族群冲突就持这种立场。扩员后，印巴双方之间的历史积怨与中印的摩擦已经在一定程度上影响上合组织的正常运行。另外，由于成员国关系复杂且多变，不排除成员国之间发生其他冲突的可能，如中亚成员国之间可能因水资源争端、边界领土争端发生冲突，印巴之间因克什米尔问题发生冲突，中印之间因边界争端、贸易逆差发生战略对抗等，这些成员国间的冲突一旦发生且未能得到及时有效的管控很可能对上合组织安全共同体的构建造成重大损失。在扩员后的新形势下，上合组织应对如何处理成员国之间的冲突提前进行研究，探索在上合组织框架内建立成员国冲突调解机制的可能，并在此过程中创造性地协调"不干涉内政"原则与上合组织冲突解决机制之间的关系。而且，对于此，中国应该主动提议对上述议题进行讨论，并在冲突调解机制设立的可能性以及可能采取的制度形式、机制运行规则、人员组成、操作程序等方面提出详细且操作化程度较高的建议。除通过机制创建提高成员国安全合作的制度化水平外，上合组织还需要有效协调不同机制之间的关系。上合组织目前已经形成了常设机构与定期会晤机制相结合的一套安全合作机制，不过，有效协调这些机制之间的关系还存在一定的难度。各成员国需要在此方面做出不懈努力，促进安全合作机制朝着专业化、制度化和系统化方向进一步发展，进而提升上合组织应对复杂局面的能力。

第三，提高上合组织在应对非传统安全威胁方面的行动能力。首先，加强成员国之间的战略协调，以明确构建上合组织安全共同体的优先合作方向。目前，俄罗斯、中国和印度对上合组织的功能定位存在明显分歧，与此同时，其他成员国对上合组织安全合作的侧重点也不尽相同。因此，上合组织需要通过成员国之间的战略协调以明晰构建上合组织命运共同体的阶段性任务、重点领域和优先方向。其次，在以上基础上，上合组织应该将自身的工作重心放在落实已经达成的协议上，而不是将大量精力放在制定或公布更多的远景规划上。对上合组织的发展而言，注重协议的落实状况和实际效能远比关注达成更多新协议更加实用和有效。为此，上合组织可考虑组建协议落实评估机构，负责对已签署协议的落实情况进行检查、监督、反思、调整等方面的工作。再次，上合组织需要加强成员国之间立法部分的交流与合作。如在上合组织的不同合作文件中对恐怖主义犯罪等概念的界定存在差异，有可能影响成员国安全合作的效率。[①] 当前，成员国已签署了打击恐怖主义和极端主义公约，还需在共同打击分裂主义方面制定相关法律文件，以完善上合组织打击"三股势力"的法律基础。最后，促使成员国之间的联合军演向实战化方向逐步靠近。自上合组织成立以来，组织成员国已经举办了十多次系列联合军事演习，提高了成员国之间在联合行动中的协作能力。在此基础上，上合组织应该逐步尝试在边境地区等开展联合反恐行动，将联合军演历练的协作能力逐渐转变为实战成效。

第三节　构建上合组织利益共同体的基本路径

当前，上合组织在构建利益共同体维度主要面临组织框架成员国实现共同利益的成效不彰，实现共同利益的方式以双边合作为主，以及扩员后成员国的利益诉求多元化趋势进一步加剧等挑战。面对这些挑战，成员国需要遵循以下路径共同推动上合组织利益共同体的顺利构建。首先，针对成员国实现共同利益成效不彰的情况，第一，在已经签署的经贸合作文件的基础上，上合组织需加大对签署协议的落实力度。第二，继续实施或启动满足成员国共同利益的重大项目。第三，为了保障实现成员国共同利益的重大项目顺利开展，还需完善上合组织的决策程序。其次，为了扭转上合组织框架内双边经贸合作远多于多边经贸合作的现状，第一，应加快推进上合组织自由贸易区建设进程。第二，逐步建立更紧密的区域经济合作制度性安排，为上合组织命运共同体的构建提供

---

① 曾向红：《上海合作组织安全合作机制建设的成就、不足与建议》，载李进峰主编《上海合作组织发展报告（2019）》，社会科学文献出版社2019年版，第136页。

制度保障。第三,实现上合组织命运共同体构建与"一带一路"建设协同发展。最后,上合组织需要进一步汇聚成员国共同利益的交汇点。第一,打造立体化的互联互通格局是构建上合组织利益共同体的首要任务。第二,继续深化成员国在传统领域内的互利合作,不断扩大上合组织命运共同体构建的共同利益基础。第三,在包括数字经济、人工智能、电子商务在内的新兴领域培育成员国互利合作的增长点,拓展上合组织成员国共同利益的范围。

一 提高成员国共同利益的实现成效

为了提高成员国实现共同利益,上合组织需在已经签署的经贸合作文件的基础上加大对签署协议的落实力度,并启动与继续实施满足成员国共同利益的重大项目。不仅如此,为了保障实现成员国共同利益的重大项目顺利开展,上合组织还需完善上合组织的决策程序,以为上合组织利益共同体的构建提供决策保障。

第一,在已经签署的经贸合作文件的基础上,加大对签署协议的落实力度。为了扩大与实现成员国之间的共同利益,上合组织在经贸领域签署了不少合作协议,为成员国之间的经贸合作明确了目的和方向,但上合组织在落实这些文件方面仍有大量工作要做。当前,上合组织部分协议仍停留在文件层面,并没有对成员国之间的合作产生实质性推动作用,或者协议的落实并未达到预期目标。如上合组织十多年前在总理会议上就已经签署的关于促进贸易与投资便利化问题的协议,到2017年索契总理会议上仍在讨论这一问题。这一方面体现了各成员国在法律、利益、政策协调与主张等方面的复杂性,另一方面也暴露出上合组织在关于贸易与投资便利化问题上存在法律基础不完善、机制化建设的组织架构不健全、海关效率有待提高等问题。[①] 上合组织在运行过程中存在签署协议多但落实少的状况,这不仅使成员国对上合组织的期望有所降低,挫伤了部分成员国参与上合组织经济合作的积极性,也削弱了上合组织的行动效率,有损其作为一个高效、务实的国际组织的形象。上合组织国家元首会议、政府首脑(总理)会议、部长级会议等会议形式,倾向

---

① 齐海山:《上海合作组织亟待完善贸易投资便利化机制》,《人民论坛》2017年第5期。

于通过签署协议的方式展示会议成果。这些协议的通过显示出上合组织取得的成绩，但这些协议在相当程度上未能落实，则在一定程度上反映了相关人员前期调研方面的工作做得不够充分，对落实过程中可能遇到的实际困难估计不足，由此造成协议的落实一再拖延。因此，在签署新协议之前必须坚持实事求是的精神，鼓励全面深入的调查研究，保障达成的协议具有充分的基础和切实的可行性。此外，在签署新协议方面，上合组织应重点推进某些重大协议的签署，并强调协议完成的质量。对于那些关涉组织成败和发展方向的重大问题，上合组织需要在凝聚成员国智慧和共识的基础上尽快签署相关文件。如尽快起草并磋商《上合组织贸易便利化协定》《上合组织成员国服务贸易合作框架》等文件，以及涉及上合组织功能定位、地域定位及成员国退出机制等重大问题的原则性文件。这些文件可增信释疑，有助于明确上合组织利益共同体的发展方向。当然，如何使这些文件得到切实落实同样是十分重要的问题。因此，在文件起草阶段，应该对此有所预见并做出明确规定。

第二，启动与继续实施满足成员国共同利益的重大项目。实施重大项目能够从根本上促进成员国利益的增长以及区域发展水平的提高，同时也是促进组织凝聚力、保障上合组织利益共同体取得成效的重要方式。目前，上合组织稳步实施了一批重大项目，但是一些能够惠及成员国的重大项目推进速度较为缓慢，甚至有些项目还未启动。其中原因十分复杂，涉及方方面面的问题。需要在开展充分调查研究工作的基础上，根据成员国的利益和需求，提出有利于促进成员国经济发展和有效保障成员国安全的重大项目。总体来看，可以在上合组织的经贸领域继续推进或开始启动能够满足成员国共同利益的项目。在互联互通方面，加快制定《上合组织公路协调发展规划》，有计划、分步骤地实施公路、铁路等交通基础设施重点项目。在区域贸易合作方面，结合上合组织成员国的实际情况，兼顾各方利益和关切，采取有效措施，推进贸易和通关便利化、自由化；尽快启动中俄上合自贸区建设，建立上合组织电子商务联盟，为成员国企业开展跨境电子商务创造快捷便利的环境。在产能合作方面，进行大规模的产能对接与合作；结合各成员国需要，突出共同参与，精心筛选重点项目，打造具有国际竞争力的产业合作链。在金融合作方面，推进中国对俄企熊猫债券的发行，利用好上合组织银联体机制，稳步推进银联体扩员，重点支持大型项目实施；遵循多边规则和程序，充分利用亚洲基础设施投资银行和金砖国家新开发银行等融资机构，积极支持上合组织成员国相关项目；适时考虑成立上合组织开发银行。在社会民生合作方面，在该地区形成基本人流和物流体系；尽快建立上合组织经济智库联盟；成立上合组织媒体合作委员会；积极扩大农林牧渔合作，提高农业技术和粮食生产水平，携手保障粮食安全；共同完善环保合作构想，推进"绿色丝路使者计划"制定实施；推动成员国间实施更加便利的签证政策，促进旅游合作和人员往来。[1]

第三，为了保障实现成员国共同利益的重大项目顺利开展，还需完善上合组织的决策程序。如前文所述，上合组织的决议表决程序有不完善之处，坚持成员国一致同意的决策原则导致上合组织的许多重要决议因个别国家的反对而长期搁置，尤其在经贸合作领域上合组织决策程序的这种缺陷体现得更加明显。在印度和巴基斯坦加入后，上合组织可能由于各方利益诉求的进一步分化导致其决策和执行能力进一步下降。在此背景下，上合组织的协商和决策过程可能会变得更为复杂和漫长。鉴于这种可能性始终存在，因此，研究如何提高上合组织应对这类问题的能力已成为不可忽视和刻不容缓的任务。鉴于此，上合组织可以考虑对"协商一致"原则的适用范围做出清晰界定，即明确成员国在哪些问题上可以适用协商一致的决策原则，哪些问题上不适用该原则。而对于涉及上合组织经贸合作领域的具体议题的决议，可考虑不必严格实行协商一致的决策原则，而使用多数表决制等决策方式，以提高组织的决策效率。

二　促使合作方式从双边向多边转换

为了促使成员国之间实现共同利益的方式从双边为主转向多边为主，上合组织首先应加快推进上合组织自由贸易区建设进程。其次，逐步建立更紧密的区域经济合作制度性安排，为上合组织命运共同体的构建提

---

[1] 《李克强：打造上合组织六大合作平台》，2015 年 12 月 16 日，http://epaper.bjnews.com.cn/html/2015-12/16/content_613353.htm?div=-1；《李克强在上海合作组织成员国政府首脑（总理）理事会第十六次会议上的讲话（全文）》，2017 年 12 月 2 日，http://www.fmprc.gov.cn/web/gjhdq_676201/gjhdqzz_681964/lhg_683094/zyjh_683104/t1515993.shtml。

供制度保障。最后，实现上合组织命运共同体构建与"一带一路"建设协同发展是实现成员国经济合作方式从双边向多边转变的重要保障。

第一，加快推进上合组织自由贸易区建设进程，是上合组织利益共同体构建的重要内容。上合组织自贸区是组织成立伊始中国为促进成员国共同利益的实现而提出的重要倡议，不过，在相当长一段时期内上合组织自贸区的建设进展较为缓慢。2014 年以来，加快上合组织自贸区建设逐渐成为各成员国的一项共识。这是因为 2014 年乌克兰危机爆发并由此产生的连锁性政治后果，导致俄罗斯受到西方国家政治疏远和经济制裁的双重影响，俄罗斯在短时期内有效扭转国内经济衰退方面显得力不从心。在此背景下，俄罗斯将战略关注的重点区域从欧美转向亚太地区，并将加强与上合组织成员国在各领域的合作作为寻求缓解因西方经济制裁而产生的经济衰退的一种途径。[①] 与此同时，尽管上合组织中亚成员国之间寻求实现地区一体化的意愿较以往显著增强，不过，中亚成员国国内均在不同程度上面临自身难以克服的经济发展难题，包括劳动人口数量增长较快、出口竞争能力下降及能源效率低下等问题成为影响中亚一体化顺利推进的重要因素。不仅如此，受逆全球化暗流涌动的影响，中国在经济发展中面临的不确定因素增加。从以上各方面来看，各成员国遭遇日益积聚的内部和外部风险促使各方建立上合组织自贸区的动力较以往显著增强。上合组织自贸区的建立不仅有其必要性，而且具备成功建立的可行性条件，主要体现为成员国之间具有较高程度的贸易互补性、各成员国发展战略与地区发展倡议正在实现深度对接并已取得了初步成效，以及地区总体安全形势基本稳定、成员国之间在长期互动中积累了一定程度的政治互信等均为上合组织自贸区的建立奠定了基础。[②] 而且可预见的是，上合组织自贸区的建立与运行将为成员国扩大与实现共同利益提供重要的平台，进而将促使成员国在构建上合组织利益共同体的进程中迈出重要一步。因此，各成员国需要在群策群力的基础上进一步明

---

① 陈亚州、曾向红：《扩员后中亚成员国对上海合作组织的期待及其应对》，《国际展望》2019 年第 6 期。
② 胡贝贝、吴笛、李新：《上海合作组织自贸区建设及其经济效应分析》，《国际展望》2018 年第 3 期。

晰上合组织自贸区的长远目标和阶段性目标，加快破解阻碍地区贸易一体化的各种壁垒以实现各成员国较高程度的贸易便利化、投融资一体化等目标。在当前阶段，上合组织应该进一步完善与扩大成员国之间的既有自贸区建设如中国—上海合作组织地方经贸合作示范区，为上合组织自贸区的建立提供更多的经验与启迪。

第二，逐步建立更紧密的区域经济合作制度性安排，为上合组织命运共同体的构建提供制度保障。与欧亚经济联盟等欧亚地区存在的其他合作机制相比，上合组织经贸合作的制度化水平整体偏低，导致上合组织利益共同体的构建缺乏较为系统的制度保障。因此，上合组织需要在以下三个方面采取行之有效的措施。其一，建立更加透明化的投资合作机制。上合组织投资合作机制的缺失不仅导致一些攸关成员国切身利益的重大项目进展迟缓，而且在某种程度上成为部分成员国反对派制造民族矛盾和挑起事端的借口。① 因此，在成员国利益日益交融的情况下，上合组织应该建立高效、透明的投资合作机制，共同打造公平公正、公开透明的营商环境，维护外来投资者的合法权益。其二，在上合组织框架内探索建立成员国之间贸易争端协调制度的可能路径。自上合组织成立以来尤其是共建"一带一路"倡议实施以来，成员国之间的贸易规模在稳步提升的同时，发生贸易争端或摩擦的可能性也相应增大。因此，在上合组织框架内探索建立贸易争端调解制度可为构建上合组织利益共同体提供重要的制度保障，其不仅可以促使成员国在实现共同利益的过程中逐步增强规则意识，并形成对地区贸易规则的共有理解，而且通过有效化解成员国之间的贸易摩擦可以增强上合组织的整体凝聚力。就当前的情况来看，在组织框架内创立一套全新的贸易争端解决机制的时机和条件均不成熟，但考虑到上合组织成员国均是世贸组织的成员，一条现实可行的途径是将世界贸易组织争端解决机制引入并应用于上合组织之中，在成员国的共同实践中不断调整。② 其三，建立上合组织项目融资保

---

① 李中海：《国际贸易保护主义背景下的上海合作组织经贸合作：进展与前景》，载李进峰主编《上海合作组织发展报告（2019）》，社会科学文献出版社 2019 年版，第 166 页。

② 孟琪：《WTO 争端解决机制作为"上海合作组织"经贸争端解决机制的可行性研究》，《上海对外经贸大学学报》2019 年第 3 期。

障机制的共同立场，包括研究建立上合组织开发银行和发展基金（专门账户）的问题。加快组织框架内金融保障体系的建设与完善，如尽快破除制约上合组织发展银行建设的因素，为上合组织多边经贸合作提供充足资金保障的同时，规避全球金融市场不稳定对上合组织成员国带来的冲击，并防范上合组织地区产生金融风险。

第三，实现上合组织命运共同体构建与"一带一路"建设协同发展，是实现成员国经济合作方式从双边向多边转变的重要保障。上合组织命运共同体与"一带一路"倡议之间理念相通、价值相近和追求的目标相同，两者都将促进相关国家形成命运共同体作为远景目标。不过，上合组织命运共同体与"一带一路"倡议在制度化水平、地域涵盖范围、参与主体以及优先发展领域等方面仍存在一定的差异。尽管上合组织命运共同体与"一带一路"倡议之间存在诸多差异，但这些差异并不会必然导致二者之间形成恶性竞争关系，且这些差异为上合组织命运共同体与"一带一路"倡议之间实现协同发展提供了条件。① 为了使两者之间相互借力并实现共同发展，一方面，需要厘清上合组织命运共同体与"一带一路"之间的关系。在此方面，不仅需要明确上合组织命运共同体构建在"一带一路"建设中的定位与作用，而且需要应用反向思维更加重视"一带一路"建设对上合组织命运共同体构建产生的复杂影响，尤其需要全面评估自"一带一路"倡议实施以来其对上合组织利益共同体构建产生的影响。另一方面，合理引导上合组织成员国、观察员国等开展的"一带一路"建设项目转化为上合组织框架内的多边经济合作。当前上合组织命运共同体构建与"一带一路"建设中呈现的一个客观事实是，上合组织拥有多边合作平台但利用该平台实施的多边合作项目较少，而在"一带一路"倡议实施过程中启动的多边合作项目较多但缺乏多边合作平台。因此，组织成员国需借助"一带一路"倡议的实施促进上合组织框架内多边合作取得显著成效。如此一来，既可以有效规避个别成员国如印度对"一带一路"倡议实施存在的抵触心理，同时可以实现上合组织利益共同体构建和"一带一路"倡议的共同推动。

---

① 李自国：《"一带一路"与上合组织关系探究》，《俄罗斯学刊》2019年第5期。

三 扩大成员国共同利益的实现领域

不断寻找成员国共同利益的交汇点对与上合组织实现成员国之间的共同利益具有重要的意义，为此，上合组织成员国需要将打造立体化的互联互通格局确定为构建上合组织利益共同体的首要任务。同时，上合组织需继续深化成员国在传统领域内的互利合作，不断扩大上合组织命运共同体构建的共同利益基础。此外，各成员国需要在新兴领域培育互利合作的增长点，拓展上合组织成员国共同利益的范围。

第一，在上合组织成员国之间打造立体化的互联互通格局，不仅是构建上合组织利益共同体的首要任务，而且可为上合组织命运共同体的构建创造有利的条件。在上合组织地区推动形成互联互通的地区交通运输网络，可以有效降低成员国实现共同利益所耗费的各项成本，因此是成员国实现共同利益的重中之重和优先发展方向。为此，成员国要以《上合组织成员国政府间国际道路运输便利化协定》作为行动指南，在公路、铁路、航空、管道、物流园区等具体交通运输领域实现协同发展，以促进地区一体化交通运输网络日益完善。在公路交通运输方面，成员国需加快政策协调步伐早日签署《上合组织公路协调发展规划》，实现成员国公路之间的有效对接，并继续完善公路部门合作机制。在铁路交通运输方面，由于成员国在铁路建设政策、铁路建设技术、铁轨标准等方面存在较大的差异，因此，上合组织需要通过技术创新、加大财政投入力度等途径对连接成员国的边界轨道进行技术改造与升级，在新建铁路施工过程中制定并采用统一的行业标准。与此同时，上合组织在着力推进地区跨境铁路网络建设的过程中，还需要建立相应的配套基础设施，实现与周边机场、物流园区等基础设施的有效衔接，进而打造多式联运的物流体系。在铁路通关方面，上合组织需引入先进技术简化货物通关时边境、海关和检疫程序，提升自动化建设水平，不断完善互联互通的"软环境"。在航空运输方面，上合组织需要实现成员国之间航空运输路线的多元化，为成员国之间货物与人员的往来创造便利化条件。此外，为了构建成员国之间更加紧密的利益共同体，在以上各领域内，成员国还需在出台相关政策的基础上开展有效的政策协调，通过制定统一的行业标准等逐渐破除成员国实现交通运输一体化的技术制约因素，并加大对交通基础设施的保护力度，以确保关键交通基础设施免受地质灾害、恐怖主义等事件的破坏。

　　第二，继续深化成员国在传统领域内的互利合作，不断扩大上合组织命运共同体构建的共同利益基础。首先，在金融领域，鉴于上合组织目前既有的融资平台并不能完全满足成员国扩大共同利益的需求，上合组织的当务之急是应该在既有融资平台的基础上加快在专家层面探讨建立上合组织开发银行的可行方案，使其成为成员国融资可以依靠的主要平台，努力为成员国在各领域实现共同利益提供专门可靠的金融服务。其次，需要深化成员国在能源领域的互利合作，促使成员国间的能源合作向能源合作共同体方向发展。为此，上合组织需努力加大力度改善成员国打造能源合作共同体的营商条件。针对一系列阻碍成员国深化能源合作的因素，各成员国需要通过优化能源合作的环境及提高政府能源政策的透明度等，建立投资者对成员国能源合作的积极稳定的预期。而且，上合组织框架内的能源合作需要建立包括稳定的税收制度、矿业开采制度和行业监管制度，以为成员国打造能源合作共同体提供健全的制度保障。不仅如此，上合组织应探索建立成员国之间开展能源合作的多边制度，以该多边机制为基础在成员国中逐渐形成趋于统一的贸易规则等。① 同时，为了向成员国之间的能源合作项目提供较为充足的资金支持，上合组织还需要利用好包括亚洲基础设施投资银行、丝路基金、上合组织银联体、中国—欧亚经济合作基金等既有金融平台的作用。最后，在农业领域，尽管上合组织框架内的农业合作具有很大的发展空间，不过，由于成员国在该领域的合作起步较晚，上合组织需要通过有效措施提高成员国农业合作效率。为此，成员国需通过破除关税壁垒等进一步扩大成员国之间的优质农产品贸易规模。在农业领域中，尽管粮食安全已越来越受到成员国的关注，不过，受成员国粮食产量不稳定、成员国人口增加以及农业基础设施落后、农业技术和农资信息缺乏等因素的影响，实现上合组织成员国粮食安全仍面临较大的压力。为此，成员国需要充分利用上合组织在陕西建立的农业技术交流培训示范基地，加大业务培

---

　　① 刘乾：《上海合作组织框架内能源合作：现实与前景》，载李进峰主编《上海合作组织发展报告（2019）》，社会科学文献出版社2019年版，第174—175页。

训，提高农业技术转化的成效，以促进高新技术服务于上合组织成员国国家经济社会发展。

第三，在新兴领域培育成员国互利合作的增长点，拓展上合组织成员国共同利益的范围。在数字化、网络化和智能化已成为一种发展潮流的背景下，上合组织成员国需要在这些新领域寻求彼此利益的契合点。在数字经济领域，全球数字化转型给上合组织成员国国内经济发展及地区一体化进程注入了新的发展动能，各成员国均将实现数字化经济视为驱动国家经济发展和稳定就业岗位的重要途径，且实施数字化经济发展计划在成员国中已经取得了令人瞩目的成效。如2018—2019 年，"数字哈萨克斯坦"计划产生的综合经济效益超过 6000 亿坚戈（约合 15.5 亿美元），数字技术在哈萨克斯坦社会经济各领域获得了大量应用。[①] 就中国而言，在《中共中央 国务院关于推进贸易高质量发展的指导意见》文件中，中国将推动形成以数据驱动为核心、以平台为支撑、以商产融合为主线的数字化、网络化、智能化发展模式作为提升贸易数字化水平的主要途径。因此，上合组织需要加大力度落实 2019 年通过的《上合组织成员国关于数字化和信息通信技术领域合作的构想》，完善贸易数字化方面的法律法规，为成员国加强数字经济领域的互利合作搭建机制平台，推动数字化向成员国农业、金融、生态环境保护等各合作领域应用。与此同时，在人工智能领域，上合组织需提前谋划为成员国扩大共同利益创造有利的环境。在电子商务方面，上合组织成员国应该协商签署服务贸易合作框架文件，在此基础上成立电子商务工商联盟，进一步激发区域经贸合作活力。总之，上合组织成员国需要顺应世界数字化、网络化和智能化的发展潮流，共同为包括 5G 在内的新技术运用营造开放、公平、公正、非歧视的环境，精心打造并有效利用"互联网+"平台，使上合组织的经济类公共产品与成员国的共同利益需求之间实现较高程度的匹配，促进地区经济实现转型升级。

---

① 《"数字哈萨克斯坦"计划经济效益超 6000 亿坚戈》，2019 年 12 月 19 日，http://kz.mofcom.gov.cn/article/jmxw/201912/20191202923784.shtml。

第四节 构建上合组织情感共同体的基本路径

上合组织情感共同体可视为各成员国基于对彼此历史文化、社会心理和民族情感等方面的尊重与包容，并在上合组织内长期互动的基础上产生且升华至组织层面的一种对组织及成员国特定情境产生的共情或共鸣的群体情感。尽管上合组织情感共同体的构建已经具备了一定的共同情感基础，不过，上合组织框架内的既有人文交流与合作并不能完全满足培育成员国共同情感的现实需要，以及成员国的信任需求、承认需求和归属需求等具体的情感需要并未能得到充分满足，这些因素成为当前制约上合组织情感共同体构建的主要阻碍。为此，在构建上合组织情感共同体的路径选择上，一方面，在人文交流与合作领域，上合组织需要完善并制定多元化措施培育成员国之间的共同情感。第一，探索建立成员国人文合作的长效机制，为上合组织情感共同体的构建提供必要的制度保障。第二，上合组织应强化对成员国民生类公众物品的供给，这有助于培育成员国之间的共同情感，进而增强民众对上合组织的归属感和认同感。第三，上合组织需要通过采取有效措施逐渐消除在成员国民众中持续蔓延的消极社会心理，以促使成员国普通大众形成积极健康的社会心理。另一方面，上合组织需要进一步满足成员国的共同情感需要。具体而言，第一，上合组织需进一步加强成员国彼此之间的互信水平，满足成员国对信任情感的普遍需求。第二，由于上合组织成员国普遍具有寻求其他成员国和国际组织承认的内在情感需求，上合组织需进一步满足成员国的承认情感需求。

一 多元化措施培育成员国共同情感

为了有效培育成员国之间的共同情感以为上合组织命运共同体的构建奠定较为坚实的情感基础，其一，上合组织应探索建立成员国人文合作的长效机制，为上合组织情感共同体的构建提供必要的制度保障。其二，上合组织应强化对成员国民生类公众物品的供给。其三，上合组织需要通过采取措施逐渐消除成员国民众的消极社会心理，以促使普通大众形成积极健康的社会心理。

第一，探索建立成员国人文合作的长效机制，为上合组织情感共同体的构建提供必要的制度保障。为了顺利构建上合组织情感共同体，上合组织需要通过建立人文合作的长效机制，细致扎实地推进人文合作，以提高人文合作效率，进而增进成员国民众之间的友好交往和相互沟通。之所以强调在上合组织框架内建立长效的人文交流与合作机制的重要性和必要性，主要原因在于要实现成员国之间的民心相通，进而培育成员国之间的共同情感是一个十分漫长的过程。上合组织框架内的人文交流不仅需要创办时效性较强、特色较鲜明和主题比较集中的人文交流活动，而且更重要的是，需要在此基础上推动形成具有长期性、稳定性的合作机制。在探索建立上合组织人文交流与合作长效机制的过程中，首先，上合组织需要进一步明确人文交流与合作所要实现的目标，并围绕构建情感共同体的目标通过成员国之间细致的人文交流活动逐渐推动这一目标的实现。在构建上合组织情感共同体的指引下，上合组织人文交流与合作的目标在于使成员国之间形成对彼此历史文化、社会心理和民族情感等方面的尊重与包容，并在此基础上形成对上合组织趋于一致的包括认同、信任、尊重等在内的共同情感。其次，为了实现构建上合组织情感共同体的总体目标，上合组织还需要拟定具体的实施计划。一是要从长时段视野出发，制定成员国之间人文交流与合作的中长期阶段性规划，以三至五年为时间段制定人文交流与合作的中期规划，突破既有的人文交流与合作以一两年作为周期所产生的局限性。二是在长效机制框架内精心设计成员国人文交流项目。为实现上合组织情感共同体的构建目标，上合组织不仅需要文化日、教育周、旅游年、文化年、艺术节、音乐节、青年节、电影节等时效性较强的活动，而且更需要一些具有基础性、接近普通民众生活和实施周期较长的人文交流活动。最后，培养并建立开展人文交流相关活动的专业团队。至少对中国而言，应该在上合组织其他成员国吸收各行各业的相关人士如中国留学生、企业家、社会活动家等，组建开展人文交流与合作的专业团队。

第二，上合组织应强化对成员国民生类公众物品的供给。民生类公众物品有助于促进成员国民众在参与上合组织事务的过程中福利水平的提高及对上合组织归属感提升等实质性和象征性收益。因此，唯有夯实成员国的民意基础和社会基础，上合组织构建情感共同体才能获得不竭的发展动力。① 在此方面，与其他地区合作组织如欧安组织等相比而言，上合组织在向成员国提供与普通民众生活相关的民生类公共物品方面尚存一定的差距，欧安组织以"软介入"的形式在中亚国家社会层面开展的长期性社会服务项目，如妇女权利提升计划、水资源开发与利用项目等，不仅增进了中亚国家普通民众对欧安组织的了解，而且一定程度上为欧安组织树立了良好的国际声誉。为此，上合组织应在医疗卫生、贫困治理、自然灾害应对及环境保护等各领域为成员国提供优质的且具有针对性的民生类公共物品，给各国民众带来切实的获得感和幸福感。如在医疗卫生方面，为了提高地区卫生治理水平，成员国需依托2018年成立的上合组织医院合作联盟开展成员国医疗机构之间的合作，在开展联合研究、技术合作和建立跨境医疗联合体的基础上，逐步推动成员国医疗合作成果惠及成员国普通民众。② 与此同时，由于新疆医疗设施相对于中亚成员国而言具有较为明显的相对优势，故中国应充分发挥新疆国际医疗服务中心的作用，以为上合组织成员国民众提供跨境远程医疗等服务。在贫困治理方面，上合组织成员国尤其是中亚成员国均在不同程度上面临贫困治理赤字，而中国已经在贫困治理方面积累了诸多经验并取得了举世瞩目的成就，因此，中国应该为上合组织成员国开展减贫培训，分享中国贫困治理的有益经验，为成员国减贫进而实现共同发展贡献中国经验。总之，上合组织应该发挥成员国各自的优势为地区提供更多的民生类公共物品，这有助于培育成员国之间的共同情感进而增强民众对上合组织的归属感和认同感。

第三，上合组织需要通过采取有效措施逐渐消除在成员国民众中持续蔓延的消极社会心理，以促使成员国普通大众形成积极健康的社会心理。就当前成员国的国内情况来看，在上合组织地区最具代表性的消极社会心理有相当部分源自"中国威胁论"。"中国威胁论"的持续蔓延使成员国民众之间产生了猜忌与怀疑情绪，进而对上合组织构建情感共同

---

① 陈小鼎、马茹：《上合组织在丝绸之路经济带中的作用与路径选择》，《当代亚太》2015年第6期。

② 《上合组织医院合作联盟在北京成立》，2018年5月19日，http://www.chinanews.com/gn/2018/05-19/8517942.shtml。

体造成了较大的不利影响。主要原因在于，随着中国在中亚地区存在和影响力的日益提升，中国与中亚国家日益密切的经济关系导致中亚国家普通民众对中国经济与政治雄心、对地区自然资源"掠夺"和中国劳动力涌入的持续担心。① 基于这些担心，"中国威胁论"及由其衍生的"资源掠夺论"和"人口威胁论"等论调依然在一些地方具有市场且在一些地方有持续扩大的发展趋势，并成为一些中亚国家政客用以获取民众支持率的噱头。由于上合组织框架内的人文交流与合作承担的一项重要使命在于消除普通民众对成员国的误解与曲解，因此，遏制并消除"中国威胁论"等各种论调在上合组织成员国中持续蔓延，不仅是中国在构建上合组织情感共同体中需要着力完成的一项任务，而且也需要各成员国政府的积极协作。对中国而言，中国在上合组织成员国中实施的投资与建设等项目如涉及其国内土地等资源的时候，需要在项目实施之前开展广泛的民意调研工作，确保项目实施不损害当地民众的切身利益。同时，在与当地政府的合作过程中，中国应促使相关成员国提高政策的透明性，提高信息发布的及时性，以缓解普通民众的不安与焦虑情绪。对组织成员国而言，应加大对国内民众的舆论引导力度，并着力澄清一些关于组织成员国的失实言论，及时向国内民众发布相关信息，以营造友好的合作氛围。

二 满足成员国主要的共同情感需求

满足成员国共同的情感需要是构建上合组织情感共同体进而构建上合组织命运共同体的重要内容。在此方面，上合组织需进一步加强成员国彼此之间的互信水平，满足成员国对信任情感的普遍需求。与此同时，上合组织需进一步满足成员国的承认情感需求。除此之外，为了促进上合组织情感共同体的顺利构建，在上合组织框架内应加快培育成员国之间的共有身份，提高上合组织的整体凝聚力，进而促进成员国之间的共同情感。

第一，上合组织需进一步加强成员国彼此之间的互信水平，满足成

---

① Marlene Laruelle, *China's Belt and Road Initiative and Its Impact in Central Asia*, The George Washington University, Central Asia Program, 2018, p. 97.

员国对信任情感的普遍需求。经过近20年在上合组织框架内各领域的共同实践，组织成员国之间已经建立起了一定程度的信任情感，为构建上合组织命运共同体奠定了必要的共同情感基础。其中，对和平变革的积极预期成为成员国基调情感中的一种基本情感状态。不过，上合组织命运共同体的构建仍然面临来自成员国之间诸多不信任因素带来的挑战，这些挑战主要体现为影响包括中亚成员国在内的上合组织中小成员国之间信任的因素仍然没有得到有效化解，中印俄三边关系中的互信格局呈现不均衡的发展现状，以及部分成员国因担心中国地区影响力的持续提升会给自身的发展造成一些不利影响等。针对一系列制约成员国互信水平提高的因素，上合组织需要及时制定有针对性和前瞻性的措施。首先，上合组织需要逐渐探索建立成员国之间争端调解机制以缓解成员国之间的不信任感。从目前成员国之间发生冲突的可能性来看，在专家层面研究建立成员国之间的争端调解机制具有较高的现实必要性，为此需研究争端调解机制的调解范围、原则、工作方法以及如何处理与不干涉内政原则之间的关系等。上合组织框架内成员国之间争端调解机制的成立与运行，可为上合组织情感共同体的构建提供长效机制。其次，加大成员国彼此之间的情感投入力度，是构建上合组织命运共同体的重要外交手段。为此，成员国需要通过精心构建叙事话语，塑造彼此之间关系定位的积极情感表达。同时，应进一步密切成员国高层之间的密切互动，国家领导人之间的互访在加强成员国情感联系过程中具有不可替代的作用，其能够引导成员国向其他成员国开展大规模的情感投入。此外，由于国家之间的友好人士在促进国家之间关系的发展方面发挥着积极作用且是国家间友好关系的一种象征，因此，成员国还需对促进国家间关系发展的友好人士予以特殊关照。[①] 最后，为了夯实成员国之间的共同情感基础，成员国需逐步解决影响彼此信任情感的关键问题，如中亚成员国之间的领土与水资源争端、中印之间的边界争端等。

第二，由于上合组织成员国普遍具有寻求其他成员国和国际组织承认的内在情感需求，上合组织需进一步满足成员国的承认情感需求。国

---

① 刘博文：《中国对周边中小国家的情感投入——双向逻辑与双重影响》，《世界经济与政治》2018年第2期。

家寻求其他国际行为体承认的主要内容往往涉及包括国家角色身份、个体身份和类属身份在内的国家身份，据此可以发现，上合组织成员国在追求其他行为体的承认方面存在一定的个体差异性。就俄罗斯而言，寻求外部国际行为体对其大国地位的承认和对俄罗斯自我价值的肯定始终是俄罗斯政治精英的内在情感需求。① 在俄罗斯的对外交往中尤其是与西方国家的互动过程中，如何获取西方国家对俄罗斯所期望的地位予以必要的承认在一些情况下甚至超过俄罗斯对自身安全问题的关注。由此导致的结果是，俄罗斯与西方国家发生的相当部分冲突源自俄罗斯期望得到的国家地位遭到西方国家的蔑视。② 不仅俄罗斯如此，上合组织其他成员国也普遍存在各自的承认需求，如乌兹别克斯坦期冀获得承认的是其地区领导者和大国合作伙伴的角色身份，哈萨克斯坦希望自身文明国家的身份得到外界认可等。③ 由此可见，承认需求是上合组织成员国的普遍情感需求。在此情况下，上合组织成员国在彼此的互动中需要从话语和行动两个方面充分关照各成员国对尊重与承认的共同情感需要。一方面，在话语层面，不论是上合组织成员国中的大国还是其中的中小成员国均需对其他成员国一贯珍视的个体身份、角色身份和团体身份等予以适当的话语承认，如在多边外交场合、双边会晤中对此予以明确表达。在公开场合给予他国适当且明确的话语承认，有助于促进成员国之间的友好关系，进而可为成员国共建上合组织情感共同体创造有利的氛围。另一方面，在行为方面，成员国对他国的话语承认还需转变为具体行为。不论是在成员国的多边合作还是双边合作中，对于有可能触及成员国情感的合作项目要谨慎行事，并通过积极的行动化解他国在这方面的担忧。此外，各成员国还应该提高对成员国民间情感的官方宣传力度。由于成员国大众之间的积极情感可为上合组织情感共同体和命运共同体的构建

---

① Andrei P. Tsygankov, "The Frustrating Partnership: Honor, Status, and Emotions in Russia's Discourses of the West", *Communist and Post-Communist Studies*, Vol. 47, No. 3 – 4, 2014, pp. 345 – 354.

② Tuomas Forsberg, "Status Conflicts between Russia and the West: Perceptions and Emotional Biases", *Communist and Post-Communist Studies*, Vol. 47, No. 3 – 4, 2014, pp. 323 – 331.

③ 曾向红：《国际关系中的蔑视与反抗——国家身份类型与承认斗争策略》，《世界经济与政治》2015 年第 5 期。

汇聚广泛的民意基础，因此各成员国应该充分利用国内主流媒体加大对民间友好情谊的宣传力度。

第三，为了促进上合组织情感共同体的顺利构建，在上合组织框架内应加快培育成员国之间的共有身份，提高上合组织的整体凝聚力，进而促进成员国之间的共同情感。尽管上合组织成员国之间的互动日益密切，不过，成员国在社会互动的过程中未能有效构建一种共享的集体表征，即各成员国并未将自身与其他成员国视为"想象的共同体"，这种情形不论在成员国的地区认同还是集体认同方面均有不同程度的体现。如在地区认同方面，尽管外界在很大程度上将中亚视为一个整体区域，不过，事实上，自独立以来中亚国家之间并未形成深层次的地区认同。不仅中亚国家如此，上合组织成员国的地区认同也是相当初步的，成员国之间的归属性认同并不存在，[①]进而限制了上合组织成员国共同情感的培养。此外，在集体身份方面，由于上合组织成员国在自身身份定位、认知等方面存在较大的差异，[②]因此在上合组织框架内成员国也并未形成一种显著的集体身份。有鉴于此，上合组织应该通过各种途径促进成员国共有身份的形成，并使成员国形成对共有身份的认同。首先，上合组织需要进一步明确自身在地区多边合作中的定位。由于扩员后上合组织不论在功能定位还是区域定位方面与以往相比均有所模糊，组织定位不明确可能会影响上合组织的集体表征，进而影响成员国之间共同情感的形成。因此，上合组织需要进一步明确自身的功能与区域定位，凸显自身的特征与存在价值，提高对成员国的吸引力。其次，不论在国际社会还是上合组织内部，上合组织都需努力提升成员国之间的共同体感，以促进成员国之间共有身份的形成。如在国际社会中，上合组织可为成员国发出共同的声音，在地区事务中采取一致立场，并能够帮助成员国有效抵御域外国家不公平、不合理的干预要求；在国内层面，上合组织应继续捍卫成员国的国家主权、领土完整以及保障国家安全，并为实现社会转型与经济发展提供助力。最后，上合组织所处的制度环境明显呈现机制复杂与机制竞争的态势，

---

① 王彦智：《地区认同与上海合作组织发展论析》，《俄罗斯研究》2007年第4期。
② 杨进：《集体身份构建与上海合作组织凝聚力建设》，《俄罗斯学刊》2019年第5期。

一定程度上削弱了成员国对上合组织的地区认同。鉴于此，上合组织在地区层面应通过有效途径协调地区不同国际组织之间的关系，增强成员国对上合组织地区的认同。

结　　语

自 2018 年 6 月习近平主席提出构建上合组织命运共同体至 2020 年年初，学术界关于该议题的学术研究尚未完全启动，由此导致上合组织命运共同体研究尚未能成为一项系统的研究议题。鉴于构建上合组织命运共同体对于上合组织的发展、中国特色大国外交的推进以及全球治理体系的变革等领域所具有的重大理论与现实意义，本书选择这一主题作为研究对象，本书通过使用包括分析法、案例研究法等在内的定性研究方法，围绕构建上合组织命运共同体的概念界定、思想资源、现有基础、主要挑战和基本路径等开展了较为深入与全面的研究。本书对上合组织命运共同体的研究兼具理论性和实践性，不仅从理论层面厘清了上合组织命运共同体的基本内涵、主要结构、基本特征以及其与人类命运共同体、亚洲命运共同体和周边命运共同体等概念之间的相互关系，而且在对构建上合组织命运共同体思想资源、既有基础和主要挑战进行全面深入把握的基础上，为成员国齐心协力共建上合组织命运共同体提供了一种具有针对性、前瞻性和现实可行性的路径选择。

本书对上合组织命运共同体的研究具有以下较为明显的特征。首先，针对学术界当前对上合组织命运共同体概念认识欠缺的问题，本书在分别考察政治学、社会学和国际关系学科涉及共同体的学术研究成果的基础上，提炼了共同体和国际共同体的一般内涵和基本特征，进而将其应用于上合组织命运共同体的概念界定之中。如此一来，上合组织命运共同体的内涵不仅具有国际共同体的一般特征，而且使其保留了上合组织命运共同体所具有的政策指向性，同时使其与中国政府提出的系列命运共同体概念形成了有效对接。其次，本书主要从中国传统文化与政治思想、马克思"真正的共同体"思想和中华人民共和国成立以来中国参与和创建国际组织的基本实践经验等方面,阐述了上合组织命运共同体理念的深刻思想基础,以及这些思想可为上合组织命运共同体的构建提供的指导意义。再次,从上合组织命运共同体构建具有的既有基础和面临的主要挑战两方面,全面系统地考察了上合组织命运共同体构建面临的基本现实状况。在分析现有基础和面临的挑战过程中,本书分别考察了构建上合组织命运共同体在价值、安全、利益和情感方面所具备的基础和面临的挑战。最后,在以上深入分析的基础上,从构建上合组织命运共同体的价值路径、安全路径、利益路径和情感路径相互作用的视角出发,初步提出了一种构建上合组织命运共同体的整合性路径。

当前,在世界经济复苏进程艰难曲折、国际和地区热点问题频发、传统和非传统安全威胁相互交织的国际背景下,上合组织覆盖地区面临的综合性挑战需要各国齐心协力来有效应对,因此,上合组织肩负实现地区和平与发展的责任更加重大。站在新的历史起点上,上合组织处于大有可为的发展机遇期。上合组织在以经济全球化和世界多极化为特点的国际关系的复杂演变中向前发展,在当前反全球化逆流涌动的形势下,成员国更需围绕构建上合组织命运共同体这一愿景开展广泛的国际合作,为世界经济复苏和世界多极化发展注入强大动力,维护地区经济金融稳定,保障成员国经济持续、强劲、平衡、包容增长,以保障所有成员国无歧视地共享经济全球化和地区一体化带来的发展成果。总之,构建上合组织命运共同体是根据国际形势变化、地区进程演变和上合组织发展而赋予上合组织的新的时代内涵、发展理念和历史使命,成员国齐心协力构建上合组织命运共同体能够使上合组织在波谲云诡的世界中不断自我巩固、发展与超越,进而为成员国及其民众带来更多的信任感、安全感、获得感和亲近感。

参考文献

一 中文资料

1. 经典文献

《马克思恩格斯全集》（第四十六卷 上），人民出版社1979年版。

《马克思恩格斯文集》（第三卷），人民出版社2009年版。

《马克思恩格斯选集》（第一卷），人民出版社2012年版。

《马克思恩格斯选集》（第三卷），人民出版社2012年版。

《马克思恩格斯选集》（第四卷），人民出版社2012年版。

《邓小平文选》（第二卷），人民出版社1994年版。

《胡锦涛文选》（第二卷），人民出版社2016年版。

《江泽民文选》（第二卷），人民出版社2006年版。

《习近平谈治国理政》（第一卷），外文出版社2014年版。

《习近平谈治国理政》（第二卷），外文出版社2017年版。

《习近平新时代中国特色社会主义思想学习纲要》，学习出版社、人民出版社2019年版。

2. 中文专著

秦亚青：《关系与过程：中国国际关系理论的文化构建》，上海人民出版社2012年版。

肖斌：《上海合作组织》，社会科学文献出版社2019年版。

邢广程、孙壮志主编：《上海合作组织研究》，长春出版社2007年版。

赵华胜：《上海合作组织：评析和展望》，时事出版社2012年版。

3. 中文译著

［德］斐迪南·滕尼斯：《共同体与社会》，林荣远译，商务印书馆1999

年版。

［塔］拉希德·阿利莫夫：《上海合作组织的创建、发展和前景》，王宪举、胡昊、许涛译，人民出版社 2018 年版。

［德］马克斯·韦伯：《韦伯作品集Ⅶ：社会学的基本概念》，顾忠华译，广西师范大学出版社 2005 年版。

［澳］迈克尔·A·豪格、［英］多米尼克·阿布拉姆斯：《社会认同过程》，高明华译，中国人民大学出版社 2011 年版。

［英］齐格蒙特·鲍曼：《共同体：在一个不确定的世界中寻找安全》，欧阳景根译，江苏人民出版社 2003 年版。

［以］伊曼纽尔·阿德勒、［美］迈克尔·巴涅特主编：《安全共同体》，孙红译，世界知识出版社 2015 年版。

［加］伊曼纽尔·阿德勒、文森特·波略特主编：《国际实践》，秦亚青、孙吉胜、魏玲等译，上海人民出版社 2015 年版。

4. 中文期刊

冯峥、薛理泰：《逆向"外溢"：上海合作组织的安全合作与扩散》，《西安交通大学学报》（社会科学版）2019 年第 2 期。

郭晓琼：《上海合作组织金融合作及中国的利益诉求》，《俄罗斯东欧中亚研究》2015 年第 2 期。

韩璐：《上海合作组织与"一带一路"的协同发展》，《国际问题研究》2019 年第 2 期。

胡贝贝、吴笛、李新：《上海合作组织自贸区建设及其经济效应分析》，《国际展望》2018 年第 3 期。

李进峰：《上海合作组织扩员：挑战与机遇》，《俄罗斯东欧中亚研究》2015 年第 6 期。

李自国：《"一带一路"与上合组织关系探究》，《俄罗斯学刊》2019 年第 5 期。

林珉璟、刘江永：《上海合作组织的形成及其动因》，《国际政治科学》2009 年第 1 期。

谭志敏：《流动社会中的共同体——对齐格蒙特·鲍曼共同体思想的再评判》，《内蒙古社会科学》（汉文版）2018 年第 2 期。

王晨星：《美国对上海合作组织的最新认知及原因》，《俄罗斯学刊》2018

年第 6 期。

王海燕：《上海合作组织成员国能源合作：趋势与问题》，《俄罗斯研究》2010 年第 3 期。

王彦智：《地区认同与上海合作组织发展论析》，《俄罗斯研究》2007 年第 4 期。

王志远、石岚：《上海合作组织经济合作的主要障碍与对策分析》，《新疆师范大学学报》（哲学社会科学版）2013 年第 6 期。

肖斌：《解析新版〈上合组织成员国多边经贸合作纲要〉》，《世界知识》2019 年第 23 期。

阳军：《上海合作组织的安全合作》，《俄罗斯学刊》2017 年第 3 期。

杨进：《集体身份构建与上海合作组织凝聚力建设》，《俄罗斯学刊》2019 年第 5 期。

杨恕、蒋海蛟：《欧安组织在中亚的活动及评价》，《新疆师范大学学报》（哲学社会科学版）2015 年第 2 期。

叶自成：《中国传统文化中的义利观与中国外交》，《国际政治研究》2007 年第 3 期。

曾向红：《上海合作组织研究的理论创新：现状评估与努力方向》，《俄罗斯东欧中亚研究》2019 年第 1 期。

张恒龙：《上海合作组织金融合作的发展态势与展望》，《海外投资与出口信贷》2018 年第 3 期。

张新平、张立国：《"中巴经济走廊"建设中的俾路支问题》，《和平与发展》2018 年第 5 期。

赵华胜：《上海合作组织：评估与发展问题》，《现代国际关系》2005 年第 5 期。

赵汀阳：《"天下体系"：帝国与世界制度》，《世界哲学》2003 年第 5 期。

周明：《乌兹别克斯坦新政府与中亚地区一体化》，《俄罗斯研究》2018 年第 3 期。

朱永彪、魏月妍：《上海合作组织的发展阶段及前景分析——基于组织生命周期理论的视角》，《当代亚太》2017 年第 3 期。

二 外文资料

Alexander Wendt, "Why a World State is Inevitable: Teleology and the Logic of Anarchy", *European Journal of International Relations*, Vol. 9, No. 4, 2003.

Andrea Oelsner, "The Institutional Identity of Regional Organizations, Or Mercosur's Identity Crisis", *International Studies Quarterly*, Vol. 57, No. 1, 2013.

Andrei P. Tsygankov, "The Frustrating Partnership: Honor, Status, and Emotions in Russia's Discourses of the West", *Communist and Post-Communist Studies*, Vol. 47, No. 3 – 4, 2014.

Aron M. Hoffman, "A Conceptualization of Trust in International Relations", *European Journal of International Relations*, Vol. 8, No. 3, 2002.

Ashforth and Jane E. Dutton, "Organizational Identity and Identification: Charting New Waters and Building New Bridges", *Academy of Management Review*, Vol. 25, No. 1, 2002.

Bernardo da Silva Relva Teles Fazendeiro, "Keeping Face in the Public Sphere: Recognition, Discretion and Uzbekistan's Relations with the United States and Germany, 1991 – 2006", *Central Asian Survey*, Vol. 34, No. 3, 2015.

Chiung-chiu Huang and Chih-yu Shih, *Harmonious Intervention: China's Quest for Relational Security*, Farnham: Ashgate, 2014.

Christian Bueger, "Pathways to Practice: Praxiography and International Politics", *European Political Science Review*, Vol. 6, No. 3, 2014.

David Lewis, "Who's Socialising Whom? Regional Organisations and Contested Norms in Central Asia", *Europe-Asia Studies*, Vol. 64, No. 7, 2012.

David M. McCourt, "Practice Theory and Relationalism as the New Constructivism", *International Studies Quarterly*, Vol. 60, No. 3, 2016.

Harsh V. Pant, "Feasibility of the Russia-China-India 'Strategic Triangle': Assessment of Theoretical and Empirical Issues", *International Studies*, Vol. 43, No. 1, 2006.

Jonnthan Mercer, "Rationality and Psychology in International Politics", *International Organization*, Vol. 59, No. 1, 2005.

Jorg Kustermans, "Parsing the Practice Turn: Practice, Practical Knowledge, Practices", *Millennium: Journal of International Studies*, Vol. 44, No. 2, 2016.

Marlene Laruelle, *China's Belt and Road Initiative and Its Impact in Central Asia*, The George Washington University, Central Asia Program, 2018.

Michael A. Hogg, et al., "Uncertainty, Entitativity and Group Identification", *Journal of Experimental Social Psychology*, Vol. 43, No. 1, 2007.

Nicola P. Contessi, "China, Russia and the Leadership of the SCO: a Tacit Deal Scenario", *China & Eurasia Forum Quarterly*, Vol. 8, No. 4, 2010.

Pál Dunay, "The OSCEs of Central Asia", *Central Asian Survey*, Vol. 36, No. 3, 2017.

Richard Ned Lebow, *A Cultural Theory of International Relations*, Cambridge: Cambridge University Press, 2008.

Roy Allison, "Virtual Regionalism, Regional Structures and Regime Security in Central Asia", *Central Asian Survey*, Vol. 27, No. 2, 2008.

Stephen Aris, *Eurasian Regionalism: The Shanghai Cooperation Organization*, London: Palgrave Macmillan, 2011.

Steven Brint, "Gemeinschaft Revisited: A Critique and Reconstruction of the Community Concept", *Sociological Theory*, Vol. 19, No. 1, 2001.

Thomas G. Weiss, "The United Nations and Sovereignty in the Age of Trump", *Current History*, Vol. 117, No. 795, 2018.

Thomas Lindemann, *Causes of War: The Struggle for Recognition*, Colchester: ECPR Press, 2010.

Timur Dadabaev, "Shanghai Cooperation Organization (SCO) Regional Identity Formation from the Perspective of the Central Asian States", *Journal of Contemporary China*, Vol. 23, No. 85, 2014.

Tuomas Forsberg, "Status Conflicts between Russia and the West: Perceptions and Emotional Biases", *Communist and Post-Communist Studies*, Vol. 47, No. 3 - 4, 2014.